중국 민족주의와 홍콩 본토주의

아시아총서 12

개정판 — 홍콩역사박물관의 스토리텔링을 중심으로

류영하 지음

중국 민족주의와 홍콩 본토주의

산지니

일러두기

기본적으로 국립국어원 외래어 표기법을 따랐다. 다만 홍콩인의 경우 그들의 정체성을 존중한다는 의미에서 광동어음으로 표기해야 하지만, 아직까지 뚜렷한 기준이 없어 중국인 표기법에 따라 처리한다. 그리고 가독성을 높이기 위해 우리에게 익숙한 홍콩, 마카오, 첵랍콕 등을 제외한 지명은 모두 한국 한자음으로 표기한다.

서문

나는 세계주의자이다. 나는 세계체제를 지향한다. 나는 전지구화의 일정한 폐해를 극복하고, 세계가 하나 되는 세계공화국을 건설하고 싶다. 지금은 조용하지만 한때 한국에서 동아시아 담론이 유행한 적이 있다. 동아시아공동체를 건설하자는 것이고, 나아가서 세계공동체를 지향하자는 일종의 학술운동이었다. 유럽공동체가 여전히 다종의 문제점을 노정하고 있지만, 영토 분쟁이나 과거 역사에 대한 문제조차도 제대로 해결하지 못한 아시아인의 한 사람으로서 그 정도의 통합도 매우 부러운 사실임을 부인하지 못한다. 하물며 동아시아의 강대국인 중국이나 일본이 민족주의와 국가주의라는 전근대적 수단으로 국내의 모든 갈등과 모순을 해결하고자 하는 작금일진대!

그렇다면 나는 왜 홍콩에 주목하는가? 민족이든 본토(locality)든 정체성의 강화보다는 약화가 대통합의 전제조건이자 필수조건이라고 생각하기 때문이다. 그런 의미에서 그동안 다양한 가치가 공존해온 제3의 공간으로 인정받아온 홍콩만큼 만만한 곳이 없기 때문이다. 홍콩은 영국의 식민지였지만 그동안 초국가와 초문화를 경험했다고 해도 과언이 아닌 공간이다. 아울러 좌도 우도 아닌 제3지대로서 홍콩이라는 정치경제적 공간은 세계공화국을 향한 동아시아 담론의 출구로 제시될 수 있었다. 홍콩은 나름대로의 특징을 보유하고 전지구적 특징을 앞서 보여준다는 점에서 글로컬리제이션의 방향을 제시해준다. 동아시아 담론의 방향성으로서 홍콩 가치는 보존 · 발전시켜야 한다. 하지만 지금 홍콩이 상징하는 근대성과 다양성은 심각한 위기에 처해 있다. 중원 중심주의를 바탕으로 하는 중국 민족주의가 본토 홍콩의 해체를 요구하고 있기 때문이다.

바야흐로 홍콩을 향한 중국 민족주의의 요구는 삼엄하다. 중국에 의한 후식민 시대 중국은 모든 수단을 총동원하여 홍콩을 국민국가의 범주 속으로 끌어들이기 위해 노력하고 있다. 최근 홍콩의 시위사태가 보여주듯이 주권반환 17년째를 맞이하고 있는 현재까지 중국 정부와 홍콩의 민주 세력은 각자의 목표를 포기하지 않고 있다. 즉 중국 정부는 홍콩인에게 국민신분을 부여하기 위하여 다양한 작업을 시도하고 있으며, 홍콩인은 그들대로 이른바 홍콩 가치를 지키기 위해 몸부림을 치고 있다. 중국 정부가 홍콩인에게 국민국가의 국민신분을 부여하려는 과정은, 우리에게 국민신분의 정체성이 무엇인가를 보여주는 동시에 그것의 목적이 무엇인지를 보여준다. 1997년 주권 반환 이후, 중국 민족주의와 홍콩 본토주의는 새로운 모델 구축의 호기를 만났다고 할 수 있다. 하지만 지금으로서는 중국 민족주의도 홍콩 본토주의도 모두 좋은 방향성을 보여주지 못하고 있다. 과잉되고 왜곡되는 정체성만이 난무하고 있는 실정이라고 해도 과언이 아니다. 바람직한 양자의 관계를 설정해야 하는 당위가 전제되는 정체성 구축만이 동아시아 공동체는 물론 세계공화국을 향하는 과정에 도움이 되는 실례로 활용될 수 있을 것이다.

거대한 중국 민족주의 흐름 앞에서 본토 홍콩이라는 정체성이 중대한 도전에 직면해 있다. '차국민'과 '소수민족'으로서 홍콩인의 장래는 어떻게 될 것인가? 권력주체는 내부적으로 문화를 강요할 수도 있고, 대외적으로 소수민족인 차국민에게 강요하기도 하는데, 이른바 한족은 습관적으로 이른바 동이(東夷) · 서융(西戎) · 남만(南蠻) · 북적(北狄) 등으로 불리는 주위 민족과 국가들을 타자화하는 데 사용했다. 중국 내에서 민족주의는 지금 이 순간에도 티베트(西藏) · 신강(新疆) · 내몽골 등을 향해 국가 통합의 절대 진리로서 작동하고 있다.

홍콩의 친구들은 현시점 전개되고 있는 홍콩의 역사가 과거에 되풀이된 적이 없다는 표현을 자주한다. 영국의 식민지로부터 '일국양제(一國兩制)'라는 중국의 후식민 모델로 탈바꿈된 경우는 역사적으로 유일무이하다는 것이고, 따라서 앞으로 전개될 역사 역시 독특하다는 의미이다. 홍콩을 둘러싸고 전개되고 있는 중국 민족주의와 홍콩 본토주의를 정의하고 재고해야 할 시점이다. 현시점 중국은 홍콩을 향해 민족으로 탈식민을 요구하고, 본토 홍콩은 중국을 향해 탈식민을 요구하고 있다. 강요하고 강요당한다는 측면에서 민족주의에 대한 탐구는 이 책이 마지막이 되었으면 좋겠다.

본토에 대한 국내 상당수 중국 연구자들의 인식은 중국 대륙의 범위에 한정된다. 최근 논문을 발표하는데 어떤 지정토론자는 '본토'를 전혀 이해하지 못하고 있었다. 중원 중심주의자들의 의식 속에는 본토 중국만이 자리할 뿐, 본토 대만이나 본토 홍콩은 존재하지 않는다. 그들 역시 장기간에 걸친 국민국가 교육이나 중원 중심주의 교육의 피해자일 것이다. 내가 이 책을 기획한 주요 이유 중 하나는 국가주의자와 중원 중심주의자들에게 지구상에 수많은 본토가 존재한다는 사실을 상기시켜주고 또 그것을 극복하기 위한 방안을 제시하고 싶었기 때문이다.

한동안 홍콩은 포스트 모더니티의 상징인 '혼종'과 '변경'이라는 기호를 선행해서 보여주는 공간으로 학계의 주목을 받았다. 포스트 모더니티 담론의 공간에서 몸집을 키운 '홍콩학'은 이제 후식민의 대표로서 그 가치를 자랑하고 있다. 홍콩의 고유한 가치 즉 '홍콩다움'은 이런저런 연구의 살아 있는 실례로 소개되고 있다. 하지만 주권 반환 이후 가해지고 있는 민족과 애국 이데올로기로 인해 '홍콩다움'이 중대한 위기를 맞이하고 있다. 그 증거가 홍콩역사박물관의 상설 전시물인 '홍콩 스토리'에 있다.

내 핸드폰 메모에 의하면 2005년 여름 나는 홍콩역사박물관을 참관하고 나서, 박물관의 전시물을 통하여 중국 민족주의와 홍콩 본토주의의 현재를 읽어낼 수 있겠다고 생각했다. 이후 홍콩을 갈 때마다 나는 역사박물관의 '홍콩 스토리'를 살펴보았고, 연구계획을 구체화하기 시작했다. 최종적으로 참관한 것은 2011년 1월이니 본서의 내용은 2011년 1월의 전시를 기준으로 한다고 해야 할 것이다. 하지만 내 기억이 틀리지 않다면 2005년부터 2011년까지 전시물과 그것을 둘러싼 설명에는 변화가 없었다. 예약해야만 방문이 가능한 홍콩역사박물관의 자료실에서 '홍콩 스토리'에 대한 연구 논문이나 책자를 찾아보았으나 이상하게도 거의 전무한 실정이었다. 이런 상황은 인터넷을 통한 검색에서도 마찬가지였는데, '홍콩 스토리'에 대한 본격적인 연구는 이 책이 처음이라고 할 수 있다. 특히 민족주의와 본토주의라는 시각에서 진행된 연구는 본서가 유일하다.

나는 줄곧 박물관이라는 공간을 의심해왔다. 박물관이 과연 '다움'을 대표할 자격이 있는지를 의심해왔는데, 박물관에는 권력 주체가 선양하고 싶은 것만 전시되어 있을 가능성이 매우 크기 때문이다. 홍콩역사박물관의 상설 전시물인 '홍콩 스토리'는 민족주의 원형 담론을 온전히 보유하고자 한다는 입장에서 보면, 중국 민족주의의 살아 있는 교과서이다. 정확하게 말하자면 홍콩역사박물관은 홍콩의 역사를 텔링하지 않고, 홍콩을 중심으로 하는 중국의 역사를 텔링하고 있다는 측면에서 중국역사박물관이다. 따라서 '홍콩 스토리'에서 보이는 '홍콩다움'이라고 하는 정체성은 홍콩의 '사실'과 부합되지 못한다. 나는 민족도 본토도 결국은 박물관의 경우처럼 서사이고 스토리텔링일 뿐이라고 본다. 이 책은 탈식민주의적 입장에서 '민족'은 물론 '본토'도 서사에 불과하다는 결론에서 출발하는 것이다.

홍콩 소재의 박물관에서 중국의 민족주의가 어떻게 구현되고 있으며, 홍콩의 본토주의는 또 어떤 모습으로 그것에 대응하고 있을까? 결국 이 작업은 양자 모두의 실체를 규명하는 것인데, 동시에 그것에 대한 비판이 주요 임무가 될 것이다. 홍콩이 중국의 민족적 일부라는 점을 지속적으로 주입하는 이유와 목적, 주입 방법 등을 분석할 경우 중국 민족주의의 실체를 알 수 있다. 국가주의자나 민족주의자에 의해 민족이 없는 곳에서도 민족이 만들어지듯이 지금 이 순간 전 세계 곳곳에서 민족교육과 국민교육은 계속되고 있다. 민족 문화가 주류를 형성할 경우, 식민주의는 그것으로부터 내적·외적 동력을 쉽게 얻는다. 그렇게 민족주의 식민 담론은 민족의 원형에 의거하여 '홍콩다움'이 민족도 국가도 모르는 불모지임을 지속적으로 주입하고 있다.

'홍콩 스토리'를 분석하는 작업을 통해 나는 그 어떤 '다움'으로 대표되는 민족이나 본토의 정체성이 얼마나 모호한 것이며 왜곡된 것인가를 말할 것이고, 주체가 피를 토하면서 역설하는 민족과 본토의 '다움'이 확증 편향의 결과물이라는 점을 강조할 것이다. 나는 현실적으로 정체성은 결국 정치경제적 작동의 결과물일 수밖에 없다고 본다. 아파두라이의 결론은 민족주의와 마찬가지로 본토주의 역시 상상일 수 있다는 것이다. 이 책은 민족주의와 본토주의의 근대성을 탐구하는 작업이다. 따라서 나는 이 책에서 중국의 민족주의를 새로운 식민주의를 상징하는 흐름으로 이해하면서 그것의 형태를 서술할 것이고, 홍콩 본토주의는 민족주의가 획책하는 거대한 흐름에 항거하는, 즉 반식민 또는 탈식민 투쟁을 수행하는 노력으로 보고자 한다. 그렇다고 하더라도 본토주의 속에서 고유적으로 기생하는 내적 식민의 기제에 대한 비판적 시각을 감추고 싶지는 않다. 초국가적·초문화적 시스템을 경험한 홍콩 본토주의의 본질은 무엇이며, 그것의 바람직한 모습은 무엇일까?

내가 끝까지 안고 가고 싶은 기준은 정체성이야말로 일정 부분 근대성이 포기되어야 생성 가능하다는 측면에서 가장 위험한 교조일 수밖에 없다는 것이다. 그리하여 나는 '다움'이라는 차원에서 국민국가 중국과 본토 홍콩 간의 바람직한 관계까지 모색하고자 한다. 나는 중국-홍콩 관계가 건전하게 발전할 경우 새로운 "복합적인 문화적 재생산"을 창출할 수 있다고 믿는다. 참고서적에는 내가 직접 읽고 인용한 책과 논문의 제목만을 올렸다. 아내 한주영은 이번 책에서도 최초의 독자였고 교정자였다. 자료 수집에 치즈웨이祈志偉, 황옌진黃燕金, 린위안썬林援森 등 홍콩 친구들의 도움이 컸다. 이 자리를 빌려 고마움을 표한다.

2014년 10월

和山 柳泳夏

개정판 서문

2019년 내내 나는 홍콩을 주목하고 있었다. 아마 동서고금을 막론하고 6개월 이상 그것도 도심에서 격렬한 시위가 전개된 경우도 많지 않을 것이다. 그렇게 해서 지금까지도 홍콩 뉴스는 세계 언론을 도배하고 있다. 그동안 나는 홍콩 시위 사태와 관련하여 많은 질문을 받았다. 시위를 하는 이유가 무엇이며, 홍콩이나 중국 정부의 태도는 왜 그렇게 강경한가 등의 질문은 내가 나 자신에게 던지는 질문이기도 했다. 홍콩 사람들은 자기를 표현하는 데 매우 소극적인데, 어떤 때는 도무지 속을 알 수 없어 답답하기도 하다. 버스 에어컨이 아무리 세도 기사에게 말 한마디 안 하는 것이 홍콩사람들이기 때문이다. 따라서 이번의 경우처럼 과격한 시위는 전혀 홍콩 사람들다운 방식이 아니었다.

이번 시위는 표면적으로는 '반송중(反送中)' 즉 '중국으로의 범죄인 인도에 대한 반대'로 촉발된 것이지만, 얼음이 하루아침에 3척 두께가 된 것이 아니듯이 장기적으로 누적된 원인이 있다. 나는 홍콩 시위의 원인이 '홍콩다움'과 '중국다움' 즉 양자의 정체성 충돌이라고 생각한다. 더 구체적으로는 홍콩이라는 지역의 '홍콩다움'이 중국이라는 국가의 '중국다움'에 대해 반발한 것이라고 정의하고 싶다. 몇 년 전 나는 이 책에서 민족주의를 '중국다움'의 상징으로, 본토주의(localism)를 '홍콩다움'의 상징으로 정리했다. 1997년 홍콩의 주권이 영국에서 중국으로 반환된 이후, 정체성으로서 '중국'과 '홍콩'은 접점을 찾지 못하고 각자 다른 길로 달려왔던 것이다. 서로의 '다움' 즉 '다름'을 인정하지 않았다. 서로가 틀린 것이 아니라 다르다는 것은 인정하지 않는다면 시위는 영원히 계속될 것이다.

나는 중국과 홍콩의 관계를 '중국-홍콩체제'로 명명하고 싶다. 2017년부터 같은 제목의 논문을 쓰면서 관련 사유를 발전 시켜오고 있다. 중국과 홍콩 사이에서 전개되고 있는 현상을 묶어서 설명할 수 있는 패러다임을 찾고 싶다. 즉 중국과 홍콩을 따로 두고 양자 갈등의 해법을 찾을 수는 없다. 나는 모든 갈등은 정체성의 충돌에서 오는 것이라고 생각한다. 작용과 반작용 등 상호작용에 의한 것이다. 한쪽의 정체성이 다른 정체성을 강요할 때 갈등은 표면화된다. 그 갈등이 확산되고 심화될 경우 마지막 해법으로 전쟁이 등장하는 것이다. 따라서 중국과 홍콩의 정체성 충돌은 평화적으로 극복되어야 한다. 내가 보기에 중국과 홍콩은 각자 정체성을 유지하면서 문제를 전화(轉化)하고 발전시켜야 하는 운명공동체인 것이다. 나는 중국-홍콩 관계를 국가적 정체성과 지역적 정체성의 '건전한' 관계 설정을 목표로 한 하나의 '체제(system)'로 본다.

홍콩대학 민의연구소는 1997년부터 매년 두 차례씩 '홍콩인'의 신분 정체성에 대한 설문 조사를 진행해오고 있다. 2019년 12월에는 자신이 '홍콩인'이라고 대답한 비율이 가장 높았다. 그다음으로 '아시아인', '중화민족의 일분자', '세계 시민', '중국인'이라고 대답하는 비율순이었다. '불행히도' 중국정부가 그토록 원하는 '중화인민공화국 국민'이라는 대답은 제일 마지막 자리를 차지했다. 나는 이번 설문조사에서 그것이 설문 문항에 의해서 유도된 것인지 아닌지를 막론하고, 높은 비율로 랭크된 '아시아인'과 '세계 시민'이라는 항목에 주목하고 싶다. 중국이라는 국가적 정체성과 홍콩이라는 지역적 정체성이 마지막에는 '동아시아'와 '세계'의 평화라는 지향을 통해서 공통분모를 찾을 수 있다고 생각한다. 동아시아와 세계의 미래로 가는 길을 '중국-홍콩체제'가 제시해

줄 수 있다고 믿기 때문이다.

2020년 1월 나는 여느 방학 때와 마찬가지로 홍콩에 가서 책을 사고 친구들을 만났다. 친구들은 자신들은 이제 어쩔 수 없지만 자식들만이라도 홍콩을 떠나서 살게 하고 싶다고 말했다. 사상과 언론의 자유가 없는 곳에서 살게 할 수는 없다는 것이다. 그런 한탄에 나는 '중국'이나 '홍콩'이나 서로를 알아가는 과정이니 시간이 좀 더 필요하지 않을까라는 말로 위로했다. '자유'로 상징되던 그리고 '정답'이 강요되지 않는 제3의 공간 '홍콩'은 이제 예전의 기억 속에만 남아 있을 것인가!

내 책의 개정판이 나온다는 것은 참으로 기쁜 일이다. 무엇보다도 잘못되었다고 생각되는 부분을 고칠 수 있기 때문이다. 하지만 당시 내 사유를 그대로 본다는 현장감도 있기에 크게 수정하지 않았다. 전체적으로 문법적인 착오나 불투명한 연결만 바로잡았다.

2020년 설날 아침 화동재(和同齋)에서

류영하

목차

제1부

서 론

2008년, 홍콩의 정체성을 분석한 『무주지성(無主之城)』이라는 제목의 책이 나왔다. '주인이 없는 도시'라는 의미로서 나름대로 홍콩의 현재를 상징하고자 한 것이다. 물론 순전히 저자의 주관적인 판단이나 시각으로 결정된 홍콩의 현재이다. '홍콩 영화 중에 나타난 '97' 반환과 홍콩인의 정체성'이라는 책의 부제로 볼 때, 1997년 주권 반환[1]과 홍콩인의 신분적 정체성에 대한 상징적 이미지를 적시하고자 내민 카드일진대, 주권 반환 10년째 나온 책의 제목치곤 매우 도전적이라 아니할 수 없다. '주인이 없는 도시'라는 정의는 중국의 민족주의자나 홍콩의 본토주의자 모두에게 그렇게 유쾌한 별호는 아닐 듯하다.

그 이유는 이렇다. 홍콩 본토주의 입장에서는 홍콩이 여전히 그 어떤 '주인(主)'을 의식해야 하고 주인을 필요로 하는 '종(從)'의 존재일 수밖에 없는가에 대한 울분일 테고, 중화인민공화국이라는 국민국가(nation-state)의 입장에서는 홍콩의 주권을 회수한 지 어언 10년이 지나

---

1) '반환(回歸, 收回)'이냐 '이양(移交)'이냐 하는 어휘의 의미는 영국 또는 중국이라는 주체에 따라 달라진다. 즉 식민 주체였던 영국 측의 입장에서 보면 법적으로 안 주어도 되는 주권을 주었으니 '이양'한 것이고, 중국 측의 입장에서는 당연히 받을 것을 받았으니 '반환'이 된다. 한동안 각자의 입장에 따라 '반환'이나 '이양'이라는 어휘에 집착한 적이 있으나, 지금은 학계 전반적으로 '반환'이라는 용어에 대한 반감 없이 사용되고 있는 것으로 보인다. 본서에서는 주권 반환의 현실성을 인정하여 '반환'으로 통일해서 사용하고자 한다.

고 있건만, 아직까지 주인이 주인으로 인정받지 못하는 현실이 안타깝기 때문이다. 그렇다면 우리는 홍콩 본토주의와 중국 민족주의 양자를 향하여 다시 질문을 던질 수밖에 없다. 홍콩은 주인이 없는 도시인가? 그리고 주인이 필요한 도시인가?

공식적으로 1997년 7월 1일부터 홍콩의 주인은 국민국가 중화인민공화국이다. 하지만 본토주의 입장에서는 홍콩만의 독특한 '다움'이 엄연히 실재함으로 그것의 정체성을 인정받고 싶기에 홍콩의 주인은 홍콩이어야 한다. 사실 홍콩의 정식 명칭인 '중화인민공화국 홍콩특별행정구'라는 이름 자체가 모든 것을 보여주고 있는데, 중화인민공화국 내에 존재하는 그 어떤 특별한 지역이라는 것이다. 주인이 없는 도시라는 호칭에 대해 상대적으로 더욱 기분 나빠야 하는 쪽은 주권을 반환받은 정치 실체인 중화인민공화국일 것이다. 1970년대 후반부터 시작된 주권 반환 협상부터 지금까지 30여 년 동안, 주권의 완전한 회복을 향한 민족 교육 또는 국민 교육에 그렇게 힘든 노력을 경주해왔건만, '주인이 없는 도시'라는 이런 도발적인 제목의 책이 버젓이 소비되는 홍콩 사회의 분위기는 도대체 어떻게 설명해야 할 것인가?

2012년 1월 구정 직전, 홍콩에서 홍콩과 중국의 양자 관계를 극명하게 보여주는 사건이 발생했다. 음식물 섭취가 금지되어 있는 홍콩 지하철에서 중국에서 온 방문객이 음식을 먹다가 홍콩인의 지적을 받고 언쟁을 벌인 일이다. 이 과정을 촬영한 동영상은 수십만 번의 조회 수를 기록하였고, 그 장면을 둘러싼 논쟁은 일파만파 확대되었다. 즉각 인터넷 포털 사이트에서 여론 조사가 실시되고, 내지와 홍콩 네티즌들 사이에 첨예한 논쟁이 이어지는 가운데, 본토 홍콩에 대한 쿵칭둥孔慶東(북경대학 중문과) 교수의 비판이 나오자 논쟁의 불길이 다시 치솟았다. 그의 요점은 홍콩인들이 여전히 식민지적 우월감 속에서 내지인을 무시한다는 것과 홍콩 지식인들이 언제나 내지인을 교육시키려 한다는 것, 홍콩인은 '국가 의식'이 부족하다는 것, 하루 빨리 '중국 의식'을 건립해야 한다는 것 등이다.

지하철에서 음식물 섭취를 제지한 홍콩인의 행동에 대해, 당시 유력한 차기 행정 장관 후보였던 탕잉녠唐英年과 량전잉梁振英은 각각 "법치는 홍콩의 핵심 가치인바, 홍콩인 절대 다수가 스스로 법을 준수하는 것은 존중받을 만한 것이고, 홍콩인은 소양이 있음을 반영하는 것"과 "홍콩은 향후 대륙인을 포함한 외지인을 향해 홍콩의 규범을 홍보해야 한다."는 입장을 발표했다. 표면적으로 정치지도자가 취할 수밖에 없는 완곡한 입장 표명으로 보이지만, '홍콩다움'에 대한 수호 의사를 명확하게 밝힌 것이라고 해도 과언이 아니다.[2)]

이 사건을 통해서 우리는 중국과 홍콩의 간극을 읽을 수 있는데, 양자 사이에는 물과 기름 같은 융합되지 않는 그 어떤 부분이 분명히 상존한다. 지하철 설전 장면을 중심으로 전개된 논쟁을 언론을 통해 살펴보면, 홍콩과 중국의 상호 요구 사항을 알 수 있고, 한걸음 더 나아가 양자가 자신을 인식하는 정체성의 대표적인 요소를 알 수 있다. 즉 지하철에서 홍콩인은 중국인에게 홍콩 법률의 지엄함을 알리고 싶었다. 또 홍콩에서는 중국과 달리 '반문명'적인 행동이 용납되지 않는다는 사실을 알려주고 싶었다. 물론 그 이면에 중국인에 대한 홍콩인의 멸시가 깔려 있음을 완전히 부정할 수는 없다. 이에 대한 대다수 중국 네티즌의 반응은 쿵칭둥의 독설로 대표된다고 볼 수 있다. 한마디로 중국은 국가와 중국 의식으로 홍콩을 강제하고 싶고, 홍콩은 법치 제도로서 자아를 인식하며, 그것을 고양시키고 싶다는 것이다.

사건을 확대시킨 쿵칭둥은 노이즈 마케팅(noise marketing)의 전문가

2) 류영하, 「후식민의 주체로서 국가와 본토: 중국-홍콩의 경우」, 『중국현대문학』 제63호, 2012, 184쪽 참조.

다. 교환교수로서 한국에 몇 년 동안 체류했던 그는 한국 문화를 신랄하게 비하하는 언행을 통해서 국내와 중국에서 이름을 드높인 바 있다. 그는 대중문화 연구자로서 각종 이슈의 중심에서 사사건건 자신의 존재감을 극대화하고 있다. 그는 지하철 사건을 부연하면서 "일부 홍콩인은 식민지 우월감을 가지고 있다. 하지만 개혁개방 이래 내지 도시는 많이 발전했고, 홍콩은 현재 경제의 발전 방향을 다시 찾고 있다. 홍콩인이 늘 이렇게 내지인을 업신여기는 것은 좋지 않다."고 했다. 또 홍콩의 일부 교수는 입을 열거나 닫거나 내지인을 교육시키려 한다. 또 홍콩 언론 매체는 언제나 홍콩을 선진한 곳으로 여겨서는 안 된다. 홍콩과 내지가 다투면 마지막에 손해 보는 쪽은 언제나 홍콩이라고 위협하는 동시에 홍콩인은 '국가 의식'이 부족하고, 또 홍콩인의 우월감이 "국가에 의해 양육되고 있다는 사실"조차 덮어버리고 있다고 했다. 그리고 홍콩인은 양심을 찾아서 '중국 의식'을 건립해야 한다고 훈수했다.

그는 표준어가 아닌 광동 방언이 주류인 홍콩의 언어 문제까지 제기했다. 지하철 사건에서 홍콩인이 광동어를 사용했기 때문에 내지 아동과 동행인이 그의 말뜻을 제대로 이해하지 못했다고 하면서, "중국인은 보통화를 해야 할 의무가 있는데, 보통화를 하지 않으면 개자식(王八蛋)이다."고 했다. 또 "영국 식민자의 주구 노릇이 습관이 되어서 지금까지도 모두 개이며, 사람이 아니다." 그리고 "법치로 유지되는 질서는 당신들이 소양도 지각도 없다는 것을 증명하는 것인데, 한마디로 천(賤)한 것이다."라는 폭언까지 퍼부었다.

계속해서 쿵칭둥은 홍콩이 내지인의 관광 수입으로 생활을 유지하고 있는데, 그것이 아니었다면 일치감치 굶어 죽었을 것이며, 홍콩인은 국제 1등 국민으로 자인하고 있으나, 물 · 청과물 · 쌀 모두 내지가 공급하고 있으며, 내지 각 도시는 비약적으로 발전하고 있고, 홍콩은 이미 우세를 잃어버렸다는 선까지 언급했다. 쿵칭둥은 이 자리에서도 "식민지

한국이 다른 나라를 무시하듯이, 식민지 홍콩도 중국인을 무시한다. 이것은 전형적인 식민지 정서이자, 양놈 심리다."[3]라고 했다. 홍콩을 비난하기 위해 한국에게 식민지 타이틀을 붙이는 행위를 서슴지 않았다.[4]

쿵칭둥의 발언을 살펴보면, 지나치게 흥분하고 있어 이성적 통제 능력을 상실한 듯 보이지만, 사실 그동안 홍콩에 대해 축적되어온 중국 민족주의 입장의 불만을 대변한 것에 다름 아니다. 그는 지하철 사건을 빌려 아직도 홍콩이라는 특구에 팽배해 있는 본토 의식에 대해 비판하고 있는 것이다. 그동안 본토 홍콩은 중국 관방이나 애국주의로 무장된 대다수 중국인에 의해 제거되어야 할 타자로 인식되어왔다. 즉 홍콩인(본토 홍콩을 구성하는 주체로서 일부 홍콩인이라고 해야 할 것이다)은 장기간 영국 식민지의 '주구'로 살아왔으면서도 한 치의 반성 없이 중국을 향해 홍콩식 자본주의의 확산을 기획하고, 중국 사회의 전근대성과 비합리성을 비웃고 내지인을 업신여겨왔다는 것이다. 나아가서 주권 반환 이후에도 중화인민공화국이라는 국민 국가로의 동화를 거부해왔다는 것이다. 위대한 '조국'으로부터 경제적으로 엄청난 혜택을 받고 있고, 또 그것 없이는 한시의 생존도 불가능한 환경임에도 말이다. 한편 역설적으로 보면 그의 발언은 홍콩 본토주의의 실존을 강력하게 증명

3) http://hk.news.yahoo.com/孔慶東回應-香港為什麼老虎屁股摸不得-211025155.html,http://hk.news.yahoo.com/北大惹火教授罵港人是狗-時事評論員-中港矛盾深化-促政策介入-211025026.html, http://hk.news.yahoo.com/東鐵罵戰主角籲勿分化-孔慶東堅稱-部分港人是狗-211508947.html, http://hk.news.yahoo.com/唐英年指港人不是狗北大教授要為自己言論負責-110800065.html

4) 류영하, 앞의 글, 191쪽 참조. 주로 미국에 의한 후식민이나 탈식민적 입장에서 한국의 위치를 분석한 연구가 적지 않은 것이 사실이다. 쿵칭둥 교수가 한국의 상황을 그런 식으로 정의했다면, 홍콩에 대한 중국의 식민도 같은 맥락에서 동의할 수는 없었을까 하는 아쉬움이 남는다. 이에 대해서는 향후 논의를 확대할 기회가 있을 것이다.

하고 있는데, 우리는 이를 통해서 중국 민족주의 내지는 국가주의라는 대세가 시시각각 홍콩을 강요하고 있음을 알 수 있다.

2011년부터 홍콩 매체에 '메뚜기(蝗蟲)'라는 용어가 등장하기 시작했다. 이는 중국에서 쇼핑이나 관광 또는 원정출산(2011년 기준 4만 명의 임산부가 홍콩에서 출산)을 위해서 도래하는 중국인을 가리키는 것으로 중국인들을 향한 홍콩인의 심사를 대변하고 있다. 중국 정부는 세금을 내지 않고, 교육 등 홍콩의 각종 복지 혜택에 편승하려는 임산부들의 행위를 방관하고 있는데, 향후 혈통으로서 홍콩을 순화(馴化)시키고자 하는 인해전술[5]의 새로운 양상이다. 이런 현상으로 홍콩인의 불만이 나날이 고조되고 있는 가운데, 2012년 음력설을 맞아 홍콩에 쇼핑하러 온 중국 관광객들을 향해 '메뚜기'를 반대한다는 시위가 벌어지기도 했다.[6] 이런 갈등을 증명하듯이 홍콩의 대표적인 중립지 『명보(明報)』는 사설에서 "내지와 홍콩 사이의 모순이 심화되어, 두 곳의 문화 융합 효과는 아직 미미한데, 중앙 및 홍콩 정부가 정책 측면에서 개입해서 충돌을 수습해야 한다."[7]는 해결책을 제시하기도 했다.

그렇다면 본토 홍콩의 목표는 무엇일까? 주인 없는 홍콩은 도시 국가를 꿈꾸는가? 아니면 주인이 없는 도시 홍콩은 홍콩공화국을 꿈꾸는가? 주인이 없는 도시라는 이미지는 홍콩 신분의 위기를 걱정하던 이들에게 그나마 새로운 복음임이 분명하다. 지금부터 다시 10년 후까지 나름대로 본토 홍콩이 건재할 것임을 강력하게 반증하는 것이기 때문이다. 그것은 거대한 민족주의의 융단 폭격에 본토주의가 사력을 다해 대항한 성과로 해석되어도 마땅할 것이다. 그런 측면에서 나는 중국

---

5) 중국의 인해전술이나 인구정책에 대해서는 유영하, 『이미지로 읽는 중화인민공화국』(소명출판, 2012), 154-165쪽을 참조하기 바람.

6) 류영하, 앞의 글, 190쪽 참조.

7) 『明報』, 2012年 1月 21日字.

의 '차국민'[8]으로서 살아가고 있는 홍콩인의 입장을 변호하고 싶다.

이 책의 주요 분석 대상인 홍콩역사박물관의 '홍콩 스토리'를 보고 난 느낌을 한마디로 정리하라면, 나는 공허하다고밖에 말할 수 없을 것 같다. 결정적인 그 무엇이 제거된 전시 공간은 허무하고 공허하다. 소중한 경험과 역사는 재현의 노력으로 우리에게 박물관을 상기시킨다. 결국 본토성에 대한 토대가 깊지 않아 홍콩역사박물관의 상설 전시물인 '홍콩 스토리'의 스토리는 주권 반환까지만 전시되고 있는지도 모른다. 역사에 대한 의문이 그러하듯이 '홍콩 스토리'를 회의적으로 관람하고 있노라면 홍콩인에 의한 본토 홍콩의 정립이 실패한 것인지 아니면 포기된 것인지에 대한 궁금증이 끊임없이 샘솟는다.

영국 식민지 기간 만회하지 못한(혹은 수립하지 못한) 미약한 본토주의는 주권 반환 후 박물관을 통해 가능하였을지도 모르지만, 나는 박물관을 통해 탈식민을 기획했다는 노력을 했다는 말을 들어본 적은 없다. 반환을 염두에 두고 꾸며진 박물관의 '스토리'는 새로운 주인이 홍콩인을 사주하여 발생된 공간으로 볼 수밖에 없다. 구관이 명관인 이유는 아무것도 모르는 신관의 방자한 힘 때문일 것이다. 이 시점까지도 중국이라는 신관은 영국이라는 구관과 경쟁을 하고 있다. 그렇다면 홍콩의 박물관은 여전히 영국과 중국 양자 간 경쟁의 장이다. 따라서 홍콩의 박물관은 본토주의의 확립보다는 새로 부임한 신관의 뜻에 따라 조성된 민족주의의 학습장이라고 볼 수밖에 없다.

기본적으로 본 저서의 목표는 현시점 '홍콩 스토리'에 나타난 중국

---

8) 중국을 예로 든다면 한족은 국민이고, 소수민족은 '차국민'이 된다. 왜냐하면 '오족공화'나 '민족조화'를 내세우고 있지만 사실은 정치를 위시한 모든 측면에서 한족이 중심이다. 특히 홍콩인은 주권 반환 이후 국민으로 편입되는 과정에 있고, 국민으로서 계몽의 대상이기에 국민이라는 '대아지당(大雅之堂)'에 오르기에는 아직 무리가 있다.

민족주의와 홍콩 본토주의 정체성을 찾아내는 것이다. 그 결과는 자연스럽게 최근 중국 민족주의의 양상일 테고, 더불어 홍콩 본토주의의 생성 과정 및 그 특징일 것이다. 그리고 여력이 된다면, 중국 민족주의와 홍콩 본토주의의 양상에 대해 비판할 것이다. 본토 홍콩에 가해지는 중국 민족주의의 목적은 매우 현실적이어서 본토 홍콩에게 바로 국민 신분을 부여하고 회복시키는 것이라면, '성스러운' 국민 신분을 부여받는 대신에 본토 홍콩이 납부해야 하는 것은 무엇일까? 그것이 양자의 미래에 어떻게 작용할 것인가? 그리고 동아시아, 나아가서 세계공동체에 어떤 지시를 보여줄 것인가? 이 책은 스스로가 제기한 이런저런 질문에 대한 대답이다. 이 책의 결론 부분에 도달하게 되면 나는 앞에서 제기한 의문들에 대한 답을 내놓을 수 있을 것이다.

홍콩역사박물관 입구

본 연구의 직접적인 대상은 홍콩역사박물관(香港歷史博物館, Hong Kong Museum of History)과 홍콩해방박물관(香港海防博物館, Hong Kong Museum of Coastal Defence)의 상설 전시물과 설명문이다. 우선 각 전시실 입구 그리고 각종 전시물 앞이나 옆에 배치된 설명문을 말하며, 나아가서 박물관 입구에서 무료로 배포되고 있는 소개 책자 및 인쇄물 등을 말한다. 따라서 본 연구 범위는 전시물과 그것에 따른 설명문에 똑같은 비중을 두고 분석을 진행할 것이다. 그러니까 전시물과 전시 공간, 영상물을 따로 설명할 것이며, 또 설명문 즉 직접적인 설명문과 박물관에서 제공하고 있는 각종 설명문(책자, 시디 포함)에 대한 분석을 따로 진행하여 좀 더 치밀하고 효과적인 성과를 도출할 것이다. 우선 그것을 통해서 내적으로 간단없이 작동하고 있는 이른바 중국이라는 이데올로기를 읽어내고 싶다.

최근 홍콩을 향해 가해지는 중국 이데올로기는 특히 같은 민족이라는 정서 그리고 같은 역사를 강조하는 방향으로 강요되고 있다. 그래서 역사적으로나 지리적으로나 문화적으로 중국과 홍콩은 분리될 수 없는 일부라는 인식의 확대를 목표로 하고 있는 것으로 보인다. 일찍이 1997년 주권 반환 시점을 중심으로 홍콩을 둘러싸고 전개된 논쟁의 중심에 가장 큰 자리를 차지하고 있던 화두는 단연 민족이었다. 단연코 민족은 중국이라는 국민국가로의 포섭을 위해 홍콩에 요구되는 지고지선의 가치였다. 위기의 순간에 꺼내 드는 같은 한족(漢族)이라는 보도(寶刀)는 그 어떤 무기보다 효과적이었다.

양 박물관은 그 이름에서도 드러나듯 홍콩의 정체성 구현과 그 전시를 1차적 목표로 하고 있다. 박물관은 어떤 지역이나 조직의 정체성이 직접적으로 표출되는 곳이라는 점을 인정한다면, 양 박물관은 그것을 탐구하기에 가장 좋은 공간이라고 할 수 있다. 그중에서도 특히 박물관의 상설 전시물은 박물관의 조직이 총동원되어 장기간의 준비 끝에 탄생된 산물이기에 연구에서 누락되어서는 안 되는 대상일 것이다.

특히 내가 주목하고자 하는 이유는 상설전시라는 점이다. 전시란 진열인 동시에 진열된 대상의 의미와 중요성에 대한 전시 기획자의 '해석'이 개입된 진열이며, 이를 관람객과 공유하기 위한 것이다. 그러므로 홍콩역사박물관과 홍콩해방박물관의 상설 전시물과 그것에 대한 설명을 예의 주시하면 홍콩 실체에 대한 역사적인 접근이 가능할 것이다. 우리가 박물관을 연구할 때 무엇보다도 중요한 것은 전시물의 시점과 배경이다. 특히 상설 전시는 그 중요성으로 볼 때 그것이 기획되고 준비되고 오픈하기까지의 과정이 전시 그 자체보다도 중요한 영역이다. 그렇게 본다면 홍콩을 대표한다고 할 수 있는 양 박물관의 상설 전시 시점은 사회문화적인 배경과 불가분의 관계를 가지고 있다.

나는 이제 홍콩으로 박물관 견학을 떠나고자 한다. 끝까지 놓치지 말아야 할 문제의식은 '홍콩 스토리' 속에서 나타나고 있는 '중국다움(chinese-ness)'은 무엇이며, '홍콩 스토리' 속에 과연 '홍콩다움(hong kong-ness)'은 존재하는가, '홍콩다움'에 가해지는 '중국다움'의 정체성은 무엇이며 '홍콩다움'과 '중국다움'의 편차는 무엇인가, 민족으로부터 해방된 홍콩인의 존재는 불가능한가, 하는 것들이다. 그리하여 마지막에는 홍콩 스스로가 인식하고 자랑하는 '홍콩다움', '홍콩다움'이 확립되는 과정, 중국이 인정하는 '홍콩다움', 중국이 선양하는 '중국다움' 등을 읽어낼 수 있을 것이다.

이 책의 논의는 주로 탈식민주의적인 시각으로 진행될 것이다. 따라서 인용되는 대부분의 사상가 역시 탈식민주의를 주창하거나 그것의 확대 재생산에 혁혁한 공로를 세운 이들이다. 주지하다시피 탈식민주의(postcolonialism)의 '탈post'이 지니는 양가성에 대해 여전히 설왕설래가 분분하지만, 홍콩을 중심으로 놓고 볼 때, 중국을 의심한다면 식민주의의 연장선이라는 의미의 '이후after'일 수밖에 없다. 또 한편으로 홍콩 본토성의 유지나 독립을 강조하는 측면에서 본다면, 식민주의의 해체와 극복을 의미하는 '탈피beyond'여야만 한다.

아울러 시종일관 정체성이라는 상부구조는 정치나 경제로 대표되는 하부구조의 직간접적 영향의 생산물이라는 관점을 동력으로 이용할 것이다. 주지하다시피 마르크스에 의해 주창된 상부구조와 하부구조의 상관관계 이론은 상부구조를 하부구조의 반영으로 보는 기계론적인 관점에 대해 의심을 받고 있음에도 불구하고 여전히 그것의 가치는 마르크스주의와 구조주의 등 각종 이론 영역에서 엄연하게 인정되고 있다. 마르크스는 『공산당 선언』에서 상부구조와 하부구조의 관계에 대하여, "인간이 처해 있는 삶의 상황, 그의 사회적 관계 그리고 그의 사회적 존재와 더불어 그의 생각, 관점과 개념들, 간단히 말해 그의 의식도 변한다는 것을 파악하는 데 더 깊은 통찰이 필요하단 말인가?"[9] 라고 절규한 바 있다. 나는 중국-홍콩 관계에 있어 하부구조가 상부구조를 절대적으로 장악하고 있다고 생각하는데, 양자 간 혹은 단독 공간에서 정치경제적 작동은 시시각각 '중국다움'이나 '홍콩다움'을 추동하고 재생산하고 있는 것이 현실이다. 따라서 나는 정치 문화와 경제 문화가 식민과 탈식민의 중요한 기준으로 작동하고 있음을 증명하는 차원에서 양자를 목차의 탈본토나 탈식민 스토리에서 강조했다.

9) 칼 마르크스, 이진우 옮김, 『공산당 선언』(책세상, 2002), 41쪽.

제2부

홍콩의 박물관

_ 국민국가의 박물관

_ 차국민의 공간

_ 홍콩 스토리의 스토리텔링

1. 국민국가의 박물관

1998년 홍콩역사박물관은 현 위치로 확장 이전되었다. 새로 개관하면서 제일 먼저 기획된 전시는 "천공개물天工開物-중국 고대 과학기술 문물전"[1]이었다. 홍콩 정부 관련부서의 책임자는 "중국문화를 선양할 수 있을 것"[2] 같아서 동 전시를 기획했다고 했다. 박물관학의 대표 고전으로 공인되고 있는 『큐레이터를 위한 박물관학』을 쓴 버코는 '전시'라는 것은 "개별 사물의 진열이라기보다는 신중한 해석과 특정한 주제에 따라 무리지어 놓은 사물들을 지칭한다."고 전제하면서 "박물관의 문맥에서 '전시'란 용어는 중요한 목적(넓은 의미에서 교육적 효과)을 성취하기 위해 어떤 사물에 무엇인가 의미를 추가한다는 개념을 내포한다. 박물관 전시 기획과 제작의 모든 측면은 이와 같은 목표를 염두에 두고 진행된다."[3]고 했다.

결국 '전시'에는 그것의 뚜렷한 배후가 있다는 말이다. 그 의도는 '신중하게' '특정한' 주제에 따라 준비된 개념으로서, 중요한 목적을 성취하기 위한 것이다. 따라서 '전시' 관련하여 박물관의 모든 행위는 이 배

---

1) 1998년 9월 29일부터 1999년 1월 3일까지 전시되었다.

2) 『大公報』, 1998年 9月 12日, B01.

3) 조지 엘리스 버코, 양지연 옮김, 『큐레이터를 위한 박물관학』(김영사, 2005), 198쪽.

홍콩역사박물관 전경 및 입구

후에 의해 기획되고 제작된 것이라고 보아야 한다. 그 배후를 한마디로 정의하면, 교육적 효과이다. 그래서 버코가 보기에 박물관은 오브제를 수집하고 보존하기 위해 존재하는 곳이며, 그 소장품을 기반으로 교육적 활동을 펼치는 곳이다.[4] 실제로 많은 국가들에 있어 박물관은 학교와 같이 정부의 공식적인 교육수단으로 간주된다는 것이다.[5]

버코는 좋은 역사박물관이라면 학문적인 역사학, 즉 학교의 역사수업 시간에 배우는 역사를 답습하는 것이 아니라 사회과학, 특히 사회학과 인류학에 기초하여야 한다고 했다. 역사박물관에서는 인간의 삶, 역사의 자취를 그대로 보여주고 느끼게 할 수 있는 상태의 사물이 진정한 원래 모습으로 간주된다.[6] 그중에서도 좋은 전시에 대해 버코는 ① 안전하고 안정적이어야 한다. ②보기 편해야 한다. ③주의를 끌어야 한다. ④보기 좋아야 한다. ⑤주목할 만한 것이어야 한다. ⑥가치가 있어야 한다. ⑦훌륭한 취향(taste)에 따른 것이어야 한다는 조건을 내걸고

---

4) 조지 엘리스 버코, 앞의 책, 22쪽.

5) 조지 엘리스 버코, 앞의 책, 48쪽. 1982년 서독의 헬무트 콜 총리는 집권하자마자 현대사 박물관을 짓겠다고 했고, 2008년 한국의 이명박 대통령도 집권 직후 광복절 경축사에서 역사박물관 건립 구상을 발표했다. 양자의 명분과 목적은 비슷했다. 콜 정부는 서독의 성공과 민족사에 대한 긍정적 인식을, 이명박 정부는 한국 현대사의 성공과 기적을 과시하고, '국민의 자긍심'을 고양하겠다고 했다. '독일연방 공화국 역사의 집'은 민주적 합의 과정을 거쳐 10년 이상이 소요되어 1994년에 개관했다. 전문가들의 지지와 시민 사회의 동의 그리고 전시 내용에 대한 정부의 개입 금지는 당연했다. 반면에 대한민국역사박물관은 애초부터 시민 사회와의 공개적인 토론과정이 없었다. 이동기, 「역사정책 미래를 열자-대한민국역사박물관 졸속 추진」, 『한겨레』, 2012년 9월 5일자, 23면 참조. 한국 정부는 2008년 개관 시기를 2014년이라고 밝혔으나, 건립 계획 단계인 2009년엔 2013년 2월로, 2011년 12월에는 개관을 2012년 12월로 다시 잡았다. 『한겨레』, 2012년 10월 23일자, 11면 참조. 대한민국역사박물관은 2012년 12월 26일 개관했다. 전후하여 '졸속 추진', '박정희 미화', '경제발전 집중', '민주화운동 축소', '보수 편향적'이라는 논란에 휩싸였다.

6) 조지 엘리스 버코, 앞의 책, 109쪽, 164쪽.

있다. 특히 훌륭한 취향을 제기하면서 '불필요한 논란에 휘말리는 것을 피하는 데' 관심과 배려가 필요함을 역설했다. 아울러 박물관 행정가와 직원, 이사회는 전시 주제에 대한 지역사회의 정서와 시의 적절성을 유념해야 한다고 했다. 그중에서도 또 한 가지 간과할 수 없는 것은 좋은 박물관이라면 고민하는 난제인 교육과 오락 양자의 절충점이다. 그래서 박물관의 임무는 일반 대중을 고양시키는 것이되, 일반 대중의 동의가 전제되어야 한다는 것이다.

국민국가나 민족 이데올로기 회복 수단으로서 박물관을 통한 교육만큼 자연스럽고 효과적인 접근법이 없다 할 것이다. 박물관이 대중을 교육해야 한다는 주장은 응용박물관학(applied museography)의 미국적 행태인데, 박물관은 자연 생태 환경과 동일한 역사 구조를 강조하는 도구주의 성격의 민족주의가 지배하는 공간이다. 구소련 정부는 마르크스주의에 입각한 세계관을 교육시키기 위해 1921-1936년 사이에 542개의 박물관을 세웠으며, 독일은 두 차례 세계대전 사이에 2천 개 이상의 지역박물관을 건립하였는데, 그 목적은 양자 모두 국가에 대한 자부심을 회복시키는 것이었다.[7] 전통적이고도 도식적인 구분법, '민족주의=중원 중심주의=국민 국가'라는 등식은 국민 이데올로기 회복의 전형적인 수단인데, 박물관을 통한 교육만큼 자연스럽고 효과적인 접근법은 드물다 할 것이다.

박물관은 민족과 국가를 상상하게 만드는 비결이다. 분리주의적 민족주의의 대두에 대한 우려가 높아지고 있는 가운데, 국민국가의 박물관은 주목의 대상임이 분명하다. 무엇보다도 박물관에서 보았던 것은 절대 진리이니 절대로 논쟁의 대상이 될 수 없는 것이라는 모범 이미지가 지속적으로 은근하게 관객의 뇌리에 자리 잡게 된다는 점은 무시할

---

7) 조지 엘리스 버코, 앞의 책, 282-283쪽.

수 없다. 그런 점에서 박물관이 주는 확정적 이미지는 매우 강력하다. 따라서 박물관이 지니는 유무형의 에너지, 즉 교육적 효과에 대한 의심은 근거가 희박하다고 할 수밖에 없는 것이다.

아르준 아파두라이(Arjun Appadurai)는 박물관과 국민국가의 관계에 대해 일찌감치 주목하고 있다. "박물관과 동네 약국, 우체국과 경찰서, 요금 징수소와 전화 부스와 같은 다양한 기구들을 통해서 국민국가는 지배권 아래 있다고 생각되는 모든 공간들을 국가화하기 위한 공식적 · 비공식적 기술들의 광대한 네트워크를 만들어낸다."[8]고 했다. 결국 박물관은 국민국가의 네트워크를 구성하는 중요한 기구라는 것이다. 그가 국가화라는 어휘를 동원하고 있는 것을 보면 그가 기본적으로 박물관의 기능에 긴장하고 있다는 것을 알 수 있다.

물론 박물관의 가치에 대해서 홍콩의 사회운동가 후언웨이胡恩威처럼 "어느 지방 어느 도시 어느 국가의 문화 상태를 반영하는 것"[9]으로 인식되고 매우 중요하게 취급되어야 한다는 주장이 대세일 테지만, 한편 우리가 시시각각 기억해야 하는 점은 니시카와의 말처럼 박물관이 가족, 학교, 저널리즘 등과 같은 국민통합을 위한 이데올로기라는 것이다.[10] 아무튼 박물관을 긍정적으로 보든 혹은 부정적으로 보든 그것의 의미를 각별하게 본다는 점은 양자의 공통점일 것이다. 왜냐하면 좋은 역사박물관의 필수 조건은 공공의 교육적 목적하에 오브제를 수집해야 하고, 지역역사박물관의 경우 수집되는 오브제는 그 지역의 역사적 사실을 뒷받침할 수 있는 전형적이고 일상적인 사물이어야 하기 때

---

8) 아르준 아파두라이, 차원현 · 채호석 · 배개화 옮김, 『고삐 풀린 현대성』(현실문화연구, 2004), 330쪽.

9) 胡恩威, 「在博物館日吶喊」, 『文化起義』(香港: CUP, 2004), 112쪽.

10) 니시카와 나가오, 윤해동 · 방기헌 옮김, 『국민을 그만두는 방법-국가이데올로기로서의 민족과 문화』(역사비평사, 2009), 214쪽.

문[11]이다. 그렇다면 문화 민족주의 입장에서 보면 가장 권위적이고 효율적인 수단은 박물관일 수밖에 없다. 이제 남은 일은 박물관의 전시물 속에서 작동하고 있는 이데올로기를 찾아내는 일이다. 즉 주권을 인수받은 중국 정부가 장기간에 걸쳐 주장하고 있는 '모국의 개념 없이 제국주의 식민의 틀에서 살아온 홍콩인'에게 주입하고 싶은 이념을 찾아내는 것이다.

그나마 위로가 되는 사항은 그런대로 합리적인 정치 체제가 작동하는 사회라면 박물관이라는 공간에 전시를 준비하는 과정에서, 여러 가지 요인과 권력 간에 장기간에 걸쳐 수많은 알력과 항형이 존재했다는 점이다. 그렇게 본다면 사실 박물관을 오락의 개념으로 참관한다는 행위는 매우 위험하다고 할 수 있다. 정신의학 용어에 '확증 편향'이라는 것이 있다. 그러니까 자신의 기존 논리에 부합되는 정보는 계속 받아들이고, 그 반대의 경우 거부하는 과정을 말한다. 그런 논리를 조금 발전시켜 본다면 예측 교육이라는 것, 확증 교육이라는 것이 있을 것이다. 나는 이것을 박물관의 기능에 적용하고 싶은데, 즉 박물관의 전시가 곧 역사에 대한 나의 인식을 확증시켜준다는 것이다. 박물관의 스토리텔링에 따라 참관하는 관람객이 그 지역은 원래 그렇다는 확증 편향적 사고의 지배를 받을 수 있기 때문이다. 즉 박물관을 참관하는 자는 그 박물관이 소재하는 지역이나 국가의 정체성에 대해 박물관이 기획하고 의도하는 바에 따라 쉽게 포섭된다.

박물관이 계몽으로 갈 수도 있고, 국민교육이나 또는 세뇌화로 갈 수도 있다. 그런 측면에서 박물관은 실로 막중한 권한과 책임을 지닌다. 나아가서 관람객의 뇌리에 스토리텔링을 남김으로써 영원히 구속할 수도 있다. 따라서 권력주체에 의해 상상력을 제한할 수 있는 수술용 메

11) 조지 엘리스 버코, 앞의 책, 58쪽.

스로 전락되는 것 또한 우려해야 할 일이다. 더욱이 박물관의 그 전시가 어떤 목적을 수행 중이라면 더욱 그렇다. 게다가 국민 창출 프로젝트의 일환이라고 명시되어 있는 경우라면 더더욱 그렇다. 홍콩역사박물관의 '홍콩 스토리(香港故事)'에 들어서면 아래와 같은 서언이 당신을 맞이하고 있다.

서언 Preface

홍콩은 비록 매우 작은 곳이지만, 지질 구조가 복잡하고, 수목의 종류가 매우 많고, 인류 활동 시기가 이르고, 신계 지역의 민속 보존이 완벽한 것 등이 매우 독특하다. 하물며 백여 년에 걸쳐 사람들이 잘 모르던 촌락에서 국제적인 대도회지로 탈바꿈했다는 것을 어떻게 설명할 것인가.

홍콩 역사 문화를 알고자 하는 여러분의 간절한 요구를 만족시키기 위해, 우리는 전심전력으로 홍콩 4억 년 역사를 말하는 '홍콩 스토리'

상설전시를 만들었다. '홍콩 스토리'는 기획부터 완성까지 6년이 걸렸고, 1억 9천만 홍콩달러가 투입되었으며, 7천 평방미터에 8개 전시실로 구성되었으며, 홍콩의 자연 생태 환경과 민간 풍속 및 역사 발전을 소개했다. **전람은 재미와 교육 모두를 중시하였기에**[12] 홍콩의 역사 문화에 대한 여러분의 흥미를 유발할 수 있기를 희망한다. 우리는 4억 년이라는 시간을 넘나드는 이 여행에 여러분을 정중하게 초대한다.[13]

---

12) 이하 모든 인용문의 강조 처리는 그 내용을 강조하기 위해 필자가 하였다.

13) 저자 서문에서 밝힌 바와 같이 이 책의 주요 분석 대상은 우선 각 전시실 입구와 각종 전시물 앞이나 옆에 게시된 설명문이며, 또 박물관 입구에서 무료로 배포되고 있는 소개 책자 및 인쇄물 등이다. 각 전시실의 영화 제목은 물론, 내용과 스토리 전개를 분석해야 하며, 전시실의 중점 또는 대표 전시물에 대한 다각적인 접근 또한 매우 긴요한 것이 사실이다. 동시에 중요한 대상은 홍콩역사박물관 사이트(http://hk.history.museum/b5/download.php)에서 다운로드 받을 수 있는 '홍콩 스토리'에 관한 PDF 파일인데, 『'홍콩 스토리' 전람 자료 「香港故事」 展覽資料』이다. 또 주요 자료인 『'홍콩 스토리' 상설전시 학습 자료 「香港故事」 常設展學習資料舉隅』도 다운로드 받을 수 있다고 아이콘이 표시되어 있으나, 실제로는 목차밖에 볼 수 없는 실정이다. 처음에 나는 이 학습 자료를 홍콩역사박물관의 자료실에서 여러 날에 걸쳐 복사할 수밖에 없었는데, 직원은 한꺼번에 복사할 수 없는 이유와 사이트에 공개하지 않는 이유에 대해 규정이라는 말 외에 분명하게 말해주지 않았다. 그리고 세 차례 정도 신분을 밝히고 담당 큐레이터 면담 신청을 하였으나, 한 번은 무시되었고, 한 번은 박물관에 관한 자료는 모두 사이트에 공개해놓았다는 내용의 메일을 받았다. 한 번은 담당자를 박물관 복도에서 우연히 만나게 되어 여러 가지 질문을 하였으나, 박물관의 자료실에 다 공개되어 있다는 모범 답안 외에는 기억에 남는 것이 없다. 이후 나는 친구들로부터 홍콩 공무원이 정치적 입장에 관련하여 매우 민감한 상태라는 이야기를 많이 들었다. 일찍이 미셸 푸코는 역사 속에서 박물관이 권력과 결탁하여 대중을 교육시킨 도구 역할을 해왔음에 주목한 바 있는데, 박물관의 직원이 자신의 세계관을 공개할 리는 만무하다. 이 두 가지 자료 즉 『'홍콩 스토리' 전람 자료 「香港故事」 展覽資料』와 『'홍콩 스토리' 상설전시 학습 자료 「香港故事」 常設展學習資料舉隅』를 구분하기 위해 인용 출처를 각주로 밝힐 것이다. 그 외에 박물관의 전시물에 게시된 설명과 관련된 것들은 따로 각주 작업을 하지는 않을 것이나, 그때그때 필요한 경우 본문에서 근거를 명시할 것이다.

홍콩역사박물관의 로비 사진

역사를 재현하고 구체화하는 작업이 과연 가능한 것일까? 그리고 재미와 교육 모두를 중시하면서 역사를 재현하는 작업은 가능한가? 박물관을 역사적 공간으로 보는 베넷(Tony Bennett)의 이론을 정리하면서, 덩민량鄧民亮은 박물관이라는 공간은 권력의 상징으로 전화되었다고 보았다.[14] 이어서 그는 새로운 권력 관계의 차원에서 역사박물관은 "국가를 위해 역사를 구성하는 동시에, 역사를 해석한다."고 하면서 "현대국가는 결코 장구한 역사가 없는데도, 일반적으로 모두 상고시대로 거슬러 올라가려고 한다. 민족과 민족의 관계 그리고 국경의 설정과 역사적 인물·사건에 대한 위상 정립에 국가의 의지가 체현되고 있다."[15]고 지적했다. 지질 구조, 수목의 종류, 인류 활동 시기, 4억 년 역사를 강조하

14) 鄧民亮, 「博物館空間: 從物質虛擬到非物質虛擬」, 『香港博物館館長協會 會訊』, 2002, 12쪽.

15) 鄧民亮, 앞의 글, 19쪽.

는 '홍콩 스토리'의 서언이 우리에게 시사하는 바는 무엇인가? 상고시대의 인류 활동까지 관심의 영역에 두는 이유는 무엇인가? 그것에 대해 베넷과 덩민량은 존재의 근거를 보장받기 위한 민족과 국가의 의지 표현으로 보는 것이다.

2. 차국민(sub-nation)의 박물관

중국이 영국으로부터 홍콩의 주권을 반환받았던 1997년 7월 1일 이후 매년 그날이 되면 홍콩에서는 특구 정부와 민주화 진영의 이벤트가 각각 펼쳐진다. 한쪽에서는 중화인민공화국 홍콩특별행정구 행정장관이 공식적으로 주재하는 축하행사가 거리행진으로 이어진다. 행렬에는 중국 전통의 사자춤과 용춤이 화려하게 등장하여 축제 분위기를 고조시킨다. 더불어 각 지역구 행정 조직이 준비한 전통 거리 쇼가 다양하게 전개된다. 물론 홍콩에 주둔하고 있는 중국 인민해방군의 시범행사도 빠지지 않는다. 그리고 광동성의 수도인 광주(廣州)와 홍콩 인근 심천(深圳)에서 파견된 팀의 축하공연도 볼 수 있다.

그 반면에 다른 한쪽에서는 민주 진영의 시위가 진행된다. 우선 매년 어김없이 홍콩의 민주화 성지로 인식되고 있는 빅토리아 공원에서 수만 또는 수십만 명이 참가하는 시위를 개최한다. 민주 진영은 보통 선거의 조기 도입 · 빈곤 구제 방안 · 동물 보호 · 최저 임금제 도입 등을 지속적으로 요구하고 있다. 2012년에도 친중국계와 민주계 양 진영은 주권 반환 축하와 민주화 요구라는 상이한 장면을 연출했다. 장빙량張炳良은 저간의 사정을 이렇게 정리했다.

《중영 공동성명》 체결부터, 홍콩 발전과 전도 문제에 관한 토론은 부단한 '정치 귀결'이었다. 이분법적 사유가 홍콩 과거 이십여 년의 정치 담론을 주도했다. 1997 이전에는 '친영 대 친중', '이민 대 비이민' 표명이었고, 특구 성립 후에는 이런 사유가 '순리적으로 과도해서', '친 중앙 대 본토', '애국 대 민주', '건제파(建制派) 대 민주파', 및 '보통 선거 지지 대 반대' 등이 되었다.[16]

자본주의 경제의 상징으로 인식되어오던 홍콩이 주권 반환 협상이 시작된 이후 정치적인 홍콩으로 강하게 전환된 적이 있다. 사실 지금까지도 그렇게 유도되고 강요되고 있다. 살펴보면 그것을 견인하는 선두에는 '민족'과 '주의'가 있다. 현실적으로 민족주의가 부국강병주의나 국민국가를 목표로 한다고 볼 때, 바야흐로 홍콩이 상징해온 역동적이고 다양한 가치는 민족주의에 의해 서서히 침탈당하고 있다. 홍콩을 향해 국민국가를 승인하고 강요하고 통합하는 광범위한 시도들이 진행되면서 민족주의 선풍이 몰아치고 있다. 모두가 포섭과 배제를 통해 홍콩인을 동질적인 국민으로 개조하는 과정의 일환이다. 그 세기와 깊이를 바라보고 있노라면 국가 아래의 차등적 본토성(locality)조차도 담보받지 못할 수도 있다는 우려가 드는 것이 사실이다.

그 모든 흐름을 살펴보면, 표면적으로나 내면적으로나 '민족적 국민'을 만들기 위한 시도라는 점은 분명해 보인다. 우선 소수의 '국민됨(nationhood)'을 목표로 하는데, 나는 그것을 민족에 의한 재식민화 과정으로 본다. 크리스 하먼의 말을 빌려 권혁범은 민족 생성과정의 폭력성에 주목하고 있다. 즉 민족은 자연적인 동질성의 반영체가 아니라 사실은 소수민족 및 종족들을 "강제로 통합하면서 그들의 문화와 언어를

16) 張炳良, 『管治香港的難題: 回歸十年反思』(香港: 進一步多媒體有限公司, 2007), 14-15쪽.

지배집단의 이해에 맞추어 억압하는" 폭력적 과정에 의해서 형성된다는 것이다.[17)]

그렇다면 근대 국민국가의 형성과 더불어 대두된 민족주의가 폐기되지 않고 수시로 부활하는 이유는 분명하다. 그것을 사용하고자 하는 주체의 입장에서 볼 때, 민족주의의 효용 가치가 탁월하기 때문이다. 김상봉은 그 이유를 두고 민족주의 이데올로기 없이는 "개인을 국가의 부름에 맹목적으로 복종하는 인간으로 훈육할 수 없기 때문"[18)]이라고 했다. 역사적으로 볼 때, 민족주의의 가장 큰 장점은 그 속에 모든 쟁점을 묻어버릴 수 있다는 것이다. 즉 홍콩과 중국 양자 간의 갈등을 막론하고, 홍콩 내부의 문제까지도 모두 민족이라는 이데올로기에 의해 엄폐될 수 있는 것이다. 권혁범은 민족주의라는 틀 안에서 '우리'는 동질적 집단, 이익과 역사를 공유하는 집단으로 '오인'되면서 사회 안에 존재하는 다양한 때로는 충돌하는 성별 간, 계급 간 갈등과 모순을 은폐하는 기능을 맡게 된다고 했다.[19)] 또 벨러에 의하면 독일 민족운동의 사상 속에서 '선민', '성스러운 조국', '역사적 사명', '철천지원수'와 같은 민족주의의 고정관념들이 중심적인 역할을 했다.[20)] 모두 거대 담론

---

17) 크리스 하먼, 배일룡 옮김, 『민족문제의 재등장』(책갈피, 2001), 157쪽, 권혁범, 『민족주의는 죄악인가』(생각의나무, 2009), 95쪽에서 재인용. 최근 국내외 학계에서 포스트모더니즘이나 탈식민주의적 입장에서 민족 또는 민족주의를 규명하는 시도들이 지속적으로 추진되고 있다. 특기할 만한 사실은 민족 이데올로기에 대한 비판이 주류를 형성하고 있어, 이제 민족주의는 물론이고 민족이라는 거대 담론의 종말이 코앞에 닥친 듯하다. 하지만 전지구화나 세계화의 구호가 시시각각 우리의 의식을 자극하고 있고, 집단이나 종족을 해체하여 긍정적인 측면에서 세계화를 추동하고 있는 이 시점에도 민족주의나 국가주의 이데올로기는 한시도 우리를 편안하게 내버려두지 않고 있는 것이 현실이다.

18) 김상봉, 「'핏줄의 민족' 넘어서 '주체적인' 우리 고민할 때」, 『한겨레』, 2007. 02. 21일자, 권혁범, 『민족주의는 죄악인가』(생각의나무, 2009), 86쪽에서 재인용.

19) 권혁범, 『민족주의는 죄악인가』(생각의나무, 2009), 79쪽.

20) 한스 울리히 벨러, 이용일 옮김, 『허구의 민족주의』(푸른역사, 2007), 110쪽.

에 의해 거칠게 매몰되는 갈등의 폐해를 지적하는 것이다.

버틀러는 스피박과의 대담에서 '국가 없는 자'라는 범주는 민족국가(nation-state)에 의해 재생산될 뿐만 아니라, 민족과 국가를 강제로 끼워 맞추려 하며 이 둘 사이의 하이픈을 쇠사슬처럼 사용하려는 권력의 작동에 의해 끊임없이 재생산된다고 역설하고 있다.[21] 나아가서 국가의 적법성은 민족에서 나오기에, '민족적 소속'에 어긋나는 소수집단은 '적법하지 않은' 거주자가 된다고 경고한다.[22] 중국정부나 관방 학자들은 수시로 홍콩 사회를 향해 '국가 없는 자' 또는 '국가를 모르는 자'가 포진하고 있음을 지적하면서, 더불어 '국가를 모르는 홍콩인'들을 홍콩 사회로부터 분리해내기 위해서 모든 힘을 쏟고 있다. 장빙량은 홍콩인의 신분에 대해 이렇게 정의하고 있다.

> 헌법상, 홍콩인의 '국민' 신분 역시 내지 동포와 다르다. 그들은 전국인민대표대회를 통해 전국적(국가)인 사무 관리에 참여하지만, 역대 전인대 대표선거는 작은 테두리 선거로 인식되어, 사회의 관심과 참여를 이끌어내지 못했다. 하물며 홍콩은 여전히 '국외'의 땅으로 보이거나 스스로 그렇게 본다. 따라서 반환 10년이지만, 홍콩인은 보편적으로 '국가' 밖에 존재한다.[23]

이제 자연스럽게 홍콩인의 신분 정체성에 대해 논의해야 할 것 같다. 천자러陳家樂 · 주리朱立는 신분 정체성은 사회화의 개념인바, 사회로부

21) 주디스 버틀러 · 가야트리 스피박의 대담, 주해연 옮김, 『누가 민족국가를 노래하는가』(산책자, 2008), 22쪽.

22) 주디스 버틀러 · 가야트리 스피박의 대담, 앞의 책, 36쪽.

23) 張炳良, 『管治香港的難題: 回歸十年反思』(香港: 進一步多媒體有限公司, 2007), 71쪽.

터 오고 사회 변천에 따라 변화한다고 보았다.[24] 그렇게 본다면 '홍콩 스토리'에 나타난 민족주의나 본토주의는 박물관 개관 시점까지의 개념으로 보는 것이 타당할 것이다. 그럼에도 불구하고 '홍콩 스토리'에서 보이는 민족주의와 본토주의가 중시될 수밖에 없는 이유는, '홍콩 스토리'가 1997년 주권 반환 전후에 기획되고 완성되었다는 점에서 특히 본토 홍콩의 입장에서 중국 민족주의의 대공세 속에서 도출된 결과물이라는 점이다. 시간적으로 중국 민족주의의 대공세 속에서 그것이 주류로 등장하는 것을 막을 수 있는 만큼의 본토주의는 성립되기 어려웠다. 그런 점에서 '홍콩 스토리' 속에서 홍콩 본토주의 정체성의 완전함을 요구하기는 어렵다. 울리히 벨러는 민족주의가 가진 맹점은 사회 내부적, 외교적 문제를 평화적으로 해결할 능력이 없다는 것[25]이라고 했다. 내부적으로 부단히 상호 타자화하는 중국 정부와 본토 홍콩의 앞날은 어떻게 될 것인가? 일찍이 1997년 주권 반환을 전후한 관건의 시기에 홍콩역사박물관의 상설 전시 '홍콩 스토리'가 기획되고 실천되었다. 설치된 날부터 지금까지 거의 수정된 적이 없다. 지금까지 역사박물관의 전시에 대한 중국 측의 공식적인 문제 제기가 없는 것으로 보아 중국 정부나 홍콩의 친중국파 입맛에 부합되는 모양이다. 왜냐하면 홍콩특별행정구에 대해 정치적인 헤게모니를 쥐고 있는 중국 측의 요구를 거부할 수 있는 홍콩 정부도 아니고, 역사박물관은 더더욱 아니기 때문이다.

어쨌든 당시는 물론이고 지금까지 중국정부나 특구정부의 공식적인 불만은 없어 보인다. 적어도 현재 '홍콩 스토리'의 구성 요소가 그들이

---

24) 陳家樂 · 朱立, 『無主之城-香港電影中的九七回歸與港人認同』(香港: 天地圖書, 2008), 190쪽. 이하 옮긴이가 따로 명시된 것을 제외하고 모든 원문은 필자가 한국어로 옮겼다.

25) 한스 울리히 벨러, 앞의 책, 168쪽, 권혁범, 앞의 책, 102쪽에서 재인용.

오매불망 원하고 있는 국민교육을 방해하거나 민족 이데올로기 선양 작업을 방해하는 구조가 아니라는 말이다. 따라서 '홍콩 스토리'는 이른바 '중국다움'은 무엇으로 규정되는지를 보여주는 생동하는 증거가 되기도 한다. 물론 '중국다움'으로 구성된 큰 틀 속에서 작은 부분이나마 이른바 '홍콩다움'은 무엇인지도 보여준다.

한편, 홍콩역사박물관의 전신인 홍콩박물관은 1975년에 개관했다. 더욱 정확하게 말하면 시립박물관City Museum and Art Gallery이 홍콩역사박물관Hong Kong Museum of History과 홍콩미술관Hong Kong Museum of Art으로 분리된 것이다. 처음에는 상업빌딩에 입주했다가 1983년에 구룡공원 안에 있는 영국군 병영의 오래된 건물로 이사를 했고, 1991년 10월부터 '홍콩 스토리'라는 장기 전시물을 홍콩 사회에 선보였다. 이것이 초기 '홍콩 스토리'라고 할 수 있는데, 그 내용이 동년 시정국[26]에서 통과되었으며, 1995년 새롭게 출범하는 시정국에서 재통과되었다. 중국으로 주권이 반환된 지 1년이 채 안 된 시점인 1998년 4월에 홍콩역사박물관으로 개명되었다.

새로운 '홍콩 스토리'의 설계는 1997년 9월에 완성되었고, 전람 제작 업무에 관한 입찰은 1997년 11월 말에 끝났으며, 그것이 1998년 2월 28일까지 유효한 시점에서 1998년 1월 15일 박물관위원회 특별회의가 열렸다. 1998년 8월에 첨사취 동부에 신축된 현 건물로 이사를 했고,

---

26) (市政局), 1883년부터 1999년까지 설치된 정부의 지역 자문기구이다. 홍콩섬(香港島)과 구룡(九龍)의 시 지역을 관할 범위로 한다. 자문 범위는 환경위생, 상가 관리, 공공 오락 체육 시설의 건축과 관리 등이다. 시정국의 전신은 1843년 구성된 '공공 위생 및 청결 위원회'인데, 1883년 개명되었다. 주권 반환 전에는 위임, 직선, 지역 의회 대표 등 세 종류의 의원으로 구성되었다. 의회 계통으로 '3급 의회'의 2급이었다. 2000년부터 직제가 취소되었고, 그 직무가 정부의 각 부서로 이관되었다. 田小琳 編著, 『香港社區詞詞典』(北京; 商務印書館, 2009), 180-181쪽 참조.

2001년 8월 30일부터 새로운 '홍콩 스토리'의 풀 버전을 일반인에게 공개했다. 이 '홍콩 스토리'가 본 연구의 주요 텍스트라고 할 수 있다.

일반적으로 역사박물관의 경우 다음 두 가지 방식의 전시가 있다. 즉 하나는 분류학적(Systematic) 전시인데, 조명기구를 예로 든다면 촛불, 등잔, 형광등 등을 통해 실내조명의 발전 흐름을 보여준다. 그리고 나머지 하나는 생태학적(Ecological) 전시인데, 특정한 시기, 장소, 경제적 수준을 대변하는 전형적인 가옥(방)에 가구, 의복 등을 당시 사용하던 모습대로 전시한 시대실(Period room)이 그 특징이다.

홍콩역사박물관의 경우 두 가지 방법을 모두 사용하고 있는데, 그중에서도 생태학적 전시에 훨씬 더 큰 비중을 두고 있다. 홍콩역사박물관은 총면적 17,500평방미터의 넓이로서 그 규모로 볼 때 홍콩을 대표하는 박물관이라고 할 수 있다. 특히 '홍콩 스토리'는 역사박물관의 전시 공간 90%인 지하와 2층 및 특별 공간(7000평방미터)에 상설 전시되고 있다. '홍콩 스토리'는 총 8개의 전시실로 나뉘어 있다.

제1전시실: 자연 생태 환경

제2전시실: 선사시대의 홍콩

제3전시실: 역대 발전

-한(漢)대부터 청(淸)대 까지

제4전시실: 홍콩의 민속

제5전시실: 아편전쟁 및 홍콩의 할양

제6전시실: 홍콩의 개항 및 조기 발전

제7전시실: 일본 점령 시기

제8전시실: 현대 도시 및 홍콩 반환

박물관이 판매하고 있는 자료에 따르면 약 4천 개의 전시물과 750개의 문자 설명 그리고 53개의 멀티 프로그램이 있고, 4억 년 전의 데본기로부터 1997년 주권 반환까지가 '흥미와 교육' 위주로 구성되어 있다. 박물관 측 역시 교육적인 역할에 대한 중요성을 강조하고 있는데, 그들은 박물관의 전시실이 "홍콩의 역사 문화에 대한 대중의 인식을 증진시키고, 동시에 홍콩 역사 교육의 '제2교실'이 되기를"[27] 희망하고 있다.

한편, 홍콩해방박물관은 영국군이 1887년에 건설한 포대에 위치하고 있다. 1941년 일본군이 홍콩을 공격했을 때, 여기에서 격렬한 전투가 발생한 바 있다. 1993년에 홍콩정부는 포대를 리모델링하여 박물관을 건설하기로 결정했다. 해방박물관은 주권 반환 직후인 1997년 10월에 건설에 착수하여 1999년 7월에 완공했으며, 2000년 7월 25일 정식으로 개관했다. 현재 '해방 풍운 육백년'이라는 타이틀의 상설 전시가 있다. 총 11개의 전시실이 운영되고 있다.

27) 香港歷史博物館 編制, 『香港歷史博物館 簡介』, 香港康樂及文化事務署, 2006, 10쪽.

제1전시실: 소개

제2전시실: 명(明)대 해양 방어 1368-1644

제3전시실: 청(淸)대 해양 방어 1644-1911

제4전시실: 아편전쟁 1839-1842

제5전시실: 영국 통치 시기 1841-1860

제6전시실: 영국 통치 시기 1861-1941

제7전시실: 영국 통치 시기 1861-1941

제8전시실: 일본군 침공 1941

제9전시실: 일본 점령 시기 1941-1945

제10전시실: 홍콩의용군단 1854-1995

제11전시실: 인민해방군 주둔

제2전시실은 명(明)대 광동 지구 해안 방위의 역사를 전시하고 있다. 제3전시실은 청(淸)대 광동 해양 방어 제도 및 청정부가 홍콩에 수축한 관성(關城)과 포대의 상황을 소개하고 있다. 제4전시실은 청대의 아편 무역과 아편전쟁의 발발 및 남경조약 체결을 소개하고 있다. 제5전시실은 영국 식민지 초기 건설된 해방 시설 및 영국 공병대의 홍콩 지형 측량을 소개한다. 제6 · 7전시실은 1860년 이후의 방어 공사 및 화포 기술의 발달을 소개하고 영국군의 제복과 장비를 전시하고 있다.

그리고 제8전시실은 1941년 12월 일본군의 침략 역사를 소개하고, 홍콩 방어전에 관한 필름을 방영하고, 일본군의 침공 과정을 소개하고 있다. 제9전시실은 일본에 의해 점령당한 3년 8개월의 역사를 소개하면서, 일본 점령 시기의 어려운 생활상을 중점 소개하고 있다. 제10전시실은 왕실 홍콩 군단(의용군)의 구성으로부터 해산까지의 역사를 소개하고 있다. 제11전시실은 중국인민해방군의 역사와 주둔군의 구성 및 주권 반환 이후 홍콩에 진주하는 과정을 소개하고 있다.

2001년 8월 29일, 현 위치의 홍콩역사박물관은 4억 년 전부터 1997년 주권 반환까지의 '홍콩 스토리'를 일반인에게 공개하였다. 이에 즈음하여 딩신바오丁新豹 관장은 정치적 견제의 산물이라는 세간의 의구심에 대해 '홍콩 스토리' 내용은 정치적 심사를 받은 적이 없다고 단언했다. 그리고 그것의 준비 업무에도 내지 인사가 참여한 적이 없다고 했다.[28] 그의 해명성 발언에도 불구하고 '홍콩 스토리'는 처음부터 목적의식이 분명한 채 탄생된 것처럼 보인다. 하지만 주최 측의 고민은 곳곳에 노정되어 있는데, 딩신바오는 '홍콩 스토리' 학습 자료 안내서 서문에서 '홍콩 스토리'의 개막과 더불어 어떻게 해야 '홍콩 스토리'가 교육적 기능을 충분히 발휘할 것인가를 고민했음을 밝히고 있다.

관장은『'홍콩 스토리' 상설전시 학습 자료「香港故事」常設展學習資料舉隅』를 만들기 위해 홍콩교육대학의 량차오야梁操雅 · 허메이위何美玉 등 두 명의 교수 및 유치원과 초 · 중등학교 교원 40여 명이 참가하였음을 서문에서 밝히고 있다. 유치원생과 초중등학생의 효율적인 박물관 학습을 위해 기획되고 제작된 학습 자료는 '홍콩 스토리'를 기획하고 준비한 박물관 측의 의도와 궤도를 같이할 수밖에 없는 것이다. 아울러 학습 자료 고유의 성격상 학습 목표가 분명하게 드러날 수밖에 없다. 따라서 학습 자료는 '홍콩 스토리'를 통한 학습 효과를 극대화하기 위해 구체적이고도 사실적으로 '홍콩 스토리'의 배경과 목적을 설명하고 있는데, 문답지나 카드를 적극적으로 활용하고 있다. 학생들에게 제시되는 문항과 답변을 살펴보면 학습 자료 제작팀의 의도, 나아가서 '홍콩 스토리'의 목표를 잘 알 수 있다.

---

28) 梁冠麗,「香港中國人講香港歷史」,『信報』, 2001年 8月 30日字.

학습 자료 제작의 실무 책임자라고 할 수 있는 량차오야는 그 목적을 "학생은 사회 자원에 대한 실제 탐구와 본토의 진귀한 문물 감상을 통하여, 과거의 역사 및 예전의 생활 면모를 인식하는 과정에서 국민 신분에 대한 정체성을 스스로 강화할 수 있는 동시에 **본토 문화에 대한** 귀속감을 만들어낼 수 있다."[29]고 했다. 우리는 문맥에서 량차오야가 중국의 국민 신분에 대한 정체성과 홍콩의 본토 문화에 대한 귀속감을 강조하는 그 취지에 대해 얼마나 자랑스러워 하는가를 읽어낼 수 있다. 거의 절대 진리를 향한 자신감의 발로로 볼 수 있지만, 그것을 구현하기 위한 난이도는 또 다른 차원의 문제가 분명하다. 즉 국가와 본토, 다시 말하면 '국민 신분'과 '본토 문화에 대한 귀속감'은 자연스럽게 연결될 수 있는 가치인가에 대한 의문이 든다. 일반적인 국민국가에서 양자의 수용이 자연스러울 것인지는 모르겠지만, 그것이 중국-홍콩 관계에 적용된다면 그렇게 만만한 과제가 아니기 때문이다.

기억하건대 주권 반환을 전후해서 홍콩 조야에서 이미 중국 국민이 되는 것을 반대하거나 의심하는 듯한 발언은 사라지고 있었다. 여론 형성을 주도하던 언론부터 서둘러 자기 검열에 나섰고, 사회 전체적으로 긴장된 분위기가 지배적이었다. 그것은 홍콩인이 스스로 정체성을 의심하기 시작한 1980년대에 비해 매우 두드러진 변화였다. 실제로 진보적 언론인이 자의반 타의반으로 언론을 떠나기 시작했고, 친대만 지식인들과 비판적인 지식인이 홍콩을 떠나고, 수많은 사람들이 홍콩의 미래를 의심하던 시기와 맞물려 있었는데, 이 시기에 중국 정부에 대한 비판이 금기로 자리 잡기 시작한 것이다. 홍콩의 공인이 공식적인 장소에서 본토 홍콩을 입에 담는 것은 당연히 심적으로 상당한 부담감을 수반해야 했다. 물론 지금은 그때보다 몇 배나 큰 부담감으로 살아야 하

29) 『'홍콩 스토리' 상설전시 학습 자료 「香港故事」 常設展學習資料舉隅』.

기에 오히려 그때를 그리워하고 있지만 말이다.

중국으로 주권이 반환된 1997년 9월에 기초된 「임시 시정국 박물관 위원회 5년 계획(안)」에는, "시정국 박물관의 주요 대상은 프롤레타리아 대중"이라고 명확하게 규정되어 있다. 물론 이때 사용된 프롤레타리아는 중국 사회주의를 포함한 사회주의 국가나 조직에서 계급을 구분하는 잣대로 사용될 때의 어휘와 완전히 같은 개념으로 보기는 어렵다. 하지만 일반 시민이라 할 때의 그것과는 분명하게 다른 상징성을 강하게 띠고 있는 것도 사실이다. 즉 일반 대중이 아닌 광범위한 대중, 그것도 사회적인 기득권 차원에서의 대중이 아닌 그야말로 평범한 일반 서민을 대표한다고 볼 수 있다.

2001년 8월, '홍콩 스토리'의 풀 버전이 공개되었을 때, 관장은 이 사실을 다시 한 번 더 자랑스럽게 언명한 바 있다. 즉 이 전람의 대상은 홍콩의 프롤레타리아 대중이지, 전문가 학자가 아니라는 것이다. 더욱이 이것은 "논문이 아니기 때문에, 전문가에게 보여주는 것이 아니라고" 했다.[30] 탈식민의 관점에서 필자는 딩신바오 관장의 언설에 주목하는데, 일찍이 스피박은 하위 주체라는 말로 탈식민성의 어려움을 설명한 바 있다. 그는 하위주체는 탈식민의 상황, 즉 상황의 전환을 정확하게 인식하지 못한다는 의미에서 하위주체의 입장[31]을 중요시하고

---

30) 『香港經濟日報』, 2001年 9月 19日, C01.

31) 하위주체에 대한 이해를 위해서 아래 글을 인용해본다. "하지만 노동자들에게 노무현이나 이명박은 그 밥에 그 나물입니다. 저는 '열혈 노사모'였습니다. 노무현이 대통령이 되니 세상 좋아진 줄 알고 노조 가입해서 비정규직 투쟁하다 노무현 정부에 의해 구속되고 해고되었습니다. 저야 구속 정도로 끝났지만 수많은 노동자들은 목숨을 잃어야 했습니다. 아직 그 노동자들의 유언과 얼굴을 가슴에 박고 사는 저 같은 사람들은 혼란스럽습니다." 김규항, 「좀 더 양식 있게」, 『한겨레』, 2011년 2월 10일, 30에서 재인용. '하위 주체' 또는 '하층민'으로 아니면 원어 그대로인 '서발턴(subaltern)'으로 통용되고 있는 개념은 안토니오 그람시가 주창하고 스피박에 의해 정립되었다. 인도 여성의 사회적 지위가 식민지 이전이나 이후 크게 달

있다.

그렇다면 홍콩 시정국이 박물관의 직접적인 목표가 시민[32]이 아니고, 프롤레타리아 대중이라고 한 것에는 좀 더 분명한 목표가 있는 것으로 해석된다. 레이 초우(周蕾)는 "교육은 전통적으로 중국사회에서 계급 구분을 결정하는 데 매우 중요한 역할을 하기 때문에, 중국사회에서의 '엘리트'와 '서발턴'의 관계는 **일차적으로** 교육과 젠더가 함께 작용하는 방식의 분석에 의해 정립될 필요가 있다고 생각한다."[33]고 주장했다. 즉 교육과 젠더는 사회적으로 계급 구분의 매우 중요한 잣대가 된다. 이런 측면에서 대상을 프롤레타리아로 적시한 시정국의 원칙 확인은 의미심장하다.

따라서 교육 대상에 대해서 구체적으로 드러내지 않아도 될 것을 주최 측은 친절하게 제시하고 있다. 이 경우 의도적이든 무의식적이든 엘리트보다는 프로 대중의 의식은 항상 교화와 계몽의 대상이 된다. 그렇다면 '홍콩 스토리'를 비롯한 홍콩 박물관의 역사 관련 전시는 홍콩에 거주하고 있는 '홍콩인', 그중에서도 '프롤레타리아 대중'에게 선양하고 싶은 그 무엇이 있음이 분명하다. 그러니까 '홍콩 스토리'는 단기적으로 주권 반환 이후에 필요한 국민 교육에 있어서나, 본토 홍콩에 대

라진 것이 없다는 상황에 주목하여 이론을 발전시킨 것으로 알려지고 있다. 히치콕(Hitchcock)에 의하면 스피박은 '제3세계' 여성들의 삶은 너무도 복잡하고 비체계적이어서 서구 비평이론의 어휘로는 알려지거나 재현할 수 없다고 주장한다. 스티븐 모턴, 이운경 옮김, 『스피박 넘기』(앨피, 2005), 23쪽에서 재인용. 따라서 스피박이 이론화한 후 계급적 관점에서 엘리트와 구분되는 서발턴(여성 포함)의 관점에서 스토리텔링하는 것이 유행하고 있다.

32) 실제로 동일한 자료에는 '시민(市民)'이라는 용어가 '관중(觀衆)'과 더불어 지배적으로 사용되고 있다. 15쪽, 24쪽 등에 '프롤레타리아 대중'이라는 어휘가 등장하고 있다.

33) 레이 초우, 장수현 · 김우영 옮김, 『디아스포라의 지식인-현대 문화연구에 있어서 개입의 전술』(이산, 2005년), 276쪽.

한 소속감 배양을 위해서 반드시 필요한 이데올로기를 기반으로 구성되어 있다고 보아도 무방하다.

사실 홍콩인을 규정하는 것부터가 쟁점이 될 수도 있다. 이 문제는 홍콩에 거주하는, 또는 홍콩 거주권을 가지고 있는 사람을 대상으로 각종 설문 조사를 할 때 단골 메뉴로 등장하고 있다. 즉 당신은 홍콩인, 중국홍콩인, 홍콩중국인, 중국인 중 어디에 속하는가, 라는 질문은 그동안 너무나 자주 제기되어 '홍콩인' 그들에게는 이미 식상할 대로 식상한 질문에 속하지만, 주권이 반환된 지 십수 년이 지난 지금까지도 학술적으로나 담화용으로나 인기 화제 중의 하나가 분명하다. 그런 질문에 자신이 중국인이 아닌 홍콩인이라고 대답하는 비율은 시시각각 등락을 보여주지만 언제나 30% 정도를 유지하고 있다. 하지만 최근의 여론조사에 따르면 자신을 중국국민으로 인식하는 홍콩인의 비율이 3년 전의 36.8%에서 16.6%로 떨어졌다. 이것은 12년만의 최저치로 기록되고 있다.[34]

홍콩역사박물관이 한창 건설되고 있던 시기인 1997년 9월에 작성된 「임시 시정국 박물관위원회 5년 계획(안)」의 목표와 기본원칙을 보면, 제일 먼저 시민에게 중국 문화 및 전통 예술, 특히 시각 예술적 문화유산에 깊은 인식을 심어주기 위해 노력한다고 되어 있다. 하지만 '홍콩 스토리' 개막 초기, 그것이 테마 파크처럼 보이기도 하고 또 정치적 사건을 마음먹고 가볍게 처리했다는 비판 의견이 있었다.[35] 당시 미국의 인터내셔널 헤럴드 트리뷴지는 「홍콩은 지금 동력의 근원을 잃어버리고 있다」는 제목의 보도를 통하여, 막 오픈한 홍콩역사박물관에 대해 "홍콩 및 홍콩인 자신의 과거 반성에 대해 충실하지도 못하면서, 과거

34) http://realtime.wsj.com/korea/2012/02/02 참조.

35) 『香港經濟日報』, 2001年 9月 19日, C01.

홍콩의 우월함 역시 애국심만을 추구하는 지도그룹에 의해 엄폐되었다."[36]고 비판한 바 있다.

3. '홍콩 스토리'의 스토리텔링

홍콩역사박물관의 상설전시
'홍콩 스토리'의 입구

"나에게 천사를 보여 다오. 그러면 천사를 그려줄게." 리얼리즘의 선구자인 프랑스 화가 귀스타브 쿠르베는 이렇게 말했다. 그는 그만큼 상상적인 영역을 거부하고, 사실적인 것의 의미를 더 소중하게 생각했던 것이리라. "나에게 박물관을 보여 다오. 그러면 그 지역을 말해줄게." 이것은 홍콩의 박물관에 관심을 가지기 시작한 최근 몇 년 동안 내 머릿속에 맴돌던 화두였다. 하지만 그곳에 있는 박물관이 그곳에 대해 매

36) 『蘋果日報』, 2001年 9月 12日, A18에서 재인용.

우 정확하고도 완전하게 말해줄까 또는 말해줄 수 있을까라는 의문 역시 머릿속 한구석에 요지부동으로 똬리를 틀고 있었다.

가령 어떤 지역사회를 전혀 모르는 사람이 박물관을 견학하고 알게 되는 그곳에 대한 지식은 그곳의 경험과 사실에 얼마나 부합하는 것일까? 홍콩역사박물관의 '홍콩 스토리'는 본토 홍콩의 경험과 사실에 얼마나 충실할까? '홍콩 스토리'는 과연 홍콩인이 말하는 그들의 역사라고 할 수 있을까? 홍콩 박물관의 스토리는 홍콩의 역사적 사실이나 좌우 균형적 측면에서 볼 때, 그 내용이 완벽해서 진리의 영역으로 인식되어도 되는가? 박물관을 그렇게 바라보는 순간, 나는 그러한 사고방식이 매우 사악한 영역일 수도 있겠다는 생각이 든다. 즉 아는 만큼 보인다는 잣대를 적용할 경우 우려는 더욱 분명해지는데, 그 커뮤니티를 전혀 모르는 참관자에게 박물관은 그 지역사회에 대해 참관자의 인식을 우선 지배할 확률이 매우 크기 때문이다.

'홍콩 스토리'의 개막식에 정부를 대표해서 축사를 한 청인취안曾蔭權[37]은 홍콩에 "그동안 규모가 방대하고 설계가 참신한 상설 전시가 부족하여, 이 국제 대도회 배후의 독특한 역사 문화유산을 제대로 보여주지 못했는데, 오늘 개막한 상설전 '홍콩 스토리'가 이 공백을 정확하게 메워주었다."고 했다.[38] 나는 그에게 '홍콩 스토리'는 과연 홍콩이라는 대도회의 '독특한' 문화유산을 제대로 보여주고 있을까? 또 '홍콩 스토리'는 과연 '홍콩인'이 말하는 '그들의' 역사라고 할 수 있을까? 라는 질문을 던지고 싶다.

'홍콩 스토리'의 기획 단계부터 설치단계 그리고 전시단계까지 박물관 관계자들 사이에서 무슨 말이 오갔는지 아무도 확인해주지 않겠지

37) 당시 정무사(政務司)의 책임자인 사장(司長)으로서, 한국의 국무총리에 해당한다. 2012년 2월 현재 홍콩의 수반인 특구 행정장관이다.

38) 香港特別行政區政府新聞處(中文版), 新聞公報 2001-08-29, 「政務司司長致辭」.

만, 적어도 설치된 전시물은 거짓말을 할 수가 없다. 홍콩역사박물관에서 상설 전시되고 있는 '홍콩 스토리'는 정치적으로 주권이 중국으로 반환된 이후라는 전시 시점으로 볼 때, 중국 정부가 선양하는 이데올로기가 그 배경의 중심에 있다고 해야 할 것이다. 일체감과 귀속감을 민족국가 이데올로기의 목표로 본다면, '홍콩 스토리'는 일체감과 귀속감을 배양하기 위해 기획될 수밖에 없었을 것이다. 그렇다면 홍콩을 설명하기 위해 도입되는 중국의 기호들, 즉 전시물과 설명에서 다양한 형태로 드러나는 중국적 이미지와 의미는 홍콩의 실체를 파악하기 위한 훌륭한 교재라고 할 수 있다. 왜냐하면 중국이 주장하고 요구하는 그 무엇이야말로 본토 홍콩을 직간접적으로 구체화하는 의미들이기 때문이다.

실제로 1992년부터 1996년까지 추진된 홍콩박물관의 특별전시 제목을 살펴보면, 홍콩의 정체성, 나아가서 본토주의를 구성하는 핵심 요소를 간접적으로나마 알 수 있다. 「홍콩 복식 변화」, 「홍콩 교육 발전」, 「홍콩 경제 기적」, 「홍콩 전통 직업 및 공예」, 「3년 8개월」 등이 홍콩적 정체성을 선양하는 프로그램이었다고 할 수 있다. 반면에 나머지 특별전시, 즉 「상해박물관 문화 진품 전시」, 「영남 고대 월(越)족 출토 문물 전시」, 「중국 고생물 화석 전시」, 「남해 해상 교통 무역 2천년」 등은 중국이라는 민족국가와의 관계와 교류를 확인하고 강조하는 시도라고 할 수 있다.[39)]

홍콩역사박물관의 관장은 "시종일관 우리 모두는 중국인이다. 그래서 홍콩 스토리는 홍콩중국인의 입장에서 풀어야 한다."[40)]고 주장했다. 관장의 언설은 언뜻 보기에 매우 중립적이고 타당한 기준처럼 보

---

39) 「臨時市政局博物館委員會 五年計劃 諮詢文件」, 一九九七年九月, 附件 第四頁.

40) 『信報』, 副刊-文化, 2001年 8月 30日, P30.

이지만, 민족과 본토 사이에서 갈등하면서 제작 또는 완성된 '홍콩 스토리'의 모든 과정을 총괄하는 것이다. 그 말 속에는 '홍콩 스토리'의 구현 과정에서 민족이라는 기준이 시종일관 수위에 위치하였으나, 현실적으로는 홍콩의 중국인일 수밖에 없는 사실을 외면할 수는 없었다는 의미가 내포되어 있다. 우선 '중국인'이라는 전제하에 '홍콩중국인'의 입장을 풀어야 한다는 것은 그가 지닌 인식의 한계를 여실히 보여주고 있다.

정체성에 대한 정확한 분석이야말로 '혼종'의 시대에 스스로를 규정하고 그것을 극복하는 대안이 될 수 있기 때문이다. 하지만 무엇보다도 정치경제적 측면에서 중국이라는 강력한 실체의 대두라는 현상을 홀시할 수는 없다. 보다 구체적인 요인으로는 중화인민공화국 정부의 민족주의 운동 내지 대중화권 추진이라는 정치경제적 경영이라고 볼 수 있다. 그리고 그것에 호응하는 지식인들에 의해 강조되고 있는 중국문화 선양 작업도 무시할 수 없다. 이른바 '대중국문화체계'[41]도 그중의 하나이다. '홍콩 스토리' 곳곳에도 '대중국문화체계'는 작동하고 있다.

여기에서 관장이 제기한 홍콩중국인은 홍콩인을 구성하는 정체성을 상당 부분 인정하는 것으로 볼 수 있다. 즉 중국홍콩인도 아니고, 홍콩인이 아닌 홍콩중국인이야말로 '홍콩 스토리'가 목표이자 대상으로 삼고 싶은 것이기 때문임을 부지불식간에 노정하고 있는 것이다. 하지만

41) 2007년 4월 9일, 하남이공대학(河南理工大學)에서 개최된 제2회 중국세계화문문학논단(中國世界華文文學論壇)의 폐막식에서 부회장 양광한楊匡漢은 장기적으로 중국의 문학연구가 역사 단절과 지리 단절 등의 원인으로 줄곧 대륙 지역에만 국한되어왔다고 하면서, '대중국문화체계'를 건립하기 위해서 시야를 부단히 확대할 필요가 있다고 했다. 이렇게 분명하게 기록해둔 것을 보면 재인용한 것인데, 이후 내가 정신을 차리고 인용처를 찾고자 했을 때는 이미 내 기억은 그것에 대한 수습이 불가능했다. 하지만 회의의 개최 날자와 내가 평소 경험한 양광한 교수의 언행으로 볼 때, 같은 맥락의 언급은 사실과 크게 다르지 않을 것이라는 점에서 그대로 살려둔다.

무엇보다도 중요한 것은 그가 홍콩중국인 이전에 중국인을 사전 조건으로 내걸었다는 것일 터이다. 우리는 그것을 통하여 관장 의식의 한 단면을 엿볼 수 있다.

한편, 『홍콩인의 홍콩사』를 집필한 차이룽팡蔡榮芳은 '애국주의적 역사학(patriotic historical scholarship)'의 전형적인 특징을 아래와 같이 정리하고 있다.

> 첫 번째, 마르크스 레닌주의의 사관을 기점으로, 제국주의의 중국 침략과 식민주의의 중국인 착취를 질책한다. 두 번째, 제국주의가 어떻게 전쟁을 발동했는지 그리고 어떻게 홍콩 · 구룡 · 신계 등지를 탈취했는지에 대해 많은 분량을 할애하여 알리고 있다. 세 번째, 중국과 영국의 외교 협상과 관계에 대해 많은 분량을 할애하여 토론하고 있다. 네 번째, 홍콩 경제 발전에 대한 중국인의 공헌을 강조한다. 다섯 번째, 홍콩이 예로부터 중국의 신성한 영토임과 홍콩인의 애국심을 강조하고, 홍콩인들이 제국주의와 식민주의 통치 반대를 위해 수시로 용감하게 투쟁하였음을 강조한다. 여섯 번째, 홍콩 인민과 중국 내지 인민의 근본 이익이 일치됨과 자본 제국주의 반대라는 공동 임무가 있음을 끝까지 주장한다. 일곱 번째, 중국을 본위로 중국인의 입장에서 홍콩의 역사를 연구한다. 홍콩은 다만 중국의 일부로서 개별적인 특징과 이익이 존재하지 않는다는 것이다. 홍콩인의 제국주의 반대 운동은 중국 민족 민주 혁명운동의 일부라는 것이다. 그리고 만일 홍콩과 중국의 이익이 충돌될 경우, 중국의 이익을 우선 고려해야 한다는 것이다.[42]

42) 蔡榮芳, 『香港人之香港史 1841-1945』(Hong Kong: Oxford, 2001), 7쪽.

그러니까 애국주의 역사학의 관점으로 볼 때, 홍콩 박물관의 전시물이나 그것이 전파하는 이미지를 통해서 이른바 '중화(中華)'가 실재하는 존재로 부각되고 있다. 중국의 민족 이데올로기는 때로는 입체모형으로 때로는 그림으로 때로는 영상으로 재현되고 있으며, 그 속에 홍콩이 '타자'에서 국민 신분을 회복하는, 아니 회복되어야만 하는 당위가 부단히 강조되고 있다는 사실이다. 애국주의 역사학의 특징을 요약하면 제국주의와 식민주의 비판, 홍콩 '탈취' 비판, 중국-영국 외교 협상, 홍콩 발전에 대한 중국인의 공헌 강조, 홍콩은 예로부터 중국의 일부라는 점을 강조하며, 홍콩인과 중국인의 근본 이익이 일치함을 강조하는 것 등이다.

'홍콩 스토리'는 정치적으로 민족주의 선풍이 몰아치던 당시, 주권 회복이라는 전대미문의 계획이 추진되던 시기의 소산임은 분명하다. '홍콩 스토리'의 마지막 코스는 주권 반환이라는 이름의 방으로 이어지고 그 방을 빠져나오면 우리는 아래와 같은 결론을 읽을 수 있다. '홍콩 스토리'를 다 둘러보고 나오는 마지막 순간에 후기가 우리 앞에 나타난다. 대단원이라고 할 수 있는 후기(Epilogue)를 읽어보면 '홍콩 스토리'가 기획하는 목표가 더욱 두드러지게 드러난다.

후기 Epilogue

홍콩은 **영남지구의 일부분**이며, 자연 생태 환경은 **주변 지구와 대동소이**하다. 옛날부터 홍콩의 사회 · 경제 발전은 영남—특히 주강(珠江) 삼각주—의 개발과 **동시적**이며, 행정 제도는 **동일 계통**에 속하며, 전통 문화 및 풍속 습관은 인근 지구와 **일맥상통**한다.

영국의 점령은 홍콩 역사의 분수령이다. 일백여 년 이상, 홍콩의 정치 · 사회 · 경제 및 문화 발전의 방향과 보폭은 **내지와 달랐고**, 그것의 상대적인 안정적 환경은, 한 세대 한 세대의 **이민을 흡수**했다. 여러 가지

주관 및 객관적인 조건하에서, 손발이 닳도록 일해서 **홍콩을 국제 대도회로 건설**했다. 1997년 7월 1일, 홍콩이 조국에 반환되어 **홍콩 역사의 새로운 페이지**를 열었다. 홍콩 스토리 전람은 홍콩 반환을 결론으로 하고 있다. 하지만 이 홍콩인이 쓴 스토리는 앞으로도 날마다 해마다 영원히 계속될 것이다.[43)]

두 단락으로 구성된 후기는 '홍콩 스토리'를 다 보고 나온 사람에게나 전혀 안 본 사람 양자 모두에게 정확한 메시지를 보내고 있다. 즉 다 본 사람들에게는 본 것에 대해 다시 한 번 정리해주는 친절한 도우미일 것이며, 안 본 사람들에게는 시간 절약을 도와주는 친절한 도우미일 것

---

43) 후기의 중요성으로 볼 때, 나는 이 자리에 원문(중국어, 영어)을 그대로 등재하는 것이 필요하다고 본다. 後記(Epilogue) 香港是嶺南地區的一部分, 自然生態環境與周邊地區大同小異. 自古以來, 香港的社會經濟發展是與嶺南-特別是珠江三角洲的開發同步的, 行政建制屬同一系統, 傳統文化及風俗習慣與毗鄰地區一脈相承. 英國的割佔, 是香港歷史的分水嶺. 百多年間, 香港的政治社會經濟及文化發展的方向和步伐與內地迥異, 它相對安定的環境, 吸引了一代又一代的移民, 在種種主觀及客觀條件下胼手胝足的把香港建設成一個國際大都會. 1997年7月1日, 香港回歸祖國, 揭開香港歷史新的一頁. 香港故事展覽以香港回歸作結, 但這個由香港人書寫的故事仍將會日復日, 年復年的永遠延續下去.
Being part of Southern China, Hong Kong has an ecological environment similar to that of the region. In historical times, It's social and economic developments were in step with Southern China and in particular the Pearl River Estuary. For long they were part of the same administrative system and shared common traditions and folk culture.
The ceding of Hong Kong to Britain was a historic watershed. For more than a century, Hong Kong's developments had their own direction and pace. The relatively stable environment attracted waves of people from the mainland. Given the combination of the environment and personal motivations, these settlers gave their all to make Hong Kong the international metropolis that it is today. With it's reunification with China on 1 July 1997, Hong Kong turned a new page. "The Hong Kong Story" draws to a close with that event, but the Hong Kong story will continue to be written.

이다. 후기의 상징성으로 볼 때, 그 의미가 관람객의 뇌리를 지배할 가능성이 크다. 후기가 우리에게 가르쳐주는 것은 여러 가지인데, 홍콩이 중국 영남 지역의 일부이며, 자연생태 환경이 서로 비슷하다는 점, 그리고 행정 제도 또한 동일한 계통에 속하며 나아가서 문화나 풍속도 같은 맥락이라는 것이 하나이다. 또 다른 하나는 영국의 점령이 홍콩 역사의 분기점이라는 것이다. 또 영국의 점령 이후 가져다준 여러 가지 발전의 방향과 폭이 내지와 달라 수많은 이민을 야기했다는 것이다. 그리고 국제 대도시로 발전했다는 것이다. 마지막으로 강조되는 것은 홍콩 역사의 또 다른 페이지를 중국으로의 주권반환이 열었다는 점이다.

한편, 차이룽팡은 '식민주의적 역사학(colonial historical scholarship)' 관점도 소개하고 있다. 이런 식민주의 관점의 저서 속에는 소수의 영국 통치자들이 역사의 주요 연기자로서 중심적인 역할을 담당하여 대영제국의 식민 정책을 수행하였다는 것이고, 다수인 중국인은 무시되거나 그렇지 않으면 옆에서 통치자에 의해 임의로 사용되는 것으로 그려진다.[44)]

런하이任海는 홍콩역사에 대한 스토리텔링과 '홍콩 스토리'에 대해 아래와 같이 정리하고 있다.

> 홍콩역사의 스토리텔링 과정(또 집단적 홍콩 신분 정체성의 구축 과정이라고도 할 수 있다)은 식민주의, 민족 국가 및 본토 상황 사이의 복잡한 관계가 만들어낸 것이다. 식민주의의 첫 번째 부분은 과거 150년 동안 홍콩에 대한 영국의 식민화이다. 예를 들어 본문에서 이미 언급했지만, 최근 홍콩역사 저술 열풍 가운데, 역사 서술의 수단인 박물관 전람 및 역사 문물 보존은 모두 영국 식민주의가 좌우한 것이다. '홍콩 스토

44) 蔡榮芳, 앞의 책, 6쪽.

리'가 보여주는 것처럼 사람과 역사의 관계는 주로 영국인의 관점으로 보는데, 심지어 '도시' 역사의 발단 역시 영국인(사실상 영국 식민주의)의 도래로부터 시작되었다는 것이다. 농촌은 다만 도시의 발전을 따른다는 것이다. 전람 중의 사회 문제는 식민정부의 관점을 채택했다. 주로 현지 시민에 관계되는 문제, 즉 창녀 · 도박 및 질병은 모두 현지 인구 식민화 과정의 무게 중심이다. 이렇게 본다면, 종족주의 및 식민화 정책에 저항한 현지인 등과 식민 정부와 유관한 문제는 영원히 전람에 나타나지 못할 것이다.[45]

이 경우 현재 중국 발전 모델을 살펴보면 쉽게 이해할 수 있는데, 도시화와 자본화가 이른바 '발전'의 목표라는 것이다. 요즈음 '경제발전이야말로 절대 진리'라는 표어가 전 중국의 곳곳을 도배하고 있는 상황은 국가발전이라는 이데올로기를 선점한 권력주체의 존재와 당위를 더욱 돋보이게 할 뿐만 아니라 무게중심은 이미 국가와 정부에 있다는 사실을 공고화하는 시스템인 것이다.[46] '홍콩 스토리'를 관통하는 중요한 흐름 중의 하나는 분명히 도시화가 홍콩 발전을 상징한다는 것이고, 그것은 '영광스럽게도' 식민자의 도래로부터 시작되었다는 점이다.

물론 홍콩역사박물관의 '홍콩 스토리'를 둘러싸고 기획 단계부터 중립지 『명보』와 『신보(信報)』를 중심으로 이런저런 문제 제기가 있었다. 그러니까 '홍콩 스토리'가 왜 4억 년 전부터 얘기되어야 하는지와 그것을 홍콩 역사라고 할 수 있는가 하는 문제, 그리고 자연 생태 역사에 왜 그렇게 많은 공간을 할애해야 하는지 등과 같은 문제들이었다. 하지만

45) 任海, 「看的辯證: 展覽櫥中的香港」, 劉青峰 · 關小春 編, 『轉化中的香港: 身分與秩序的再尋求』(香港: 中文大學出版社, 1998), 212쪽.

46) 이와 관련하여 유영하, 『이미지로 읽는 중화인민공화국』(소명출판, 2012년)을 참조할 것.

실제로 '홍콩 스토리'에는 그런 요구와는 반대로 '황무지' 홍콩이 1841년부터 역사의 전면으로 나서게 되었다는 영국 식민주의 관점이 주입되어 있기도 하다. 그 이면에는 복잡한 기제가 작동하고 있는데, 아래에서 차차 논의할 것이다.

그에 대항하여 중국 관변 학자들은 6천 년 전이라는 선사시대 홍콩 지역의 문물이 중국의 그것과 궤를 같이 한다는 점에서 영국이라는 타자에 의해 침범된 홍콩의 역사를 부각시키고 있다. 콜럼버스가 신대륙을 발견했다는 것은 철저한 식민주의적 관점이다. 이후 전개될 소유권 논쟁에서 우위를 점하기 위한 사전 포석이자 자신들의 행동을 정당화하기 위한 억지에 불과한 것이다. 왜냐하면 콜럼버스가 오기 전부터 북미대륙에는 수천수만 년 동안 대대손손 자신의 방식대로 살아오던 원주민들이 살고 있었기 때문이다. 무엇을 발견했다는 존재는 자신을 주체화하는 동시에 대상을 타자화하는 오류를 강제한다. 따라서 이른바 발견되었다고 하는 타자는 발견한 내가 마음대로 해도 되는 대상으로 전락하는 것이다. 따라서 누가 누구를 발견했다는 담론은 처음부터 성립이 불가능한 것인지도 모른다. 이른바 '홍콩이 역사 무대의 전면에 등장했다'는 논리는 과연 누가 무엇을 위해 둔 사전 포석인가?

'홍콩이 역사 무대의 전면에 등장했다'는 논리의 중심에 아편전쟁이 있다. 즉 '홍콩이 역사 무대의 전면에 등장했다'는 화두는 아편전쟁으로 '역사의 전면에 나서게 되었다'는 논리를 강조하기 위해 누군가에 의해 의도적으로 강조되고 있는 것이다. 그들은 반드시 '역사의 전면에 나서게 되었다'는 표현을 쓰는데, 이것은 그들의 다분히 이중적인 잣대를 고스란히 노출하는 것이다. 누군가에 의해 '발견'되어 역사의 전면에 나서게 되었다는 것은, 그 이전의 역사를 부정하는 것이자, 그 '발견'의 의미를 과장하거나 오용하기 위한 예비 동작임이 분명하기 때문이다.

무엇보다도 우리가 간과해서는 안 되는 것은 '홍콩 스토리'의 후반부인데, 그것은 홍콩이 역사 전면에 등장하고 자신의 정체성 확보를 향한 지난한 과정을 겪고 난 후 다시 중국에 편입되는 과정을 보여주고 있다. 중국에 편입되는 과정을 조명하기 위해서는 '홍콩 스토리'라는 상설 전시의 주체를 규명해야 하는바, 홍콩 스토리가 결정되는 과정은 본 연구의 매우 주요한 일환이기 때문이다. 즉 '홍콩 스토리'의 기획 배경이나 목적을 확립하고 의견을 수렴하는 과정에 대한 탐색은, 쉽지는 않겠지만 그만큼 민감하기에 놓쳐서는 안 되는 지점일 것이다.

기획 단계부터 홍콩역사박물관의 상설전시 '홍콩 스토리'의 전시 기준에 대해서 각양각색의 언설이 나타났다. 임시 시정국 박물관위원회의 회의에서 전시품의 선택이나 설명문 작성, 무대 배치 및 전시품 디자인은 모두가 외국인의 관점 및 차이나타운 문화를 반영하고 있다고 한 의원이 있었다. 그런가 하면, 어떤 의원은 당대사는 마땅히 중국인의 관점에서 서술되어야 하며, 홍콩의 청소년이 자신의 국가를 인식하는 것을 더욱 잘 교육시키기 위해 현대 중국과 홍콩의 관계 부분을 더욱 강화해야 한다고 했다.[47] 기획 단계에서 제기된 문제점은 대략 아래와 같다. 친중국계 『大公報』는 의원들이 제기한 문제점을 아래와 같이 정리하고 있다.

1) 전람의 표현 수법이 지나치게 오락성에 치중되었다. 그래서 박물관이 반 관광식 전람관으로 변했다.
2) 전시품의 선택 · 설명문 작성 · 배치 및 전시품 디자인 등 모두 외국인의 관점 및 차이나타운 문화를 반영하고 있다.

---

47) 「新博物館內容起爭議」, 『大公報』, 1998年 1月 16日: South China Morning Post, 16th January 1998, 5쪽: Hong Kong Standard, 16th July 1998, 王宏志, 『本土香港』(香港: 天地圖書, 2007), 168-169쪽에서 재인용.

3) 일부 중요한 홍콩 역사 단면을 완전히 생략해버렸거나 충분히 묘사하지 않았다. 예를 들면 임칙서林則徐와 아편전쟁 · 손문孫文과 신해혁명 · 1925년 성항(省港)대파업 및 1997년 정권 이양 의식 등 현대 역사이다.

4) 설계과정에서 박물관은 홍콩 현지 전문가의 의견을 구하지 않았다.[48)]

불행하게도 '홍콩 스토리'는 차이나타운식이 분명하다. 내가 살펴본 범위[49)] 내에서 전 세계에 분포된 차이나타운의 이미지는 대동소이하다. '홍콩 스토리'에 홍콩만의 특징이 보이지 않고, 보편적인 관광지로서 홍콩의 차이나타운적인 특색이 두드러지게 보인다. 그러니까 차이나타운을 둘러보면 누구에게 보여주려는 욕망이 내재해 있음을 알 수 있다. 그것은 자신들의 정체성 유지를 위한 처절한 노력일 수도 있지만, 그것보다는 현지 커뮤니티와 현지인에게 특이하게 보이려고 하는 노력의 흔적이기도 하다. 그래야 주목해줄 것이고 찾아줄 것이기 때문이다. 확실한 정체성의 공간으로 자기, 즉 '중국다움'의 무언가를 과시하는 공간으로 만들다 보니까, 전 세계 차이나타운이 모두 대동소이한 형태를 띠게 된 것이다.

그리고 '그들은' 그것을 자랑으로 생각한다. '홍콩 스토리'가 차이나타운식이라는 말은 보는 사람들에게 무언가를 전달해야 한다는 사명감으로 가득한 공간이라는 말에 다름 아니다. 즉 오리엔탈리즘의 시각

---

48) 「新博物館內容起爭議」, 『大公報』, 1998年 1月 16日字.

49) 내가 보기에 미국의 샌프란시스코, 뉴욕, 캐나다의 밴쿠버, 네덜란드의 암스테르담을 비롯한 작은 도시들, 일본의 요코하마 등에 있는 차이나타운의 이미지는 대동소이했다. 현지의 일반적인 이미지와는 사뭇 다른 특별한 분위기를 연출하고자 애써 노력하는 모습이 엿보인다고나 할까.

에서 '중국다움'이라는 이미지 창출에 충실하고 있다는 점을 지적하는 것이다. 타자의 시선을 의식해서 '우리 고유의 것', 즉 '중국다움'을 과장하고 포장하는 분위기가 팽배해 있는 공간이 바로 차이나타운인 것이다.

『차이나타운, 산 호세』의 저자 우룽이虞容儀는 미국 차이나타운의 뚜렷한 특징으로 사원, 공소(公所), 식당의 존재를 들고 있다.[50] 그는 차이나타운의 자랑스러운 상징으로 이 세 가지의 이미지를 규정하고 있는 것인지 모르지만, 그와 동시에 적어도 전 세계의 차이나타운이 천편일률적이라는 부정적 이미지의 대두를 막을 수는 없다. 이 점에 있어 자오젠슈趙健秀의 비판은 더 예리한데, 맥신 홍 킹스턴, 에이미 탄을 비롯한 대부분의 중국계 미국인 작가들이 중국 역사 전통을 다시 쓰는 데 지나치게 열중한다는 것이다. 즉, 미국 주류사회인 백인 독자들의 엽기적인 구미에 영합하고자 함이 그 목적인데, 중국문화를 재차 모욕했다는 것이다.[51] 자오젠슈의 비판은 중국미국인(chinese american) 작가들조차 사이드가 정의한 오리엔탈리즘으로부터 자유롭지 못하다는 사실을 적나라하게 지적하는 것이다. 그러니까 중국미국인 작가들의 텍스트로부터 중국이나 중국인에 대한 근거를 발굴하는 작업에 있어 주류사회인 미국 백인의 시각이나 사회적 요구가 무비판적으로 작가의 뇌리에서 다시 창작으로 전해질 수 있다는 의심을 시시각각 제기할 필요가 있다. 이런 점에서 '홍콩 스토리'의 관람객은 자신의 뇌리에 남아 있게 될 이른바 '홍콩'이나 '홍콩다움'의 이미지를 의심해야 하는 것이다.

홍콩역사박물관의 스토리텔링을 따라가다 보면 아편전쟁이라는 사

50) 虞容儀, 『Chinatown, San Jose』, 『星島日報』, 美國版, 2008年 8月 8日字 참조.

51) 趙健秀, 『哎呀! 美國亞裔作家文選』과 『大喊一聲哎呀! 美國華裔和日裔文學選讀』의 서문, 高小剛, 『鄉愁以外-北美華人寫作中的故國想像』(人民文學出版社, 2006), 130쪽에서 재인용.

실이 매우 크게 부각되고 있음을 알 수 있다. 제국주의적 침탈이라는 성격이 부각되는 스토리텔링이지만, 그런 기회가 주어져서 홍콩이라는 작디작은 어촌이 '역사'나 '세계'라는 무대에 오를 수 있었다는 주장도 강하다. 언론보도에 따르면 아편전쟁 부분은 원래 독립 전시할 계획이 없었다. 그것은 기획단계에서 임시 시정국 박물관위원회의 일부 의원으로부터 비판을 받은 후 더해진 것이다. 그와 동시에 더해진 것은 1997년의 주권반환 과정 그리고 손문과 신해혁명 부분이다.[52] 반면에 문화대혁명의 영향을 받아 발생한 1967년의 '폭동'[53]과 1989년 유혈 진압당한 '6 · 4 민주화 운동'[54]에 대한 홍콩인의 지원과 지지시위는 회피되거나 지나치게 간략하게 서술되고 있을 뿐이다. 따라서 홍콩의 "특구정부가 역사를 말살한다."[55]는 비판이 잇따랐던 것이다. 홍콩 정부가 자신의 역사를 제대로 지키지 못한다는 지적인 것이다.

비커에 따르면 홍콩역사박물관 '홍콩 스토리'의 생성과정에서 중국측의 압력으로 중국의 영향과 관련된 내용이 부풀려지고, 홍콩 자체의

---

52) 「新博物館內容起爭議」, 『大公報』 1998年 1月 16日: 「誰是博物館專家」, 『信報』, 1998年 1月 16日, 王宏志, 앞의 책, 152쪽에서 재인용.

53) 좌파단체나 인사는 영국을 반대하고 폭력에 대항했다는 의미로 '반영항폭(反英抗暴)'이라고 부른다. 하지만 '홍콩 스토리'를 비롯하여 공식문서, 그리고 대부분의 서적에서는 '67폭동'으로 표현하고 있다. 본서에서는 '67폭동'이나 '67'로 통일하기로 한다.

54) 주지하다시피 중국 정부는 이 사건을 공식적으로 '반혁명사건'으로 규정한 이후 재평가를 미루고 있는 실정이다. 중국을 제외한 국내외 학계에서는 '6 · 4민주화운동'이나 '6 · 4천안문운동', '89민주화운동'이란 용어를 사용하고 있다. 각종 매체에서 여전히 '6 · 4사건'이나 '6 · 4사태' 등 중립적인 개념으로 사용하는 경우도 적지 않은데, 아마도 주목받거나 이의에 시달리고 싶지 않은 심리 상태를 반영하는 것이 아닌가 한다. 이 책에서는 '6 · 4민주화운동'으로 정의 호칭하고, 줄여서 '6 · 4'로 표기하고자 한다.

55) 『明報』, 2001年 8月 30日, A05.

역사에서 중요한 내용이 누락되었다.[56] 사실 '홍콩 스토리'가 기획 단계부터 일련의 과정이 그렇게 투명하게 진행된 것은 아닌 듯하다. 박물관위원회 특별회의에서 황잉치黃英琦 의원은 회의 투명도를 높이고, 회의에서 고문들이 제기한 내용을 언론에 공개하자고 제의하기도 했다. 또 황의원은 홍콩 성장과 발전에 관한 내용이 누락되어서는 안 된다면서, 그중에서도 홍콩 성공의 관건인 '법치 제도'는 박물관이 계속 무시해 왔다고 보았다.[57] 이 문제를 두고 친중국계인 『대공보(大公報)』에서조차 회의에서 설전이 전개되었다고 보도했을 정도이며, 후언웨이는 중립지 『명보』를 통하여 투명도 부족, 대중 참여 결핍, 관료식의 관리 체제로 시민과의 소통 공간 결핍 등[58]의 문제점을 지적하고 있다.

언론 보도를 종합해서 그날의 설전 내용을 정리해보면 다음과 같다. 예궈중葉國忠 의원은 신박물관은 반드시 역사에 충실해야 하는데, 특히 역사적으로 중요한 사건 즉 아편전쟁은 홍콩을 작은 항구에서 현대화된 도시로 변화시켰으며, 주권 반환도 홍콩에게는 매우 중요한 사건이라고 했다. 왕민강王敏剛과 우수칭伍淑清 의원은 전시품 내용과 방향은 물론 전시품에 대한 소개 문장도 매우 중요하니 반드시 의원의 확인을 받아야 한다고 주장했다. 그래야만 홍콩인의 관점에서 유리되지 않은 내용을 확보할 수 있다는 것이고, 그것은 현지 및 해외 거주민이 문장 내용으로 홍콩인을 이해할 수 있는 기본 조건이기 때문이라는 지적이었다. 예궈중과 리쉐롄黎學廉 의원은 절대 정치적 이념으로 역사를 서술해서는 안 된다고 했다. 의원은 정책을 제정할 뿐 대체적인 요강에만

56) Vickers, Edward 2003. In Search of an Identity: The Politics of History as a School Subject in Hong Kong, 1960s-2002. New York: Routledge. 장정아, 「홍콩인: '국제도시의 시민'에서 '국민'으로」, 김광억 외, 『종족과 민족-그 단일과 보편의 신화를 넘어서』(아카넷, 2006), 338쪽에서 재인용.

57) 「新博物館內容起爭議」, 『大公報』, 1998年 1月 16日字.

58) 胡恩威, 「香港需要3樣的歷史博物館?」, 『明報』, 1998年 1月 17日字.

동의하면 되는 것이고, 역사 서술 업무는 역사 전문가가 책임지는 것이라는 의견이었다.[59)]

여기에서 예궈중과 리쉐렌 의원은 민족주의적 입장과 반제국주의적 관점에 동조하고 있다. 그들은 아편전쟁과 주권 반환을 매우 의미가 큰 역사적 사건으로 인식하고 있다. 아편전쟁을 하나의 역사적 분기점으로 인식하는 가운데, 홍콩 발전의 시작으로 보고 있다. 하지만 그들은 또 전시품에 대한 소개 문장을 박물관위원회에서 검토하자는 왕민강과 우수칭 의원의 주장을 정치적이라는 이유로 거부하고 있다. 이렇게 볼 때, 민족주의적 입장의 의원들이 아편전쟁과 주권 반환이라는 사건을 얼마나 중시하는지를 알 수 있다. 또 그들은 그것을 소개하는 문장의 서술방식이 본토 홍콩의 입장만을 대변하게 될까 봐 우려하고 있는 것이다.

같은 기사에는 박물관위원회 고문의 인터뷰 내용도 실려 있다. 박물관 계획이 비밀리에 진행된다는 의미의 이른바 블랙박스식으로 진행되고 있다는 비판에, 박물관위원회 고문인 차이즈샹蔡志祥 교수는 이것은 박물관의 상황일 뿐 아니라 정부 구조상 줄곧 존재해온 문제라는 점을 지적했다. 박물관위원회의 고문은 순수하게 사회봉사 성격이기에, 매월 정기적으로 박물관 직원과 회의를 해야 한다는 규정이 없으며, 순수하게 개인의 전문 지식을 박물관에 제공하는 것이라는 주장이다. 완곡하게 표현하고 있지만, 고문이라는 제도가 유명무실하게 진행되고 있음을 비판하고 있다.

박물관위원회의 결론 도출 과정을 살펴보면, 우리는 홍콩역사박물관 '홍콩 스토리'의 한계를 알 수 있다. 반대로 그 한계는 위원회의 결론 도출 과정이 단순하고도 불투명하게 진행되었음을 알게 해준다. 그 과

---

59) 「誰是博物館專家」, 『信報』, 1998年 1月 16日字.

정에 대한 후언웨이의 지적은 더 구체적이다.

> 적지 않은 해외 박물관이 박물관과 전람을 계획할 때, 항상 연구 조사를 진행하고, 특정 커뮤니티의 의견을 조사하고, 여러 계층의 생활 방식을 조사하는 등 수많은 '전 단계 기획 연구 업무(Pre-exhibition Research)'를 실시한다. 이런 조사 업무의 규모와 방식에는 설문조사도 있으며, 구술 조사를 위한 방문도 있으며, 소조 형식의 의견 조사, 참여 초청 기획 등의 방식으로 진행한다. 방법은 하나뿐이 아닌데, 그 목적은 역사에 대한 시민의 뜻을 흡수하기 위함이다. 그래서 그들의 생활 또는 경험과 매우 밀접한 역사적 맥락을 구축하는 것이다. 이런 대중 참여를 수용하여 역사 스토리를 구축하는 활동은 전문적인 요구와 반드시 저촉되는 것은 아니다. 하지만 홍콩의 박물관 기구 즉 예술박물관이나 역사박물관은 그런 방법을 채택하지 않았다. 홍콩 역사를 구축하고 해석하는 작업은 최종적으로 관료와 학자가 주도한 '전문범주'가 되어버렸다. 민간의 활력과 역사 의미는 발휘되지 못했다.[60)]

한마디로 '홍콩 스토리'는 시민 사회와의 충분한 논의를 통한 공론화 과정이 생략된 채 관료적으로 기획되고 제작되었다는 말이다. 따라서 '홍콩 스토리'에는 중국 정부의 영향력에서 자유로울 수 없는 홍콩특구 정부의 관료들이 생각하는, 또는 자랑하고 싶은 홍콩 역사만 체현되어 있을지도 모른다. 그것은 중국 민족주의가 서술하고 싶은 내용이 주도적인 위치를 점유하면서 불가피한 측면에서 일정 부분 본토 홍콩의 역사가 면피용으로 희석되어 있다는 말이다.

시정국 박물관위원회에서 수차례 논쟁을 거쳐 '홍콩 스토리'에 대한

---

60) 胡恩威, 「香港需要怎樣的歷史博物館?」, 『明報』, 1998年 1月 17日字.

수정을 결정하였다. 즉 아편전쟁 · 일본 점령시기 · 손문 신해혁명 및 마지막의 '반환' 부분이다. 딩신바오 관장의 기억에 따르면, 수정 보완 결정은 전체 항목에 대한 재입찰을 야기해서 대량의 자료 회의와 행정업무가 소모되었다. 지연되지 않았다면 '홍콩 스토리'는 1999년 말이나 2000년 초에 개막되었을 것이다. 관장 딩신바오는 "과거 3-40년의 역사는 거리가 너무 가깝고, 역사 냉각기가 부족하여 완전하게 냉정한 시각으로 볼 수 없기에, 표현하기가 비교적 어렵다."고 말했다. 그리고 박물관은 1960-90년대 홍콩에서 발생한 큰 사건에 대한 자료를 컴퓨터에 입력하여 시민이 언제든지 열람할 수 있도록 했다는 것이다.[61] 딩신바오는 시종일관 이런 소극적인 태도를 견지한다. '홍콩 스토리'가 오픈되고 1년이 지난 시점에서도 그의 이런 태도에는 조금의 변화도 없다.

67폭동 · 6 · 4사건을 알고자 한다면, 많은 경로가 있다. 도서관에 가든지 아니면 인터넷에서 검색하는 등의 사소한 노력만 있으면 된다. 하지만 과거의 도시 면모와 생활방식은 이미 역사가 되어버려 옛날 사진이나 기타 유물로 재구성할 수밖에 없다. 박물관의 주요 기능 중 하나는 우리의 문화유산을 보존하고, 전람 및 교육 활동 등 다양한 방법을 이용하여 우리의 역사와 문화를 소개하고 발양하는 것이다.

사실, 아편전쟁 · 67폭동 · 6 · 4사건 등은 모두 홍콩 스토리 속에 소개되어 있다. 그중 아편전쟁 부분은 특별 전시실에 소개되고 있다. 반드시 지적하고 싶은 점은, 하나의 역사적 사건의 원인과 결과를 이해하자면 반드시 유관 자료와 서적을 펼쳐보아야 한다. 박물관은 전시물과 문자를 이용하여 역사 사건이나 현상을 요령 있게 소개할 수밖에

---

61) 梁冠麗,「香港中國人講香港歷史」,『信報』, 2001年 8月 30日字.

없다. 목적은 관중의 흥미를 유발하여 진일보 탐구하게 하는 데 있다. 결국 전람은 교과서가 아니고, 더욱이 백과전서가 아니다.[62]

나는 관장의 인식 구조에 논리적으로 문제가 있다고 생각한다. 그는 우선 박물관의 주요 기능이 역사를 소개하고 문화를 발양하는 것임을 인정하고 있다. 하지만 역사적으로 중요한 사건을 이해하고 싶으면 도서관에 가거나 인터넷 검색을 하라는 것이다. 그리고 책이나 자료검색을 통해서 공부하라는 것이다. 관장은 왜 역사적으로 중요한 사건을 빠뜨려서는 안 되는 것이 박물관의 대표하는 기능 중의 하나라는 것을 애써 외면하는 것일까? 백과사전식으로 완벽하게 할 수는 없지만 박물관을 대표하는 상설 전시물의 존재가치는 누가 보아도 지역사회의 역사를 공평하게 재현하고 있다고 공인받는 데 있다.

심지어 그는 "정치와 유관한 제목을 보고 싶다면, 매일 나오는 신문에 이미 많이 있다."[63]고도 했다. 심각하게 왜곡되어 있는 역사 인식의 일단을 엿볼 수 있는 대목이다. 그의 논리대로라면 우리에게 도서관이나 인터넷만 있으면 되는 것이지, 왜 굳이 박물관이 필요한 것인가? 그는 박물관의 교육적 기능을 시종일관 강조하면서도 박물관이 반드시 수용해야 할 보편타당한 원칙은 홀시하고 있는 것이다. 이에 대해 중국학자조차도 이렇게 충고하고 있다. 중국역사교육학회(中國歷史教育學會)의 천즈화陳志華는 "박물관의 책임자는 67이나 6·4를 제기하는 것에 대해 두려워할 필요는 없다. 왜냐하면 아무도 그에게 역사를 평가해달라고 요구하지 않기 때문이다. 사건의 경과 및 경위만을 말해주면 되는 것이지, 그것의 옳고 그름에 대해서는 참관자 스스로가 판단하는 것이

62) 丁新豹, 「香港歷史博物館的'香港故事'展」, 『信報』, 2002年 8月 21日字.

63) 『明報』, 2001年 8月 30日, A05.

다."라고 적시했다.[64] 박물관은 사실만 전달하고 판단은 관객에게 맡기자는 것이다.

한편 우리는 딩신바오 관장의 말에서 아편전쟁 · '67폭동' · '6 · 4민주화운동' 등이 시종일관 문제가 되고 있음을 알 수 있다. 개막 1년 뒤 딩신바오는 그동안 '홍콩 스토리'와 관련된 설왕설래에 대해 작심하고 해명했다. 1년 동안 80만 명이 참관한 사실이 '홍콩 스토리'가 환영받고 있다는 증거라는 자부심에 가득 찬 그는 '홍콩 스토리'가 캐나다인이 기획했다는 소문에 대해, 캐나다 회사[65]는 단지 전시 설계(exhibit design)만 했고 내용의 선정 · 스토리 요강 서술 · 전시물 선정 및 모든 설명문은 모두 박물관 직원의 책임하에 진행된 것이라는 점을 주장하고 있다.

개막 1주년을 맞이하여 그가 이렇게 길게 해명을 한 이유는 며칠 전 제기된 천윈陳雲의 비판 때문이다. 그는 "송(宋)대부터 남쪽으로 이주한 신계 부락과 영국 점령 이후의 현대 도시가 주제"이며, "자연 지모(地貌)와 원시 수렵 생활… 또 게다가 갑자기 공산 중국에 반환하는 명제가 결말이다."라는 말로 '홍콩 스토리'를 규정했다. 천윈은 "영국인이 홍콩을 통치한 지 150년인데, 왜 홍콩인은 아직까지 영국식의

---

64) 『明報』, 2001年 8月 30日, A05.

65) 전시실 초입의 설명문에 '역사박물관 설계에 풍부한 경험을 지닌 캐나다 JJ Andre Associates Ltd'라고 소개되어 있다. 이렇게 설계 주체를 명시할 경우 '풍부한 경험을 지닌'이라는 등의 수식어를 나열하는 것이 일반적인가 하는 것에 대해서는 잘 모르겠다. '홍콩 스토리'를 설계한 회사의 권위를 높여주는 문구를 특별히 사용하여 박물관 측은 자신이 기획한 각종 전시물의 진정성에 대해 간접적인 권위를 획득하게 된다는 것은 틀림없다. 아무튼 홍콩의 주요 건축물이나 각종 기념물에 공개되어 있는 설계 주체의 명단을 보면, 대부분이 서구 인물이나 회사가 주류이다. 관련 기획이 서구 메이저에 의해 주도되고 있다는 점은 부인할 수 없을 듯하다. 이 점은 우리에게 두 가지를 제시해주는데, 하나는 홍콩의 서구 지향성을 보여주는 것이고, 다른 하나는 문화적으로 관련하여 홍콩의 기반이 조성되지 않았음을 보여주는 것이다.

understatement[66] 정신을 배우지 못했는가, 만약 전시관의 전시물 성격에 따라 명명한다면 '홍콩 유물관'이라고 해야 한다."고 비판했다. 또 "4억 년의 지질변화는 아무런 의미가 없다."고 하면서, '홍콩 스토리'의 특징을 "옛날 일은 분명하게, 최근 일은 모호하게"[67]로 규정했다.

그가 신문에 발표한 "홍콩 문물관의 홍콩 회고전"이라는 제목을 보더라도 천윈은 홍콩역사박물관 '홍콩 스토리'의 권위를 전혀 인정하지 않고 있다. 즉 홍콩역사박물관이라는 이름에 걸맞은 전시물이 갖춰진 공간도 아니며, 그것의 대표인 '홍콩 스토리'가 홍콩에 대한 모든 스토리를 전개하지 못하고 단지 옛날을 회고하는 수준임을 신랄하게 비판한 것이다. 후언웨이 역시 「2억 달러짜리 '홍콩 스토리'가 관광지 송성(宋城)을 닮았다」라는 글에서 천윈 못지않게 날카로운 비판을 쏟아냈다.

> '홍콩 스토리' 제목과 내용이 부합되지 못하고, 깊이가 결여되어 있다. 홍콩 역사에 대해 힘든 것은 피하고 쉬운 것을 골라했다. 관광 측면에서 그것을 처리하면서도 수준이 낮아, 지식수준이나 소비수준이 높은 관광객의 참관을 유도할 수 없다. 그래서 2억 달러를 들여 려원(荔園) 송성(宋城)을 새로 건립한 것과 같다.

홍콩의 송성은 1979년에 개관한 주제 공원이다. 원래 송성은 송(宋)대의 역사 문화를 주제로 단체 관람객을 대상으로 하는 주제공원의 보편적인 명칭이다. 한때 홍콩의 송성은 송대의 명화 「청명상하도(清明上河圖)」를 참조하여 당시 수도 변경(汴京)의 거리와 생활상을 재현하여

---

66) '절제된 표현'이라는 명사로서, 삼가하고 조심해서 하는 표현을 말한다.

67) 陳雲, 「香港文物館的香江舊事展」, 丁新豹, 「香港歷史博物館的'香港故事'展」, 『信報』, 2002年 8月 21日字에서 재인용.

당시 홍콩의 관광 명소로 이름을 날렸다. 특히 '홍콩의 민속'이라는 제목을 단 제4전시실은 그야말로 관광지 성격으로 꾸며지고 있는데, 큰 돛단배가 매우 넓은 공간을 차지하고 있다. 후언웨이는 오락이나 볼거리 중심의 송성을 빗대어 홍콩역사박물관의 수준을 비판한 것이다. 그는 계속해서 '홍콩 스토리'의 빈틈을 신랄하게 지적하고 있다.

> 아편전쟁을 경계로 고대와 근대사가 억지로 각각 절반을 차지하고 있으나, 앞의 2개(자연 생태 환경, 역대 발전-인용자) 전람관에서는 인조나무 · 원시인과 화석만이 보여 마치 열대 삼림 같다. 나는 왜 4억 년 전부터 이야기해야 하는지 이해할 수 없다. 4억 년 전에도 홍콩 스토리가 존재하였던가? 5천 년 중국 문화로부터 이야기를 시작하는 것은 맞는 것인가? 근본적으로 공간을 낭비했다.

> 전람에는 아편전쟁 · 식민 통치와 홍콩 반환과 관련된 부분이 매우 약하다. 시각이 결여되어 있거나 심도가 전혀 없다… 역사박물관이 정치를 피하는 것은 이상한 일이 아니지만, 역사적 사실은 최대한 상세하게 소개해야 한다. 예를 들면 주권 반환 전 얼마나 많은 사람들이 이민을 떠났는지, 영국 거주권을 신청했는지 등 홍콩 스토리에는 이런 내용이 전혀 없다.

후언웨이는 10분짜리 다큐멘터리에서 1956년의 쌍십(雙十) '폭동' · 1967년의 '폭동'과 1989년의 '6 · 4 민주화운동' 등의 대사를 재난 시리즈로 분류하였고, 분량은 태풍이나 물 절약 캠페인 정도로 아주 약하게 처리하고 있다고 하면서, '67폭동'은 주택문제와 복지 제도의 개선을 가져왔고, '6 · 4'는 정치 제도의 발전을 가져왔기에 그것이 정치적인 영역이라고 해서 결코 대충 넘어가서는 안 된다고 역설했다.[68] 덩신바오 관장이 직접 구상했다는 다큐멘터리는 중화인민공화국 수립 선포식, 피난민의 대거 유입, 1956년의 쌍십 '폭동', 물 부족 사태, 중국 탁구팀의 홍콩 방문, 중국은행 설립, 문화대혁명, 1967년의 '폭동', 중국 개혁개방, 구룽(九龍)-광주(廣州) 철도 개통, 중영담판, '6 · 4', 화동(華東) 지역 피해 지원, 기본법 확정, 특구 수반 취임 등의 내용으로 구성되어 있다. 꼭 필요한 자막 외에 내레이션 없이 영상만 보여주고 있다. 결론적으로 '홍콩 스토리'의 쟁점은 자연 생태 환경, 아편전쟁, '67폭동', '6 · 4 민주화운동' 등이다.

68) 胡恩威, 「2億元'香港故事'似宋城」, 『信報』, 2001年 8月 30日字.

제3부

탈본토 스토리

_ 민족

_ 민족의 재확인

_ 탈본토와 정치문화

1. 민족

덩샤오핑鄧小平은 홍콩인의 민족 감정을 고양시키기 위해 "무릇 중화의 아들딸은 무슨 옷을 입든지 간에 무슨 입장을 견지하든지 간에, 적어도 모두 중화민족이라는 자부심을 가지고 있다. 홍콩인에게도 이런 종류의 민족 자부심이 있다."[1]고 역설했다. 벨러에 의하면 기교 있게 잘 조직된 민족주의는 새로운 해석을 통해 종족들의 서로 다른 과거를 하나의 민족적 과거로 바꾸는 데 그 본질이 있다. 그래서 적절하지 않은 전통들은 제외되거나 변조되어 걸맞은 과거가 생겨났다.[2] 최근 홍콩에서는 다수에 의해 민족의 재결합에 적절하지 않은 전통은 제외되거나 변조되고 있다. 벨러에 의하면 민족은 공동의 신화와 혈통의 미화를 통해 통합된다. 그리고 민족은 타자와의 구분 의식, 특히 번영의 언약을 지닌 선민의식과 소명의식으로부터 매우 많은 자양분을 얻는다.[3]

나는 이 책의 이 단락을 과연 민족은 존재하는 것인가? 그리고 이른바 '중국다움'은 무엇인가? 그것이 존재한다면 어떤 형태인가? 라는 질

---

1) 『鄧小平論"一國兩制"』(香港: 三聯書店有限公司, 2004), 13쪽, 強世功, 『中國香港: 文化與政治的視野』(Hong Kong: Oxford, 2008), 143쪽에서 재인용.

2) 한스 울리히 벨러, 이용일 옮김, 『허구의 민족주의』(푸른역사, 2007), 70쪽.

3) 한스 울리히 벨러, 앞의 책, 72쪽.

문으로 시작하고 싶다. 주지하다시피 민족은 근대화의 산물이었다. 비교사회학자인 데이비드 우는 이른바 중화민족의 기원에 대해 이렇게 정의하고 있다.

> 중국 민족 혹은 '중화민족', 즉 한족이 지배하는 사회 전체는 오히려 20세기 초엽에 이르러 비로소 생긴 근대의 개념이다. '민족'이라는 용어도 일본 메이지시대의 책에서 차용한 것이다. 그렇지만 이 두 글자는 일본인이 중국의 고전에서 빌려온 것이고, 그전에는 따로따로 사용되고 있었다. '민족'이라는 용어는 1895년에 혁명을 목표로 삼는 중국의 신문에 나타나고 있지만, 1909년까지는 지식인들 사이에 널리 퍼지지 않았다.
>
> -「중국 국외에서 구축된 중국 국민의 아이덴티티」,『사상』 1993. 01.[4]

국민 국가를 건설하려는 바람이 밀려왔을 때, 민족은 유럽을 비롯해서 일본을 거쳐서 동아시아로 건너왔다. 두아라는 19세기 말에서 20세기에 걸쳐 전 세계의 모든 국가는 민족이라는 이름으로 자신의 역할과 사회에 대한 지배력을 확장하기 시작했던 점[5]을 강조한다. 원래 중국에서 민족이라는 어휘는, 만주족의 청나라로부터 한족(漢族)의 부흥을 위한 투쟁의 상징으로부터 출발된 것이다. 그러니까 원래부터 중화민족이라는 단어는 한족의 단결을 위해서 던져진 화두였다. 그것이 20세기 내내 중국인들의 머리 위를 맴돌다가 21세기 다시 중화인민공화국 홍콩특별행정구 머리 위에 내려앉고 있다.

---

4) 니시카와 나가오, 윤해동 · 방기헌 옮김,『국민을 그만두는 방법-국가이데올로기로서의 민족과 문화』(역사비평사, 2009), 137쪽에서 재인용.

5) 프라센지트 두아라, 문명기 · 손승희 옮김,『민족으로부터 역사를 구출하기-근대 중국의 새로운 해석』(삼인, 2006), 227쪽.

니시카와 나가오는 후세 사람들이 우리가 살아온 국민국가 시대를 문명 · 문화라 불리는 관념의 요괴가 배회하던 시대로 기억하고, 이 한 쌍의 개념으로 그 특색을 부여할 것[6]으로 내다보았다. 나는 그를 흉내 내어 후세 사람들이 최근 20년 중국과 홍콩 간의 관계를 민족주의와 본토주의라는 요괴가 배회하던 시대로 기억할 것이라고 예언하고 싶다. "민족들의 노력이 민족주의를 만드는 것이 아니라, 민족주의가 민족을 만들어내었다."[7]는 어니스트 겔러의 언설은 현시점 본토 홍콩에 대한 중국 정부의 압박을 총괄해준다.

주지하다시피 한족이라는 개념 자체가 매우 모호하다고 할 수 있다. 사실 여러 학자들이 지적한 대로 혈통적으로 한족을 규정한다는 것은 근본적으로 불가능할지도 모른다. 한족 자체가 이른바 중원을 중심으로 이민을 받고 이민을 나가서 이루어진 민족개념이기 때문이다. 그래서 한족의 역사를 이민의 역사로 보는 것이다. 대만의 전 총통 리덩후이李登輝는 한걸음 더 나아가 '중국'이라는 단어 자체가 애매모호한 것[8]이라고 한 적이 있다. 레이 초우는 '혈연 신화설'을 제기하여, 중화민족의 혈연 특징은 상상처럼 그렇게 순수하지도 안정적이지도 않다고 하면서, 국민을 복종시키는 민족 이데올로기일 뿐이라고 했다.[9] 어디 중

---

6) 니시카와 나가오, 앞의 책, 115쪽.

7) 한스 울리히 벨러, 앞의 책, 32쪽에서 재인용.

8) 陳宏, 『解讀臺灣問題』(新世界出版社, 2004), 342쪽.

9) 朱耀偉 等, 『文化研究60詞』(香港: 匯智出版, 2010), 158쪽에서 재인용. 이와 관련하여 박노자는 이런 예를 들고 있다. 스웨덴의 수도 스톡홀름에 있는 국립역사박물관의 바이킹 유물 전시실에는 "천 년 전에 이 땅에서 '스웨덴 민족'이란 존재하지 않았다."는 설명이 있다. 아울러 극우파들이 어떻게 "영원불변의 민족" 신화를 악용해왔는지, 바이킹 약탈자를 영웅화해서 근거 없는 "자긍심"을 고취해왔는지를 설명하고 있다. 한걸음 더 나아가서 북유럽 귀족이 애용했던 로마 제국 유리잔 등을 전시하면서 "오늘날 부유층이 고급 해외 사치품에 대해 똑같은 애착을 갖고 있다."는 식으로 설명하고 있다. 박노자, 「회의할 줄 아는 인간이 자유인이다!」,

화민족 뿐이겠는가! 민족의 생성에 대해 조사해보면 혈연적으로 그것을 규정한다는 것은 근본적으로 불가능하다는 것을 어렵지 않게 알 수 있다.

그렇다면 언제나 그랬듯이 민족이나 민족주의에 대해 정의를 내리는 것은 쉽지 않다. 주지하다시피 일찍이 앤더슨은 민족을 '상상'으로, 홉스본과 랭거는 '전통의 반복 창조'로, 호미 바바는 '혼잡한 후식민 쟁탈'로 정의했다. nation의 라틴어 원어는 nasci로서 출생이라는 의미를 가지고 있다. 이삭(Harold R. Isaacs)은 민족이라는 어휘는 부락(tribe)·인민(people)·족군(ethnic group)·종족(race)·종교(religion)·지역국가(country)[10]·국가(state)와 호환되고 있음을 지적하고 있다.[11] 어휘 하나하나가 모두 거대 담론을 구성하지만, 실체가 뚜렷하지 못한 낭만주의 용어들이라고 할 수 있다.

민족국가(nation-state)는 현시점 세계에서 가장 대표적인 국가형태임이 분명하다. 하지만 니시카와의 말처럼 민족의 사회학적·인류학적 정의는 지금까지 성공하지 못하고 있는[12] 것이 사실이다. 민족국가라는 담론을 이해하기 위해서는 이른바 정체성이라고 하는 것의 무의미성을 우선 살펴보아야 한다. 그들이 제창하고자 하는 그 자랑스러운 정체성이 사실은 비합리적이고 자가당착적이고 고립적인 그 무엇이다. 더불어 민족적 정체성 고양작업이 사실은 자신을 타자로부터 더욱 고립화하고자 하는 의도에 다름 아니다.

『한겨레』, 2010년 2월 2일자 참조.

10) country는 자체의 정부가 현재 존재하거나 과거 한때 존재하던 지리상의 지역을 가리키는 가장 일반적이고 중립적인 단어이다. 『Oxford Advanced Learner's English-Korean Dictionary』(Oxford University Press, 2008).

11) Harold R. Isaacs, 鄧伯宸 譯, 『族群(Idols of the Tribe)』(臺北: 立緖文化, 民93), 260쪽.

12) 니시카와 나가오, 앞의 책, 139쪽.

단결과 응집을 강요한다는 점에서 민족주의적 이데올로기는 배타적일 뿐만 아니라 권위적이고 전제적인 성향을 갖는다는 것은 호미 바바의 유명한 언설이다. 민족을 상상이나 이데올로기로 본다면 민족은 실재하지 않겠지만, 역사적으로나 현실적으로나 민족을 이용하는 민족주의는 엄연히 실재한다. 민족주의는 충성을 필요로 하는 다른 것들과 지속적이거나 일시적으로 연합하곤 하는데, 신앙, 역사적인 지역, 도시 전통, 이념체계와 신휴머니즘과의 제휴가 그러한 예다. 부분적으로 민족주의는 이러한 연합들로부터 역동성과 놀라운 지속성을 얻게 된다.[13)]

그래서 권혁범은 "현대의 민족주의자들은 역사를 통하여 일관되게 존재하는 실체로서 민족을 규정하면서 민족을 모든 것의 상위개념으로 놓으려는 의식적 · 무의식적 의지를 보여주기 때문이다."[14)]라는 말로써 민족주의자들의 의도를 상기시키고 있다. 벨러에 의하면 민족주의는 통치 질서와 공동체를 새로운 정통성의 토대 위에 올려놓는 것을 보장하고, 대중을 움직이고 통합시키는 능력을 지니고 있다. 이러한 점에서 민족주의는 근본적으로 통치와 그것의 정당화를 위한 투쟁 속에 생성되는 정치적 현상이다.[15)] 효과를 알기 때문에 그만큼 이것을 획책하고 싶은 유혹을 떨치기 어렵다. 이런 점에서 국가나 국가를 획책하는 모든 지도자들이 민족주의 이데올로기를 전가의 보도처럼 소중하게 여기는 것이다. 이런 점에서 "민족주의(nationalism)와 민족성(ethnicity)은 서로를 부양한다."[16)]는 아파두라이의 경고는 더욱 섬뜩하다.

---

13) 한스 울리히 벨러, 앞의 책, 34쪽.

14) 권혁범, 『민족주의는 죄악인가』(생각의나무, 2009), 22쪽.

15) 한스 울리히 벨러, 앞의 책, 44쪽.

16) 아르준 아파두라이, 차원현 · 채호석 · 배개화 옮김, 『고삐 풀린 현대성』(현실문화연구, 2004), 282쪽.

누구를 위한 정체성인가? 민족은 다른 고귀한 가치를 전복시키고 파괴시킬 수 있다. 그렇다면, 민족주의는 비판한다고 해서 당장 해체될 수 있는 것이 아니며, 자본주의 체제 자체를 극복하는 장기적인 실천을 통해서야 세계공화국 형태로 그것이 지양될 수 있다[17]는 가라타니 고진의 지적은 새삼스럽다. 결국은 보편적 합리성이 필요한 것이다. 민족은 보편적 합리성과 거리를 두기 위해 준비된 기제가 아닌가 싶다. 시시각각 진행되고 있는 전지구화에 대항하는 흐름으로 민족주의라는 칼은 경계를 강화하는 수단으로 사용되어서는 곤란하다. 결국 우리가 지향해야 하는 목표는 전지구화를 피할 수 없다면 보편적 합리주의이기 때문이다. 최근에 홍콩에서 출판된 도해 홍콩편람 '국민 교육' 부분의 내용은 아래와 같다.

> 홍콩이 조국으로 반환된 후부터 특구정부는 **홍콩인의 국가 관념과 민족의식을 증강하고** 국민 신분 정체성을 배양하기 위해 **국민교육 보급**에 힘쓰고 있다.
> 홍콩의 국민교육 보급은 주로 학교 및 커뮤니티 양 방면으로부터 착수하여, 전자는 교육국의 책임하에 유관 과정의 제정을 통하여 국민교육 활동에 학교가 많이 참여해주기를 유도하고 있다. 후자는 **국민교육 전문 소조**의 책임하에 커뮤니티 국가 정세 교육 활동 및 여러 가지 형식의 홍보를 통하여 홍콩인의 국가 인식을 강화하고 있다.
> 국민 교육 전문 소조는 시민 교육 위원회 및 청년 사무 위원회로 구성되어 있는데, 여러 가지의 국가 정세 교육 활동을 책임지고 있다. 예를 들면 텔레비전 방송국과 협조하여 「마음은 국가와 연결되어 있다(心繫家國)」는 국가(國歌) 홍보 단편을 내놓았다. 이 소조는 또 민정 사무서

17) 가라타니 고진, 조영일 옮김, 『네이션과 미학』(도서출판b, 2009)에 대한 고명섭 기자의 서평, 『한겨레』 2009년 8월 8일자.

및 홍콩 교육 종사자 협회와 더불어 **'국민 교육 센터'**를 설립하여 다원화된 국민 교육 활동을 전개하고 있다.[18]

이렇게 살피다 보면 민족과 민족주의에 대한 김광억의 정의는 매우 자연스럽다. 그에 의하면 "민족은 국가(state), 영토(territory), 주권(sovereignty)으로 이루어지는 정치적(국가) 경계와 역사, 혈통, 언어, 종교 등 문화적 경계와 일치하는 맥락에서 인지되는 사람들을 의미한다." 그리고 "민족주의란 곧 국가적 단위와 종족적 단위가 일치할 것을 주장하는 이념적 성향을 말한다."[19]

'민족은 일종의 서술이다(nation is narration).'는 호미 바바의 유명한 테제이다. 현재 홍콩을 중심으로 민족에 대한 새로운 서술이 강요되고 있다. 탈식민을 표방하는 수많은 학자들은 두아라처럼 민족으로부터 역사를 구출하고자 할 것이지만, 아리프 딜릭처럼 냉정하게 시각을 유지하는 것도 필요할 듯싶다. 우리가 싫어한다고 해서 그 대상이 역사로부터 실제로부터 쉽게 사라지는 것이 아니다. 딜릭은 이렇게 정리하고 있다. "민족은 역사 속으로 들어가면서 자아 규정을 위한 하나의 이데올로기적 근거를 제공해왔고, 창안되었건 아니건, 하나의 역사적 동력으로 작용해왔으며 계속해서 그럴 것이다."[20]

따라서 딜릭은 두아라에 비하면 현실을 중시하는 현실론자라고 할 수 있다. 아파두라이도 탈식민의 역사에서 민족주의가 도깨비 방망이

---

18) 徐振邦 · 陳志華 編著, 『圖解 香港 手册』(香港: 中華書局, 2009), 352쪽.

19) 김광억, 「총론: 종족(Ethnicity)의 현대적 발명과 실천」, 김광억 외, 『종족과 민족-그 단일과 보편의 신화를 넘어서』, 대우학술총서 577(아카넷, 2006), 21쪽.

20) 아리프 딜릭, 황동연 옮김, 『포스트모더니티의 역사들』(창비, 2005), 41쪽. 포스트모더니즘이 역사를 말살했다고 보는 아리프 딜릭은 민족주의든 본토주의든 모더니티가 선행되어야 한다고 본다. 나는 이 관점으로부터 꽉 막혀 있는 방에서 출구를 찾은 듯한 느낌을 받았다.

처럼 사용되어왔고 되고 있음을 "탈식민지 세계의 엘리트 집단에서 남자로 자라온 우리들에게 민족주의는 일종의 상식이며 우리의 야심과 전략, 윤리 감각이 정당함을 보증하는 원칙이었다."[21]는 말로 확인시켜준다. 탈식민을 위한 가장 유용한 도구였지만, 재국민화를 위한 가장 유용한 도구가 된 것이다. 이때 호미 바바의 언설은 매우 현실적으로 다가온다.

> 남아프리카와 동유럽과 같은 세계의 여러 지역에서 사람들이 그러한 형태의 사회(민족)를 위해서 실제로 살아가거나 죽어가고 있는 시기에, 나는 우리가 민족 개념을 완전히 없앨 수 없다고 생각한다. 우리는 개념으로서의 민족이나 정치 구조로서의 민족을 완전히 없앨 수 없다. 그러나 우리 시대에 대해, 민족이 지닌 역사적 한계에 대해 인정할 수 있어야 한다.[22]

약자로서 제3세계가 서방 제국에 맞설 수 있는 유력한 대안으로 민족주의의 효용성을 인정하더라도 그 한계는 분명히 직시해야 한다는 것이다. 하지만 지금 이 순간에도 '국가' 내에서 중국공산당에 의해 '조국이라는 대가정', '56개 소수민족은 한 집', '동포 형제자매', '피는 물보다 진하다' 등의 표어는 쉼 없이 재생되고 있다. 중국공산당은 이 '중국다움'으로 자신들의 이익을 추구하면서도, 국가를 유지해왔다. 지금 이 순간까지도 중국이라는 국민국가는 '중국다움'이라는 개념을 자신들의 이익을 위한 보호막으로 이용하고 있다. 다수의 이익을 확보하기

21) 아르준 아파두라이, 앞의 책, 276쪽.

22) 「Art and National Identity: A Critics' Symposium」, 『Art in America』(1991), 79, 82쪽. 데이비드 허다트, 조만성 옮김, 『호미 바바의 탈식민적 정체성』(앨피, 2011), 214쪽에서 재인용.

위한 전제조건으로서 소수의 특수성과 이익은 절대 수용될 수 없는 것이 된다. 그러니까 조국이라는 다수 앞에서 본토라는 소수는 억압될 수밖에 없다. 국민국가 중국이라는 위치에서 '중국다움'만을 강조한다면, 본토 홍콩에서 생성된 포용적 문화의 장점은 사라지게 될 것이다. 런하이는 홍콩에 적용되고 있는 중국 민족주의의 현황을 다음과 같이 정리하면서 홍콩 문화 공간의 미래를 우려하고 있다.

> 중국 측에서 보면, 홍콩은 중국의 지연 정치 범위 안에 있고, 홍콩인에게 중국 민족주의를 주입하는 것은 최고 임무가 된다. 중국 정부는 홍콩 거주민의 생각과 중국 민족주의가 서로 어긋나지 않을 것이라고는 생각하지 않는다. 정부는 홍콩인 심지어 중국 국민에게도, 홍콩인은 민족이나 국가의식이 결핍되어 있으며, 그들은 애국주의가 무엇인지 모른다는 점을 지속적으로 제기하고 있다. 이렇게 볼 때, 홍콩의 의식·형태·공간을 재조정하는 것은 정부의 최고 임무가 된다. 앞으로 정식 언어는 보통화가 될 것이고, 현지 역사는 중국 국가 역사의 맥락 속으로 들어갈 것이며, 중국공산당의 혁명사는 중국 국가 역사의 초점이 될 것이다. 마지막으로 홍콩의 문화 공간 역시 중국이라는 민족 국가에 의해 재구성될 것이다.[23)]

홍콩을 향해 가해지는 중국 민족주의의 기본 동기는 무엇일까? 그리고 목표는 무엇일까? 권혁범에 의하면 현대 애국주의, 즉 과거, 현재, 미래의 물질과 정신의 총합인 '우리 민족'에 대한 충성심은 중세 및 봉건시대에는 없던 것이다.[24)] 그렇다면 민족에 대해 충성심을 강요하는

23) 任海,「看的辯證: 展覽櫥中的香港」, 劉青峰·關小春 編,『轉化中的香港: 身分與秩序的再尋求』(香港: 中文大學出版社, 1998), 214쪽.

24) 권혁범, 앞의 책, 69쪽.

최근 중국정부의 행위는 분명한 목표가 있다. 아리프 딜릭은 두아라를 비판하면서 중국 민족주의를 문화적인 현상뿐이 아니라, 경제적이고 정치적인 현상으로도 궁구하려는 목적이 아니라고 했다.[25] 딜릭은 민족주의가 경제적이고도 정치적인 그 무엇이라고 주장하고, 두아라가 그것의 영향을 과소평가한다고 보는 것이다. 중국 민족주의를 문화적인 현상으로 보고 그것을 분석하고자 했던 두아라에 대한 반발인데, 나는 딜릭의 힘을 빌려 '중국다움'이나 '홍콩다움'이라는 정체성은 문화의 상위 개념으로서 정치 및 경제와 상관관계를 갖는다고 본다. 그렇게 본다면 '홍콩 스토리'에 나타난 '중국다움'이나 '홍콩다움' 모두 정치경제적인 관련성 또는 그것이 가져올 이해관계를 적시하는 데 더 큰 비중을 두는 스토리의 일종이다.

2. 민족의 재확인

'홍콩 스토리'의 첫 번째 자연 생태 환경 전시실은 '지표면과 기후' 그리고 '동식물' 등 두 개의 영역으로 구성되어 있다. 박물관의 자료에는 "들어서자마자 지구의가 나타나는데, 바로 참관자로 하여금 중국과 홍콩의 위치를 확인하라는 것"[26]이라는 설명이 눈에 들어온다. 홍콩 4억 년 동안의 지질연대 및 각 시대 지표면의 변화에 대한 설명을 하고 있으며, 각종 암석과 화석이 전시되고 있다. 생태계통의 각종 축소 모형들은 6천 년 전 홍콩에 서식하고 있던 동물과 주변 자연환경의 상호관계를 보여준다. 대략 6-7천 년 전의 원시림(18미터 높이의 나무 포함)이

25) 아리프 딜릭, 황동연 옮김, 앞의 책, 38쪽.

26) 『'홍콩 스토리' 전람 자료「香港故事」展覽資料』, 3쪽.

재현되고 있는데, 이 부분을 설치하는 데 6년이라는 시간을 투자했다는 것[27]이다.

홍콩의 고생물 역사를 4억 년 전의 데본기로 끌어올리는 물고기 화석, 6천 8백만 년 전의 공룡알 화석, 화남호(華南虎)의 모형 등이 설명서에서 중점 전시물로 소개되고 있는 것들이다. 광동성 남웅(南雄)시에서 발견된 공룡알이라는 설명과 함께 그것을 통해서 홍콩 지역에서도 백악기에는 공룡이 출몰했을 것이라는 추측이 가능하다고 한다. 화남지방의 호랑이 역시 20세기 초까지 신계 지역에 출몰했고, 1942년 스탠리 지역을 마지막으로 호랑이의 종적이 사라졌다는 설명이다. 문제는 '홍콩 스토리'와 4억 년 전이라는 시간, 그리고 지질이라는 대상의 관련성일 것이다. '홍콩 스토리'에 왜 4억 년 전의 물고기 화석이 필요한가!

한 시민은 '머리 큰 도깨비(大頭鬼)'라는 말로 4억 년이라는 시간을 비판하고 있다. 그는 "4억 년 전에 홍콩이 있었던가? 없었다. 그 4억 년 전의 스토리가 홍콩과 무슨 상관이 있는가?"[28]라고 자문자답했다. 이 시민의 지적은 일체의 정치적인 입장을 떠나 '홍콩 스토리'에게는 치명적인 일격일 수밖에 없다. 원시림과 동식물 모형 설치를 위해 6년 동안의 시간을 투자했다는 그 사실과 역사박물관 전시물의 완전성을 연결시키기가 쉽지 않으며, 투자한 시간과 전시적인 가치는 비례하는 것이 아니라는 반발심을 누르기가 어렵다. 홍콩역사박물관이라는 긴장된 타이틀의 건물에 그렇게 한가한 공간을 조성해도 되는 것인가 하는 의문이 쉽게 가라앉지 않는다. 결과적으로 가장 중요한 최근 일백 년의 역사를 제대로 다루지 못했다는 지적인 것이다.

'홍콩 스토리'라는 긴박한 '스토리' 내에 과연 자연생태 환경을 독립

27) 『大公報』, 2001年 9月 12日, B08.

28) 衆志 · 心情, 「大頭鬼」, 『香港經濟日報』, 2001年 9月 5日, C07.

된 전시 공간으로 따로 두고, 또 선사 시대라는 전시 공간을 따로 둘 필요성에 자연스럽게 의문이 제기되는 것이다. 즉 한가하거나 황당하다는 느낌을 지울 수 없다. 4억 년 전 광동성 지역과 비슷한 공룡이 살았다는 사실이 홍콩 역사 구성에 그렇게 긴박한 소재인가 하는 의문이 드는 것은 당연하다. 또 그것이 홍콩의 정체성을 구성할 만큼 중요한 그 무엇인가 하는 점이다. 또 화남지방의 호랑이가 이 지역에 출몰했다는 사실이 '홍콩 스토리' 구성에 반드시 필요한 소재인가 하는 의문이 계속 대두된다. 전체적으로 볼 때, 호기심을 부추기고 그것을 충족시키고자 하는 전시 방식이 지배적이다.

이에 대해 후언웨이는 일치감치 문제를 제기했다. 그의 의문은 당연하고도 자연스러운데, "나는 왜 4억 년 전부터 말해야 하는지 이해를 하지 못하겠다. 4억 년 전에도 홍콩 스토리가 있었단 말인가?"라고 하면서, 그것은 자연사박물관이 담당해야 할 역할이라는 것이었다. 이에 대해 관장 딩신바오는 홍콩에 자연사박물관이 없어서 그렇게 할 수밖에 없었다는 대응을 한 바 있다.[29] 그렇다 하더라도 자연사박물관의 기능까지 홍콩'역사'박물관이 담당해야 한다는 논리를 쉽게 받아들일 수는 없다. 특히 호랑이나 공룡알 등으로 굳이 화남지역과 동일한 환경을 설치 강조하고 있음은 주목할 만하다. 호랑이 박제를 만들어서 전시해야 할 만큼 그것이 홍콩의 '스토리' 구성에 중요한 주제였는가 하는 의구심은 뇌리를 떠나지 않는다. 다시 후언웨이의 의견을 들어보자.

> 역사박물관은 거액을 들여 홍콩 자연환경 경관을 기획하였고 그것이 홍콩 스토리를 둘러싼 의문의 초점이 되었다. 자연환경과 인류생활은 밀접한 관계가 있지만, 이런 관련성은 인류생활로 귀착된다고 할 수

29) 王宏志,『本土香港』(香港: 天地圖書, 2007), 145쪽.

있다. 자연 생태 경관과 홍콩인 생활의 연계성 및 그것이 초래한 영향을 역사 서술의 초점으로 할 것인가? 자연 생태를 포착하여 역사 변화를 보려는 책임을 다른 박물관과 분담할 수는 없는가?[30)]

즉 홍콩 자연환경에 대한 전시는 '홍콩 스토리'라는 주제와의 관련성이 현저히 떨어진다는 이야기이다. 홍콩의 자연환경이 그렇게 중요하다면 다른 경로를 통해서 그것을 구현해야 하는 것이다. 굳이 홍콩인의 역사적 정체성 구현과 교육을 목표로 하는 '홍콩 스토리'에 상당한 비중으로 등장시킨다는 것은 아무래도 그 배후가 의심스럽다 할 것이다. 그 내용을 보면 그 의도가 조금 더 분명하게 다가오는데, 모든 설명은 화남지대의 자연환경이나 인류활동과 동일시되는 것으로 초점이 맞추어지고 있다.

선사시대[31)]의 홍콩 전시실에는 6천 년 전 신석기시대 중기에 '이미' 인류의 활동이 홍콩 지역에서 나타나고 있음을 보여주고 있다. 홍콩 지역에서 출토된 선사시대의 석기 · 도기와 청동기 외에도, 42미터의 백사장을 조성하여 불을 피워서 음식물을 만드는 장면이나, 석기를 만드는 장면, 그리고 집을 짓고 야생 과일을 채집하는 장면 등을 입체 전시물로 보여주고 있다. 입체물의 인류상은 1997년 홍콩에서 발견된 두개골에 근거하여 복원한 것이라는 설명이다. 또 6천 년 전 신석기 시대 중기에 이미 홍콩 지역에 인류의 활동이 존재하였다는 것을 강조하고 있는

---

30) 胡恩威, 「香港需要怎樣的歷史博物館?」, 『明報』, 1998年 1月 17日字.

31) 중국 관방 학계는 최근 홍콩에서의 고고학적 발견들을 기반으로, 고대부터 홍콩에 한족(漢族)이 살았다는 주장을 강하게 펼치고 있다. Vickers, Edward 2003. In Search of an Identity: The Politics of History as a School Subject in Hong Kong, 1960s-2002. New York: Routledge. 장정아, 「홍콩인: '국제도시의 시민'에서 '국민'으로」, 김광억 외, 『종족과 민족-그 단일과 보편의 신화를 넘어서』(아카넷, 2006), 294쪽에서 재인용.

것이 특징이다. 벨러에 의하면 민족적 정체성은 종교적, 지역적, 전통적인 정체성들처럼 하나의 정체성이긴 하지만 여러 정체성 가운데 최우선시 된다.[32] 인류상에서 특히 주목할 만한 점은 아시아 몽골리언 계통으로 동시기 주강 삼각주에서 활동한 인종과 같은 종이라는 설명이다. 홍콩 지역에 거주하던 인종이 주강 삼각주에 거주하던 인종과 같다는 사실은 대중국을 구성할 수 있는 선결 요건인 것처럼 보인다.

왕훙즈王宏志는 홍콩의 역사가 6천 년 전으로 거슬러 올라가는 것은 명백히 중국 관변학자들의 관점이라고 본다. 홍콩 지역에서 발견된 선사시대 문물이 중국 대륙에서 발견되는 것과 비슷하다는 논리는 홍콩이 중국과 분리될 수 없는 일부분이고, 따라서 중국에 반환되는 것이 합리적이라는 정치논리에 큰 도움을 준다는 것이다.[33] 권혁범도 같은 맥락을 유지하고 있는데, 시대착오적인 시각을 가진 사람들은 고대와 중세의 역사를 바라볼 때도 민족주의 관점을 유지한다[34]고 보았다.

설명서에서 중점 전시물로 제시하고 있는 것들로는 홍콩에서 출토된 채도(신석기 시대 중기; 기원전 약 4천 년-2천 5백 년)와 상아 도장(상대商代; 기원전 약 16-11세기) 그리고 청동 단검(청동기 시대; 기원전 약 1천 5백 년-221년)과 옹기(청동기 시대; 기원전 약 1천 5백 년-221년)이다. 그중에서도 재미있는 것은 각종 의식에 사용되는 다목적의 제기인 상아 도장이 발견된 것으로, 이것은 "홍콩의 '선민(先民)'이 이미 화북(華北) 제기의 영향을 받고 있음을 보여주는 것이며, 홍콩과 화북의 문화 연계를 연구하는 데 중요한 학술적 의의"가 있다는 설명이다. 또 고족두(高足豆)라는 식기의 "모양과 특징이 장강(長江) 하류 양저(良渚) 문화의 도기와 비슷한"바, "신석기 시대 중기 홍콩 선민이 장강 하류 지역과 일정한 연계

32) 한스 울리히 벨러, 앞의 책, 68쪽.

33) 王宏志, 앞의 책, 147쪽.

34) 권혁범, 앞의 책, 37쪽.

가 있었다는 것을 반영”한다는 설명도 있다.[35] 따라서 “홍콩은 자고이래(自古以來)로 중국의 일부”라는 말이 박물관 측의 설명문에서 부단히 되풀이될 수밖에 없는 것이다.

홍콩역사박물관의 웹사이트에 등재되어 있는 『'홍콩 스토리' 전람 자료 「香港故事」 展覽資料』에 나타나 있는 각 전시실에 대한 소개 분량을 살펴보면, 그 중요도를 미루어 짐작할 수 있다. 제1전시실: 자연 생태 환경 3-12쪽, 제2전시실: 선사시대의 홍콩 13-28쪽, 제3전시실: 역대 발전-한(漢) 대부터 청(淸)대 까지 29-37쪽. 제4전시실: 홍콩의 민속 38-48쪽, 제5전시실: 아편전쟁 및 홍콩의 할양 49-55쪽, 제6전시실: 홍콩의 개항 및 조기 발전 56-63쪽, 제7전시실: 일본 점령 시기 64-71쪽, 제8전시실: 현대 도시 및 홍콩 반환 72-78쪽이고, 나머지는 참고서목 79-91쪽으로 되어 있다.

각 전시실의 분량 표시에 나타난 바와 같이 '홍콩 스토리'의 절반 이상을 대중국문화권의 일부로서의 홍콩을 소개하는데 할애하고 있다. 홍콩에서 발견되는 유물과 중국문화와의 동질성 강조에 투자하고 있다. 사당, 결혼식, 도자기, 지리, 생태, 민속으로 강조되는 문화와 직결되는 이미지는 바로 민족이다. 전시실에는 인형극과 그림자극(皮影戲), 도자기 출토, 결혼식을 큰 공간에 전시하고 있다. 도자기를 설명하는데 있어서도 이 같은 흐름은 계속된다. 도자기 소개에 큰 분량을 할애하고 있는데, 홍콩의 '이정옥한묘(李鄭屋漢墓)'에서 출토된 가옥형 도기의 특징이 “광동지역에서 출토된 가옥형 도기와 **매우 비슷한바**, 당시 두 지방의 문화가 **일치하는 것**을 알 수 있다.”고 했다. 더욱 주목할 만한 것은 그것의 의미가 “**홍콩과 중국의 관계를 분명하게 보여주었다.**”[36]고 언급하

35) 『'홍콩 스토리' 전람 자료 「香港故事」 展覽資料』, 20쪽.

36) 『'홍콩 스토리' 전람 자료 「香港故事」 展覽資料』, 36쪽.

고 있다는 사실이다.

또 홍콩의 대포(大埔) 지역의 도요지에서 발견된 청화자기를 소개하면서 당대 도자기의 수도라고 할 수 있는 경덕진(景德鎭)으로부터 "직접·간접적으로 영향을 받았다."37)는 내용을 누락시킬 수는 없는 모양이다. 학술적인 문제로 도자기의 상관관계는 이미 주목의 대상은 아닌 듯하다. 그저 홍콩과 중국의 관계에 하나의 고리로서 등장하는 증거로서 소용되는 것이다. 이어서 홍콩의 주요 성씨 등 족군을 설명하면서 중국과의 연계만을 중점적으로 서술했다. 홍콩문화의 독자성이나 고유성을 드러내기보다는 중국과의 관계 서술에 전전긍긍하고 있다는 인상을 강하게 받는다.

나는 요즈음 민족, 그리고 그 고유성의 실존에 대해 줄곧 의심하고 있다. 그것은 어디에나 존재하는 '원형'이라고 생각하기 때문이다. 각종 민속 문화는 매우 작은 차이를 지닐 뿐이기 때문이다. 나아가서 과연 '단일' 민족이니 '고유'의 명절이니 '독특한' 음식이라는 것이 존재할 수 있는가에 대한 의문을 가지고 있다. 어느 커뮤니티에서나 한 해의 시작과 가을의 수확은 매우 큰 의미가 있고, 그것을 어떤 방식으로든 축하하게 마련이다. 다만 방식이나 의례가 조금 다를 뿐이다. 조금 다른 그것이 커뮤니티의 정체성을 구성할 뿐이다.

'홍콩 스토리' 속에서 원시인이 석기를 만드는 장면은 우리에게 무엇을 전달하고자 하는 것인지 잘 모르겠다. 역사는 모름지기 거슬러 올라갈수록 천하일가(天下一家)의 범주에 들어간다. 즉 동아시아 전체가 큰 특징 없는, 한 가족이라는 말이다. 단지 거주하는 지역만 다를 뿐 거주 형태나 삶의 방식은 모든 것이 어디에나 있는 원형에 다름 아니다. 따라서 원형적인 문화로써 민족의 다름을 구분하는 잣대로 삼는 것은

37) 『'홍콩 스토리' 전람 자료「香港故事」展覽資料』, 37쪽.

적절하지 않다고 본다.

최근 중국 남경에서 백제 무령왕릉에서 나온 돌짐승을 빼닮은 6세기 중국 남조(南朝)의 돌짐승이 발굴되었다.[38] 그래서 그동안 백제 시대 '독창적인' 공예품으로 인정받아 국보로 지정된 우리나라 돌짐승의 독창성이 의심받았다. '홍콩 스토리' 속의 논리라면, 이번 남경에서의 발견은 향후 중국 양(梁)나라와 백제가 같은 뿌리를 가진 나라임을 입증하는 자료로 사용될지도 모르겠다. 아니 백제가 중국의 일부였으니 이제 한국이 중화인민공화국의 일부가 되어야 한다거나, 양나라가 백제의 속국이었으니 이제 중화인민공화국이 한국으로 편입되어야 한다는 논리의 증거가 될지도 모른다.

세 번째 전시실의 타이틀은 '역대 발전: 한(漢)대부터 청(淸)대까지'이다. 진한(秦漢) 시대 이후 중원의 한족이 영남 지역으로 꾸준히 남하 유입되었음을 설명하는 공간이다. 특히 당(唐)대와 송대의 남부 개발 붐과 함께 이민이 크게 증가하여 발전하기 시작했다는 것이다. 무엇보다도 "홍콩 지역과 주강 삼각주의 발전은 동시적"이라는 설명이 재미있다. 현재까지도 신계(新界) 지역의 거족인 덩(鄧)씨는 송대에 이 지역에 정착했다는 설명이다. 명청(明淸) 양 대에 "더욱 많은 씨족들이 홍콩 지역에 자리 잡기 시작하면서 홍콩의 사회경제가 진일보 발전을 했다."는 설명은 사족으로 보인다. 그만큼 정체성 부여 작업에 이민과 발전이라는 요소가 간과될 수 없음을 보여주는 것이다. 어디에서 어디로 이동했다는 논리에 중원이 주체이자 중심이라는 중심주의가 확고한 위치를

38) 『한겨레』, 2012년 2월 7일, 23면 참조. 필자는 사석에서 중국에 김치가 있느냐 또는 우리와 똑같은 자장면이 있느냐 하는 질문을 많이 받았다. 그래서 필자는 늘 우리나라에 똑같은 김치와 자장면이 있느냐는 반문으로 대답을 대신한다. 김치는 집집마다 다르고, 자장면은 식당마다 다르다. 마찬가지로 중국에 김치도 자장면도 있으되 다만 '우리' 것'들'과 조금 다를 뿐인 것이다. 우리는 이렇게 시시각각 '같음'과 '다름'에 대한 승인을 강요받고 교육받는 환경에 노출되어 있다.

차지하고 있다.

이 전시실의 중점 전시물로 대서산(大嶼山) 리(李)씨 문중(李府)의 경계석(界石) 등이 전시되고 있다. 송대 명신 이묘영李昴英이 섬을 식읍으로 하사받아, 1898년 영국이 신계를 접수하기 전까지 이씨 문중의 소유였다는 점을 설명하고 있다. 청대 홍콩 지역의 불두주(佛頭洲)·장주(長洲)·마만(馬灣)·구룡성(九龍城)에 아편밀수를 방지하고 왕래하는 선박에 대해 세금을 거두기 위한 세관이 설치되었는데, 불두주 세관 석비는 그것의 "역사적 증거"라는 것이다.

'홍콩 스토리',
수상족 관련 전시물

홍콩의 민속을 주제로 하는 네 번째 전시실에는 수상(水上)족·토착민과 객가(客家) 및 복로(福佬) 등 네 개 족군의 전통 생활 습속을 중심으로, 화남(華南) 및 홍콩 지구의 다양한 민간 문화를 소개하고 있다. 복로족의 전통적인 천일염 제조 절차를 보여주는가 하면, 토착민의 정월대보름 등불놀이 풍습과 전통 혼례 의식을 꽃가마 행렬과 함께 감상할 수 있다. 한쪽에는 항상 각고 분투하는 것으로 수식되는 객가인의 농경생활상이 전시되어 있다. 결론적으로 홍콩 지역이 하늘에서 툭 하고 떨어져 태어난 곳이 아니라는 점이 부각되고 있는 것이다. 선사 시대나

중원 대사(中原大事)	조대(朝代)/시기	홍콩 사적(香港史蹟)
기원전 약 214년 진(秦)대 영남 지방에 계림(桂林) · 상(象) · 남해(南海) 3군이 설치되었다.	진(秦)대	홍콩은 남해군 번우(番禺)현에 속했다.
조타(趙佗)가 남월(南越) 중앙 정부를 건립하였고, 소금 · 철 · 술 전매 정책을 실시하였다. 번우에 염관(鹽官)을 설치하였다. 역사에서는 동관(東官)이라고 한다.	한(漢)대	홍콩 지방은 남월국의 관할 구역이었다. 홍콩은 염업 기지의 하나로서 염관의 관리하에 있었다.
영가(永嘉)의 난 시기에, 대량의 중원 사람들이 황하 유역에서 장강 유역으로 유입되었고, 일부는 주강(珠江) 유역까지 유입되었다.	위진(魏晉) · 남북조(南北朝) 수(隋)대	대서산(大嶼山) 백망(白芒) 유적지에서 토갱묘(土坑墓)가 발견되었다; 남아도(南丫島) 사포촌(沙埔村) 유적지에서 고분이 발견되었다.
당(唐)대 8세기 이후 해운이 발달하여 광주는 중국 수출입의 주요 항구인 동시에 세계적으로 유명한 항구였다.	당(唐)대 오대십국(五代十國)	홍콩 지방의 둔문(屯門)은 광주의 외항으로, 군이 주둔하여 내왕하는 선박을 보호했다.
북방 소수 민족이 장기적으로 남침하여 중원과 강남지역을 심각하게 파괴하자 백성들이 대량으로 남천하였고, 일부는 영남까지 이주했다.	송대(宋代) 원대(元代)	신계의 등(鄧) · 료(廖) · 문(文) · 후(侯) · 팽(彭) 5대족이 모두 이 시기에 홍콩으로 들어왔다.
중국 연해 지역에 왜구 우환이 있었다. 포르투갈이 마카오를 조차했다.	명대(明代)	당시 홍콩의 거주민 다수가 향나무 재배 · 자기 제조 · 진주 채집 및 제염 등의 경제활동에 종사했다.
정부는 정성공(鄭成功)과 복건성 · 광동성 연해 관민의 연계를 막기 위해 경계선을 내륙으로 이동시키는 정책을 실행했다. 그 후 영국과의 아편전쟁에서 청이 패하고 남경조약을 체결했다.	청대(淸代)	경계선이 회복된 후 개항 전까지 홍콩의 주요 경제 활동은 이미 어업 및 기타 수산업 · 농사 및 석재 채굴 등이었다. 1842년에 홍콩은 영국의 식민지가 되었다.

역사 시대나 대륙, 특히 화남지방과 시시각각 소통 교류되고 있었음을 상기시키는 배치와 설명이다.

『'홍콩 스토리' 상설전시 학습 자료』는 한대부터 청대까지의 역사를 조대를 구분하여 '중원 대사(中原大事)'와 '홍콩 사적(香港史蹟)'(3-14, 3-15)으로 나누어 설명하고 있다.

상기 자료에 따르면, 기원전 214년 진(秦)대 영남지방에 계림(桂林)·상(象)·남해(南海) 3군이 설치되었고, 홍콩은 남해군 번우(番禺)현에 속했다. 한대에는 남월(南越)이 건국되어 소금·철·술 전매 정책이 실시되었고, 번우에 소금을 관장하는 염관(鹽官)이 주재했다. 홍콩 지방은 염업 기지의 하나로서 염관의 관리하에 있었다. 위진(魏晉) 남북조(南北朝) 시대에는 대량의 중원 사람들이 전란을 피해 황하 유역에서 장강 유역이나 오늘날 광동성의 주강 유역까지 이주를 했다. 월(越)과 한(漢) 문화의 관계에 대한 전시실의 설명은 아래와 같다.

월(越)과 한(漢)문화의 융합 Assimilation of Yue to Han Culture

진시황이 중국을 통일한 후, 영남 지역은 제국의 판도 내로 편입되었고, 중원 인민은 대량으로 남하하여 중원의 **선진적인 한(漢) 문화**를 영남으로 가지고 와서, 월(越) 문화에 지극히 큰 영향을 주었다. 영남의 정치·경제·사회·문화 등 각 방면에 근본적인 변화를 가져왔다. 진(秦)나라 말기에 천하가 크게 어지러워 남해 위(尉) 조타(趙佗)가 기회를 틈타 남월국(南越國)을 건립하여 영남 지역을 통치하였으며, 민족 화합 정책을 추진하고, 한월(漢越) 통혼을 장려하였다. 그래서 영남은 월·한(漢) 민족, 남월 문화와 한 문화 대융합의 신 단계에 진입했다. 한 무제(武帝)가 남월국을 평정하고, 영남은 한 제국의 통치 아래로 들어갔다. 월 문화는 **강대하고 선진적인 한 문화**에 점차 동화되었다. 서한(西漢) 말년에 이르러 **월 문화는 사라졌다.**

대중국의 측면에서 진시황이 중국을 '통일'하였다는 사실은 중요하고, 그때부터 영남 지역이 이미 제국의 판도 내로 '편입'되었다는 사실은 자랑스럽다. 주지하다시피 제국의 안과 밖의 차이는 너무도 극명하여 제국의 바깥은 '오랑캐'의 영역일 수밖에 없다. 이어서 등장하는 '강대하고' '선진적'이고 '우월한' 등의 어휘처럼 민족을 수식하는 형용사로서 손색없는 것도 드물다. 따라서 타자는 언제나 '약소하고' '후진적'이고 '열등한' 그 무엇이 분명하니, 강자인 이쪽으로 오지 않으면 곧 사라질 운명인 것이다. 실제로 남쪽의 문화인 월 문화는 한 문화에 점차 '동화'되고 '사라졌다'고 기술하고 있다. 그렇게 해서 영남지역은 제국의 판도 내로 편입되었다는 것이다. 따라서 민족은 국가와 국민을 생산하는 가장 강력한 기술인 것처럼 보인다. 이런 점을 보면 아파두라이가 왜 영토를 가진 국가의 이념적 알리바이인 민족은 민족적 전체주의가 기댈 수 있는 최후의 은신처[39]라고 경고하는지 알 수 있다.

당대 8세기 이후 해운이 발달하여 광주는 중국 수출입의 주요 항구인 동시에 세계적으로 유명한 항구가 되었다. 홍콩 지방의 둔문(屯門)은 광주의 외항으로 군이 주둔하여 내왕하는 선박을 보호했다는 설명이다. 특히 주목할 만한 설명은 송원(宋元) 대에 북방 소수 민족이 장기 남침하여 중원과 강남지역을 심각하게 파괴하고 백성들이 남쪽으로 이주하였는데, 부분적으로는 영남 지방까지 들어왔다는 것이다. 북방의 소수민족을 이미 중원과는 전혀 관련이 없는 타자로 규정한 상태에서 '그들' 때문에 '우리'가 밀려서 남쪽으로 들어오게 된 것이다. 따라서 '우리'는 홍콩지방을 포함한 영남지방의 자연스런 주인이 된다. 전형적인 중원 중심의 시각으로 이주 관계를 설명하고 있다. 그런 의미에

39) 아르준 아파두라이, 앞의 책, 276쪽.

서 아래 설명은 한족 중심의 사고를 현현하고 있는 대표적인 문장이라고 할 수 있다.

『'홍콩 스토리' 상설전시 학습 자료』에 유치원 학생에게 민속 문화를 소개하는 제요가 있다. "어린이 여러분, 홍콩은 중국의 일부분입니다. 홍콩 거주민 대다수가 중국인(華人)입니다. 홍콩의 조기 거주민으로는 현지인(本地人) · 수상인(水上人) · 객가인(客家人) · 복로인(福佬人)이 있습니다."(4-17) 또 사당의 기능에 대해 설명하면서 조상의 제례를 정중하게 받드는 것이 '중국인의 전통미덕'(4-4)이라고 하는 것이다. 두웨이밍杜維明은 우리 중국인이 이해하는 중국과 다른 사람이 이해하는 중국은 매우 다르다고 하면서, 다른 사람이 우리를 어떻게 이해하는지를 알수록 우리에게 좋은 점이 많아진다고 했다. 그는 이밖에 또 천조대국(天朝大國)이라는 중심사상을 절대 타파해야 한다고 충고한 바 있다.[40] '홍콩 스토리'의 자연 생태 환경을 소개하는 서문을 보면 홍콩을 중국의 그 무엇과 연결하기 위해 매우 애쓰는 모습을 볼 수 있다.

서문 Introduction

홍콩은 **중국 남해의 해안, 주강 삼각주의 동쪽 국경 지방에 위치**하고 있으며, 고고학 자료에 따르면 **홍콩은 중국 각지와 마찬가지로 유구한 역사 문화가 있다. 신석기 시대 중기, 기원전 약 4천 년-기원전 2천 5백 년, 이곳에서 이미 인류가 거주하여 홍콩 여러 곳에 그들의 생활 유적이 남아 있다. 신석기 시대 말기, 기원전 약 2천 5백 년-기원전 1천 5백 년, 선민의 활동 범위가 더욱 넓어졌다. 그들이 남긴 유적과 유물은 홍콩 선민의 생활 양상을 보여주는 것 외에, 본 지역 역사 전 시기 문화와 화남 지역의 고 월족 문화가 기본적으로 일치**하는 것을 반영하여, 고고학자들은 본 지역

40) 杜維明, 「在多元背景下傳揚儒家文化-專訪杜維明教授」, 『明報月刊』, 2008, 61쪽.

선민이 고 월족의 한 갈래에 속한다고 믿는다.

중등학생을 대상으로 하는 참고자료에는 고분 속 벽돌 문양을 설명하면서 '아름다움을 사랑하는 민족'(3-10)이라고 하거나, 연초에 행동이나 말을 조심하는 풍속은 '행복에 대한 중국인의 추구와 갈망을 반영하는'(4-60) 것이라고 한다. 중국은 대대로 '예의지방(禮儀之邦)'으로 세계에 알려져 있다(4-69)는 설명이 있다. 사실 '예의의 고장'이라거나 '예의의 나라'라는 타이틀이 없는 지역이 있을까 싶다. 그만큼 보편적인 의미인데, 바꾸어 말하면 '살기 좋은 우리나라'와 같은 공허한 수식어에 불과하다. 버틀러는 엄밀한 의미에서 민족주의와 무관한 소속양식이란 존재할 수 있을까[41]라는 질문으로 그 존재의 어려움에 대해서 공감을 표시한다. 그런 의미에서 본다면 '홍콩 스토리'의 전시 과정에 뜬금없이 등장하는 중국의 종족에 대한 설명문은 그다지 이상하지 않다. 이른바 '중국'은 이렇게 노골적으로 관람객에게 다가온다.

종족과 친족 Clans and Lineage

중국 종족은 부계로 후계를 잇는 것이 원칙이며, 남성이 중심이 되는 혈연관계 조직이다. '족보', '사당', '문중 재산'은 종족 기초를 공고히 하는 중요한 지주이다. 종족 구성은 '방(房)'의 개념으로 설명할 수 있다. 모든 아들은 그 부친에 대해 하나의 방이 된다. 장남은 장방이 되고, 차남은 차방이 된다. 모든 방은 각자의 가정 또는 종족으로 파생할 수 있고, 종족은 분방을 통해 부단히 밖으로 확장한다. 하지만 족인은 여전히 방의 맥락으로부터 상호관계를 찾는다.

---

41) 주디스 버틀러 · 가야트리 스피박의 대담, 주해연 옮김, 『누가 민족국가를 노래하는가』(산책자, 2008), 51쪽.

또 결혼을 소개하는 다른 설명서에는 결혼식이 가을이나 세밑의 농한 시절에 거행되었고, 혼전의 상두(上頭)의식은 남녀 쌍방이 이미 성인 단계에 진입하였음을 상징한다는 내용이 보인다. 머리의 어떤 장식으로 성인이 된다는 것을 표시하는 행위는 한국을 포함한 전 세계 대부분 커뮤니티의 습속이기에, 그 고유성을 주장하기에는 매우 약한 단계의 표식이라고 할 수밖에 없다. 종교의식을 설명하는 설명서에는 "중국인은 신종추원(愼終追遠)을 중시"해서 조상의 신위를 모시고 청명 및 중양에 성묘를 한다고 했다. 감히 '조상의 장례를 엄숙히 하고, 조상의 제사를 정성스레 올린다.'는 전통에서 자유로운 종족이 얼마나 있겠는가!

우리가 인지하고 있는 기존의 결론들 즉 중국의 민족주의 성향이 홍콩의 본토주의는 공업화라고 할 때, 그 속에 이미 차별과 지배의 거대한 관념체계가 존재할지도 모른다. 뿌리가 없는 홍콩이라서 뿌리가 필요하다는 식으로 말이다. 20세기에 와서 민족주의가 권위주의 정권 및 독재체제 그리고 산업화의 이념적 동력이 되었다는[42] 권혁범의 지적은 주권 이양 이전이나 최근의 중국-홍콩 양자 관계에서 다시 증명되고 있다. 권위주의적 중국이 탈권위를 지향하는 홍콩을 포섭하기 위해 민족주의를 부활시킨 것이다. 결론적으로 중국 민족주의는 혈통 문화 중심으로 전개되는데, 변경을 중심으로 이주민을 전입시키고자 하는 것이 그것의 총체이다. 본 연구는 그동안 중국의 타자로서 홍콩이 구축해온 홍콩 가치의 방어 기제를 찾아내는 것이다. 즉 민족주의가 지배적으로 작동하는 기제 속에서 살아남은 '홍콩다움'을 찾아내는 것이다. 그래서 홍콩이 자신의 정체성을 향해 달려온 과정이 얼마나 중요한 과정이며, 중원 중심주의는 얼마나 집요하고도 강고한 형태로 민족 정서의 공유를 원하고 있는지를 밝히게 될 것이다.

---

42) 권혁범, 앞의 책, 70쪽.

3. 탈본토와 정치문화

1) 아편전쟁

제5전시실: 아편전쟁 및 홍콩의 할양

원래 아편전쟁 전시실의 독립은 계획되지 않았다. 하지만 시정국 박물관위원회에 소속된 일부 의원의 비판을 받고 확대·개편된 것이다. '홍콩 스토리'에 대한 설계와 내용이 이미 박물관위원회를 통과했음에도 불구하고, 일부 의원의 문제 제기로 다시 회의가 개최되었다. 그들은 홍콩 근현대사 쪽에 아편전쟁과 주권 반환이라는 두 개의 중요한 사건에 대해 보강하기로 대체로 인식을 같이했다는 것이다. 동시에 강화된 부분은 '97' 주권 반환이었고, 손문과 신해혁명 부분이 보강되었던 것이다.[43] 민족보다는 인간을 생각하자는 르낭에 의하면,

43) 「新博物館內容起爭議」, 『大公報』, 1998年 1月 16日字: 「誰是博物館專家」, 『信報』,

한 민족은 다른 민족의 억압을 받을 때에만 자신에 대해서 자각하게 된다.[44] 근대 민족 이론을 주창한 르낭이 민족성의 원칙으로 강조하고 있는 '지역 구성원들의 소속 의지'를 두고, (…) 신행선은 르낭식 민족주의는 과거(공통의 유산, 추억)와 현재(세습적으로 이어져온 공통의 유산을 계속해서 간직하며 함께 살려는 의지) 모두 긍정적으로 받아들이고 있다고 보았다.[45]

차이룽팡에 의하면, 근대 중국의 '애국주의적 역사학'의 기원은 아편전쟁에 있다. 그는 일부 역사학자가 현실적인 '근거'에서 이탈하여 국가 사회의 급박한 문제를 연구하는 데 그것을 이용했다고 보는데, 공자진龔自珍의 『존사(尊史)』와 『고사구침론(古史鉤沉論)』, 위원魏源의 『성무기(聖武記)』와 『해국도지(海國圖誌)』가 구국 역사학의 새로운 분위기를 개창했다는 것이다. 이로부터 '애국주의적 역사학'이 대세를 이루게 되었다고 주장하고 있다.[46] 차이룽팡은 그 전형으로 "민족 단결과 조국 통일의 역사를 중시하고, 외세의 위협에 절대 굴복하지 않는 아국 각 민족의 자랑스러운 전통을 찬양해야 한다."는 내용, 그리고 "중국 인민의 반침략 투쟁을 칭송 (…) 죽음을 초개와 같이 여기면서 조국을 보위하는 애국 장병의 민족 기질" 등을 들고 있다.[47] 이렇게 본다면 박물관위원회에서 아편전쟁과 관련하여 확대개편을 주장한 의원은 애국주의 역사학의 시각으로 무장된 친중국 성향이 분명하다.

1998年 1月 16日字 참조.

44) 에르네스트 르낭, 신행선 옮김, 『민족이란 무엇인가』(책세상, 2008), 21쪽.

45) 에르네스트 르낭, 앞의 책, 11쪽.

46) 蔡榮芳, 『香港人之香港史 1841-1945』(Hong Kong: Oxford, 2001), 276쪽.

47) 周朝民, 「鴉片戰爭與中國近代愛國主義史學」, 『華東師範大學學報』(哲學社會科學版), 1993年 第二期, 59-64쪽. 王濤, 「對近代中國愛國主義的新討論」, 『人文雜誌』(西安), 1999年 第一期, 118쪽. 蔡榮芳, 『香港人之香港史 1841-1945』(Hong Kong: Oxford, 2001), 276쪽에서 재인용.

일찍이 마오쩌둥毛澤東은 "아편전쟁은 중국 인민들이 제국주의자들에 대항해온 끊임없는 투쟁을 대표"[48]한다고 했다. 그렇게 본다면 국가나 정권의 정통성 확인을 위해 아편전쟁만큼 훌륭한 소재도 드물다 할 것이다. 실제로 최근까지도 아편전쟁은 자주 영화화되어 애국주의 선양에 지대한 공헌을 하고 있다.[49] 실제적으로 홍콩역사박물관의 스토리텔링을 알기 위한 과정은 다섯 번째 전시실부터 시작된다고 해도 과언이 아니다. '아편전쟁과 홍콩의 할양'이라는 타이틀인데, 설명서에는 제1차 아편전쟁에서 패한 후 중국이 영국에게 홍콩을 할양한 것이 '홍콩 역사의 분수령'이라고 되어 있다. 다큐멘터리가 상영되고 있는 소극장 입구의 설명문도 아편전쟁의 중요성을 이렇게 서술하고 있다.

무역에서 전쟁까지 From Trade to War

1498년 포르투갈인이 동쪽으로 온 뒤부터 1840년 아편전쟁이 폭발하기까지, 3개 반세기에 걸친 상전벽해의 역사는, 우호적인 무역에서 어떻게 해서 점차 문제가 발생하여, 최종적으로 전쟁이 발생하였는지에 대한 동서관계를 말해준다. **아편전쟁은 홍콩 역사의 전환점인바**, 홍콩이 할양되고, 중국 신안현(新安縣)의 관리에서 벗어나, 정말 **보잘것없던 농어촌에서 영국의 식민지로 변천했다**. 그 후 백 년 동안 몇 번이나 탈바꿈하여 수많은 변화를 경험했다. 관중은 이 필름을 통하여 예전 역사를 조금이나마 복습할 수 있을 것이다.

---

48) Mao, Mao Zedong Xuanji, vol.Ⅱ, pp. 626-632쪽. 정양원(鄭揚文), 공원국 옮김, 『중국을 뒤흔든 아편의 역사』(에코리브르, 2009), 176쪽에서 재인용.

49) 1997년 홍콩 반환 시기에 리메이크된 영화 『아편전쟁』에 대해 정양원은 주목하고 있다. 2008년 겨울, 두 달 정도 중국에 체류했던 나는 중국의 대학가에서 그 영화가 여전히 상영되고 있는 현실을 확인할 수 있었다.

내용에서 우리가 놓칠 수 없는 부분은 "정말 보잘것없던 농어촌" 이라는 말이다. '홍콩 스토리'의 개관식에서도 정부를 대표한 청인 취안은 "적막하고 이름이 없는 어항"에서 "세계적으로 유명한 대도회이자 국제 금융 센터"로 "태변(蛻變)"하였다는 축사를 했다. '태(蛻)'는 뱀이나 매미 따위가 허물을 벗는 동작이나 그 허물을 가리킨다. 그래서 '태변'은 사람이나 사물이 변화하거나 탈바꿈하는 것이다. "적막하고 이름이 없는 어항"의 원어는 "적적무명적어항寂寂無名的漁港"이다. "적적寂寂"을 한어대사전(漢語大詞典)에서는 '적정무성모寂靜無聲貌'로 또 '고단孤單; 냉락冷落' 또 '유초초猶悄悄' 등 세 가지로 풀이하고 있다. 각각 '고요하고 (적막하고) 소리가 없는 모양' 또 '외롭다; 쓸쓸하다', '조용하다'로 번역할 수 있겠다. 그러니까 '외로울 정도로 조용한 상태'를 표현한다고 보이는데, 당시 홍콩이 외로울 정도로 적막했다는 것이다. 당시 홍콩의 '외로운' 상황에 대한 부정적인 정의를 내리고 있는 것이 사실이다. 그렇게 표현해야 현재 대도시로 성장한 홍콩이 긍정적이고도 자랑스러운 공간이 되는 것이다. 적막한 어촌에서 세계적인 대도시로 '태변'한 홍콩은 그래서 대단히 자랑스럽다는 것이다.

이 전시실은 아편전쟁의 발발 · 경과 · 영향을 소개하고 있을 뿐만 아니라, 포르투갈의 지배를 받는 마카오 · 청말 공무역을 주도했던 광주의 13행 그리고 조기 중국-영국 관계에 대해 자세하게 설명하고 있다. 구룡 반도를 할양하고 신계를 빌려주는 전후사정이 포함됨은 물론이다. 당시 호문(虎門)포대에서 청나라 군대가 영국군을 방어하는 장면을 입체 조형물로 보여주고 있다. 이것은 홍콩 자신의 정체성을 강력하게 상징하는 일종의 간판이라고 할 수 있는데, 침략에 대한 방어라는 메시지가 정확하게 노정되고 있기 때문이다.

여기에서 아편전쟁의 발발 원인과 전개 과정에 대해 약간의 지면을 할애하는 것이 좋을 듯하다.[50] 우선 중국 민족주의의 입장에서 스토리를 풀어보자. 사실 애국주의 역사학의 시각은 중국은 물론 한국 학계에까지 매우 큰 영향을 미치고 있다. 주지하다시피 중국이 철저하게 피해자라는 입장이 그것인데, 원형의 민족주의 냄새가 과도하게 풍기는 스토리이다. 아마도 아시아 전체가 서구의 피해자라는 동류의식의 발로이거나 한국 역사학계가 중국 민족주의의 영향을 크게 받고 있거나 누군가의 이해관계에 의해서 민족주의가 전파되고 있는 것이 아닐까 하는 의심이 들 정도로 심각하다.

최근 아편전쟁에 대해 다양하고도 심도 있는 시각의 논저가 나오고 있다. 한국에도 소개된 『중국을 뒤흔든 아편의 역사』[51]는 제국주의 침략의 구실로서 발생한 것이 아닌 중국 국내 아편의 역사 속에서 발생

'홍콩 스토리', 아편의 해독성을 알리는 그림

50) 아편전쟁 스토리에 대해서는 졸저 『홍콩-천 가지 표정의 도시』(살림, 2010)에서 일부 참조하기로 한다. 3쇄의 내용은 2008년 7월 1쇄의 그것과 크게 다르지 않는데, 2010년까지만 해도 아편전쟁에 대해 나는 기본적으로 중국이 피해자라는 인식의 지배를 받고 있었다.

51) 정양원, 앞의 책.

한 전쟁이라는 측면에서 아편전쟁을 서술하고 있다. 정양원은 아편이 15세기부터 중국에서 상류층이 피울 교양과 세련의 상징으로 인식되다가, 하류층까지 확대되면서 주류에 의해 범죄행위로 매도당하는 과정을 통해 아편의 역사를 입증하고 있다. 푸코의 시각으로부터 도움을 받고 있는 것으로 보이는데, 권력과 애국주의에 의해 악용되고 있는 아편을 보는 시각이 참신하다.

아편전쟁이 일어나기 최소한 15년 전에 헤겔은 영국이 중국을 정복하는 것은 불가피하고도 필요한 일이라는 점을 지나가듯이 언급한 바 있다.[52] 두아라에 따르면 민족은 비민족을 파괴하고 계몽을 가져다줄 권리를 갖는다. 따라서 민족은 제국이 될 수 있고, 이런 측면에서 헤겔의 주장 즉 영국이 중국을 정복하는 것은 불가피하고도 필요한 일이라는 점을 이해할 수 있다.[53] 가장 진보적인 생각의 소유자처럼 보이는 마르크스조차 아편의 인종주의적 단상에 사로잡힌 적이 있다. 중국인의 아편중독에 대해 그는 "역사가 중국인들을 유전적인 멍청함으로부터 각성시키기 전에 우선 전체 중국인들을 아편쟁이로 만든 것처럼 보인다."[54]고 했다. 마르크스의 이 언설은 당시 유럽 전체가 인종주의적 발상에 빠져 있음을 보여주는 동시에 중국에서 아편의 대중성을 확인해주기도 하는 것이다. 인도 사회에는 역사가 없다고 한 마르크스의 말처럼 홍콩에 대한 지금 이 순간 중원 중심주의자들의 생각도 유사하지 않을까!

다섯 번째 전시실의 아편무역 타이틀의 설명은 아래와 같다. 상술한 바와 마찬가지로 중국이 순전히 피해자의 입장이라는 논지이다.

---

52) 프라센지트 두아라, 문명기 · 손승희 옮김, 『민족으로부터 역사를 구출하기-근대 중국의 새로운 해석』(삼인, 2006), 46쪽.

53) 프라센지트 두아라, 앞의 책, 47쪽.

54) (마르크스, 1853[14 June], 85) 프라센지트 두아라, 앞의 책, 326쪽에서 재인용.

아편무역 The Opium Trade

중국에서 생산되는 차에 대한 영국인의 수요가 지극히 많은 반면에, 영국 상품은 중국인의 환영을 받지 못했다. 따라서 조기 중국-영국 간 무역에서 영국은 늘 수입 초과 국면에 처해 있었다. 무역역조를 만회하기 위하여, 영국은 인도에서 광범위하게 아편을 재배하여 중국에 투매했다. 이익이 풍성하였기에 아편의 수입은 해마다 증가하여, 19세기 초 매년 평균 4천여 상자에서 1938년에는 약 3만 5천여 상자로 증가하였다. 중국-영국 무역의 역조는 완전히 만회되었고, 중국은 장기 수출 초과에서 수입 초과로 전환되어, 은이 대량으로 유출되었다. 당시 아편을 흡연하는 악습은 전국을 석권하여 아편을 피우는 사람 수가 1천만 명에 달하였고, 중국의 경제 및 민생에 지극히 심각한 손해를 주었다.

서방 식민주의의 침략이라는 중국 민족주의의 시각에서 아편전쟁 전후 맥락을 살펴보면 아래와 같다. 13세기 경 중국에 전래된 아편은 2년생 식물인 양귀비의 덜 익은 열매에 상처를 내서 나오는 진액을 건조시

켜 만든다. 중국에서는 17세기부터 그것을 흡연하기 시작했고, 아편 풍조가 날로 확산되자 1729년에 정부가 금지령을 내렸다. 중국인들의 아편흡연이 다시 문제가 된 것은 영국 상인의 아편 수출이 성공한 19세기에 들어서면서부터였다. 일찍이 1637년부터 영국은 중국과 통상을 하기 시작했다. 하지만 2세기에 걸친 1820년대까지 영국은 무역적자를 기록하고 있었다. 당시 중국차와 도자기 · 비단 등은 영국을 비롯한 유럽 상류사회에서 크게 인기를 얻고 있었다. 중국 상품에 대한 유럽인의 기호는 거의 절대적이어서 무역 불균형은 도무지 시정이 되지 않았다. 영국이 거대한 영토의 인도를 식민지로 삼은 것이 그즈음이었다. 영국은 인도를 점령한 후, 광대한 영토와 풍부한 노동력을 활용하여 양귀비를 재배하였다.

정양원鄭揚文은 관료들에 의한 역사 서술에 반감을 드러내고 있다. 그에 의하면, "정부로부터 제공받는 금지론 성향의 자료를 무의식적 혹은 의식적으로 사용한 역사가들은 아편을 힐난함으로써 편견이 개입된 공식적인 견해를 영속시켰다."[55] 역사가 누군가에 의해 의도적으로 또는 비의도적으로 왜곡되는 일은 병가의 상사이니, 아편에 대한 역사의 왜곡도 예외는 아니다. 아편에 대한 탈식민지적 서사야말로 너무나 오랫동안 그리고 강력하게 전해 내려온 것이기에 그 뿌리의 깊이와 넓이는 우리의 상상을 초월하는 것이다. 그는 아편이 이미 15세기경부터 중국 상류층에서 치료 등의 용도로 광범위하게 사용되고 있었음을 역설하고 있다. 그는 아편이 그동안 제국주의적 아이콘으로 작동해왔다

55) 정양원, 앞의 책, 21쪽. 아편의 남용이 순전히 영국 제국주의자의 책임이라는 것을 시시각각 상기하고 있던 나에게 이 관점은 큰 충격을 주었고, 모든 아이콘에 대한 의문을 가져야 한다는 문제의식을 더욱 공고히 해주었다. 하지만 여전히 내 의식 속에서 거침없이 작용하고 있을 주류 담론의 영향이나 이데올로기적 세뇌의 장악력이 얼마나 강력한지는 누구도 모를 일이다.

고 주장한다. 그런 측면에서 '홍콩 스토리'는 아편의 제국주의적 의미를 홍콩인에게 영속적으로 정착시키는 중요한 기제인 것이다.

사실 중국인들이 아편을 피운 것은 이미 청대 이전에도 있었던 일이다. 특히 아열대기후에 속한 남쪽 지방에서는 말라리아 같은 질병치료제로 이용되기도 하였다. 하지만 중국인의 아편 흡연이 본격적으로 문제가 된 것은 19세기에 들어서면서부터였다. 아편 밀무역으로 영국의 무역역조는 단번에 해결되었고, 이후 아편은 영국정부의 중요한 재정 수입원이 되었다. 그 과정에서 영국은 아편 보관을 위한 최상의 중간 기착지로 수심이 깊어서 선박의 접안이 쉬운 홍콩에 주목하였던 것이다.

아편의 대량 유입은 중국 사회 전체를 아편중독으로 몰고 갔다. 뿐만 아니라 화폐의 기본단위인 은의 대량 유출은 심각한 경기침체 그리고 국가 재정의 위기를 가져왔다는 것이다. 이런 시각에 대해 정양원은 정면으로 반박하는데, "아무리 어마어마한 양이 유출되었다 해도 그것은 은을 소유한 사람들에게서 나온 것이지 동전을 쓰는 사람들에게서 나온 것은 아니었다."[56]고 한다. 청 정부는 그동안 몇 차례의 아편 금지령을 내렸으나 영국 상인들의 이익 추구와 중국 측 기득권자들 때문에 전혀 효력이 없었다. 이 때문에 상황은 정부가 과감한 조치를 취하지 않을 수 없는 정도로 심각해지고 있었다. 당시 중국으로 유입되던 아편 수입량을 보면 그 피해 정도를 짐작할 수 있다. 매년 2-3백 상자(1상자 60킬로그램)가 넘지 않던 것이 영국의 동인도 회사가 아편 전매권을 장악한 1773년부터 1천 상자가 수입되기 시작했다. 1790년 5천 상자가 1833년에는 2만 상자로 증가했고, 아편전쟁 발발 직전인 1838년에는 2만 8천 상자가 수입되었다.

한편, 당시 상황을 다르게 보는 입장을 살펴보자. 캠브리지 대학의

---

56) 정양원, 앞의 책, 159쪽.

벤(Hans van de Ven)은 "당시 이미 공업 단계에 진입한 영국과 비교해 볼 때, 중국 경제는 낙후되었고, 중국 경제 낙후의 배경은 국내 기의(起義)를 진압한 군사 행동의 영향과 대외 무역에서 발생한 은의 대량 유출에 있었다."고 주장한다. 또 영국 런던정경대학의 휴스(Christopher R. Hughes)는 "당시 자유 무역을 요구하는 등 우리는 합리적인 요구를 하고 있었다고 생각했다. 하지만 중국 정부로부터 거절당했는데, 어쨌든 영국은 이미 국내 시장에 만족하지 못하고 있었다."[57]고 했다. 예일대학의 스펜스(Jonathan D. Spence)는 "당시 영국은 불안과 침략의 상태에 처해 있었는데, 반면에 중국은 황제를 포함해서 모두 자만적인 정서에 빠져 있었다."는 시각을 보유하고 있다.

중국인민대학의 황싱타오黃興濤는 "청 정부의 최고 통치자는 서방이라는 외부 세계에 대해 그렇게 큰 관심이 없었다." 그리고 "당시 중국인은 서방에 대해서 완전히 무지했고, 이해하지 못하고 있었다."[58]고 지적한다. 이어서 황싱타오는 당시 중국이 영국에 대해 잘 모르고 있었던 반면에 영국은 전도사나 통상요구 사절단을 통해 중국을 잘 알고 있었다는 점을 강조하고 있다.[59] 적어도 정당한 국제시장을 배척해서, 정치적으로 역공을 당할 수밖에 없었다는 주장이다. 아편 수입량의 급증에 참다못한 청나라 정부는 그동안 일관되게 아편금지를 주장해온 호광총독(湖廣總督) 임칙서를 황제의 전권을 행사하는 흠차대신으로 임명하여 광주로 파견하였다. 1839년 1월에 도착한 그는 9일 만에 아편 무역의 금지와 몰수를 명한다. 지금까지 민족의 자존심으로 추앙받는 임칙서는 그해 4월 영국 상인 등이 가지고 있던 아편 2만 상자를 폐기한다.

---

57) 中央電視台, 『復興之路』 節目組 編著, 『復興之路』(中國民主法制出版社, 2008), 18쪽.

58) 中央電視台, 앞의 책, 21쪽.

59) 中央電視台, 앞의 책, 22쪽.

아편전쟁 전시실은 '홍콩 스토리' 후반부에서 가장 넓은 공간을 차지하고 있다. 그 공간의 크기나 위용으로 볼 때, 신성불가침이어서 내용에 대한 의심이나 반박은 절대 용납되지 않을 것처럼 보인다. 나는 최근 광동성의 아편전쟁기념박물관 등 중국의 근대사 관련 박물관에서 일률적으로 임칙서를 신격화하고 있음을 확인할 수 있었다.

아편전쟁 전시실 중앙에는 임칙서 동상이 대단히 늠름하면서도 위엄 있는 모습으로 관람객을 꾸짖듯이 내려 보고 있다. 임칙서 동상의 자세나 인상을 바라보고 있으면 '그들이' 임칙서를 얼마나 자랑스러워하는지를 알 수 있다. 동상의 위용으로 볼 때 단지 동상이 박물관 내부에서만 전시되고 있는 현실이 안타까울 뿐이다.[60] 향후 홍콩인의 국민

60) 실제 홍콩 석고주(石鼓洲)의 '마약중독치료소(戒毒所)'에는 임칙서의 '신상(神像)'이 세워져 있는데, 장기적으로 중독자들의 숭배를 받고 있다.

화 작업 과정에서 필요할 경우, 대한민국을 상징하는 공간인 광화문에 자리 잡은 이순신 장군의 동상처럼 임칙서 동상이 언제든지 홍콩의 시내 한복판의 빅토리아 공원이나 홍콩은행 본점 앞에 들어설 수도 있을 것이다.

임칙서 Commissioner Lin Zexu

임칙서는 1785년 복건(福建) 후관(侯官, 지금의 복주시福州市)에서 태어나서, 4세부터 부친으로부터 배우기 시작하여, 27세에 진사에 급제하여 관리의 길로 들어섰다. 이후 30여 년 만에 호광총독이라는 고위직에 올랐다. 청렴결백하고, 처사가 진지하여, 아편 금지를 결심한 도광제에 의해 흠차대신에 임명되었다. 1839년 광주에 부임하여, **과감하게 전면적으로** 아편을 금지했다.

주화파 기선琦善에 비해 주전파 임칙서는 역사 속 인물들의 대우가 대부분 그렇듯이 주전파이기에 긍정적인 영웅으로 남아 있다. 마르크스주의 역사학자 후성胡繩, 판원란範文瀾 등은 기선을 비판하고 임칙서를 높이 평가한다. 특히 1949년 중화인민공화국 건국과 동시에 임칙서에 대한 평가는 확실하게 드높여졌다. 즉 재능 있고, 개명하고, 비교적

청렴한 봉건 정치가이자, 아편을 엄금하고 영국에 끝까지 대항한 애국주의자이자 근대적인 눈을 크게 뜨고 세계를 바라본 첫 번째 사람이라는 식이 대세적인 평가였다.[61] 이에 대한 뤄야오주羅耀九, 정젠순鄭劍順, 황옌펑黃岩峰 등의 평가는 완전히 상반된다. 기본적으로 그의 조치가 너무 조급해서 적절하지 않았다는 것이고, 당시 전국적으로 아편 흡연자는 많게 잡아도 일백만 명이 되지 않았고, 계급 갈등이 국내 주요 갈등이 되지 못한 상황에서 금연을 수위에 놓았다는 사실은 전략상의 과오였다는 것이다. 중영담판에서 임칙서는 범인 인도와 아편금지, 그리고 수입 무역 회복 세 개 문제를 무리하게 밀어붙여 담판을 끝내 결렬시켰고, 전쟁을 미루어 해상 전투를 대비할 시간을 벌지 못하여 역사적인 비극을 초래했다는 것이다.[62]

임칙서에 대한 황옌펑의 평가는 매우 냉정하다. 영국과의 전쟁에서 의지가 매우 확고했고, 민족 주권과 민족의 존엄을 지키기 위해 침략자 영국에 대해 단호하게 대응한 점을 높게 평가한 반면, 외교적 책략이 부족했고, 아군과 적군에 대한 평가가 정확하지 못했으며, 작은 문제에 지나치게 집착함으로서 갈등을 격화시켰다는 것이다.[63] 한마디로 임칙서는 주화파이기보다는 주전파의 길을 택한 사람이다. 역사적으로 볼 때, 비운의 주전파라는 아이콘은 민족주의 선동의 최전선에 기용되어왔다. 그런 각도에서 임칙서만 한 자격과 가치의 기호는 매우 드물다. 민족주의 고양의 최고 아이콘으로 만들기에 가장 완벽한 자격의 소유자인 것이다. 따라서 '홍콩 스토리'에서 임칙서를 포함하여 아편전쟁은 모두 낭만적으로 스토리텔링되고 있는바, 특히 전쟁의 발발원인으

61) 方敏 等, 『二十世紀中國學術論辯書系-中國歷史人物硏究論辯』(百花洲文藝出版社, 2004), 221쪽.

62) 方敏 等, 앞의 책, 225쪽.

63) 方敏 等, 앞의 책, 225쪽.

로 외래의 침략만을 지나치게 부각시키는 방법을 사용하고 있으며, 내부적 문제점을 찾는 방식을 포기하고 있다.

한편, 위기에 빠진 영국 상인들은 이익의 고수를 위해 정치인을 움직였고, 1840년 8월 상인들의 요구에 영국 의회는 271 대 262라는 간발의 표차로 전쟁을 승인했다. 1840년 영국은 군함 40여 척에 1만여 명의 군인을 동원하여 중국을 공격하였다. 이 상황에 대해 전시실의 설명문은 아래와 같다.

제1차 아편전쟁 폭발 Outbreak of the First Opium War

1839년 10월 영국 국회는 격렬한 논쟁을 거친 후, 극히 미세한 표차로 대중국 전쟁을 승인했다. 1840년 6월 하순, 영국 함대가 중국에 도착하여, 북으로 주산군도(舟山群島)의 주요 도시 정해(定海)를 공격하고, 8월 중순 백하구(白河口)에 도착하여, 수도에 바짝 접근했다. 청 정부는 크게 놀랐고, 도광(道光) 황제 입장이 동요하여, 즉시 임칙서를 해임하고, 그와 동시에 기선을 파견하여 담판했다. 기선과 엘리엇은 수차례의 담판을 한 후, 천비초약(穿鼻草約)을 기초했다. 하지만 체결되지 못했고, 끝내 양국 정부도 받아들이지 않았다. 1841년 2월 하순, 영국군이 다시 주장 연안을 공격하고, 5월 광주를 함락했다.

그들은 임칙서가 이미 전쟁대비를 하고 있던 광동성을 피하여 연해로 북상하여 하문(廈門) · 영파(寧波) 등을 공격하였다. 전쟁의 결과에 쌍방 모두가 놀랐다. 중국의 무기력함에 영국이 놀랐고 영국 신무기의 위력에 중국이 놀랐다. 그래서 도광제는 즉시 임칙서를 해임하여 영국 측에게 성의를 보인 후 화평을 제의했다. 하지만 직예총독 기선이 홍콩 할양과 아편 배상을 약속하자 격노하여 기선을 체포하고 재차 전쟁을 명령했다. 다시 전개된 전쟁에서도 중국 정규군과 각 지역에서 오직 애국심 하나로 분연히 일어섰던 의병들 역시 영국군의 적수는 되지 못했다. 전쟁이라고 볼 수도 없는 일방적 학살은 중국정부의 무조건 항복으로 끝을 맺었다. 그 상황에 대해 설명문은 이렇게 언급하고 있다.

중국-영국 군사력의 비교 Military Strengths of China and Britain

청조가 아편전쟁에서 실제 동원한 부대는 약 10만 명이었다. 영국 원정군이 가장 많을 때인 2만 명과 비교할 때, 표면적으로는 절대 우세를 점유한다. 하지만 중국-영국 무기와 장비를 비교해보면, 청 군대는 영국 군대의 **발밑에도 미치지 못했다**. 그중 가장 큰 차이는 군함이었다. 영국 군함은 항속이 빠르고, 기동성이 강하기로 이름이 드높았다. 대형 전함은 또 1백 2십 문의 대포를 장착할 수 있었다. 반대로 청 군대는 전함의 공격력은 매우 약했고, 해군 사령관의 실전 경험은 부족했으며, 무기조차 우수하지 못하여, 실로 영국 해군의 **적수가 될 수 없었다**.

홍콩해방박물관에
전시된 인물화

이 전쟁은 1842년 남경의 영국군함 위에서 종결된다. 아편전쟁은 1842년 8월 홍콩섬을 영국에게 영구히 할양하고 연안 5개 항구를 추가 개방한다는 『남경(南京)조약(Treaty of Nanking)』으로 일단 끝났다. 5백여 명의 사상자를 낸 영국 측에 비해, 2만여 명의 사상자를 낸 중국의 처참한 패배였다. 남경조약은 중국 근대사상 최초의 불평등조약인데, 아편 대금이 포함된 전비를 보상한다는 것과 홍콩 할양 등이 그 주요 내용이었다. 그 이듬해에는 광주, 복주(福州), 하문, 영파, 상해 등 5개 항구를 통상 창구로 개방하게 되었고, 영국 측은 영사 재판과 관세 권리까지 확보했다. 이 조약의 가장 큰 이슈는 홍콩섬을 영국에게 영원히 할양한다는 것이었다. 이후 전 세계로부터 종이호랑이로 낙인찍힌 중국은 오욕과 회한의 시간을 감수해야만 했다. 열강의 반식민지로 전락하는 것은 시간문제였던 것이다.

조약의 조건 대부분이 1844년에 프랑스나 미국과 조약을 체결할 때도 그대로 반복되었다. 무력을 동원한 영국정부의 요구 방식은 이후 서구열강의 대 중국 정책의 기본이 되었던 것이다. 이후 영국은 생각한 것처럼 자국의 상품수출이 증대되지도 않고, 북경에 외교공관을 개설할 수 없는데다, 선교활동의 자유도 확보하지 못하였음을 불만으로 품고 있었다. 고부응은 "전도사나 순교를 각오한 신부들이, 서구의 가치를 적극적으로 원주민 사회에 전파했음을 염두에 둔다면 식민지배의 양상은 크게 보아 원주민에 대한 서구의 이데올로기적 조작과 지배임을 알 수 있다."[64]고 지적했다.

이렇게 본다면 아편전쟁의 궁극적인 피해자임을 앞세우는 중국 민족주의의 입장을 이해할 수 있다. 영국은 조약 개정의 기회를 호시탐

64) 고부응, 『초민족 시대의 민족 정체성-식민주의 · 탈식민 이론 · 민족』(문학과지성사, 2002), 26쪽.

탐 엿보고 있던 차에 중국인 소유의 애로우호에 게양된 영국기가 그 빌미를 만들어주었다. 이 배에 아편이 은닉되어 있다는 혐의를 잡은 중국 관리가 선박 수색 중에 영국 국기를 모독했다는 것은 영국이 새로운 전쟁을 일으키기 위한 명분으로 삼기에 충분했다.

1856년 영국은 공동의 이해관계에 있던 프랑스와 연합하여 광주를 공격하였다. 영불 양국 연합군은 1차 아편전쟁보다 훨씬 더 잔인한 작전을 펼쳐 중국으로부터 기독교 전도 자유와 북부 항구 개항을 보장받는다. 이른바 『천진(天津) 조약』이다. 이 조약의 비준과정이 여의치 않자 1860년 영불은 다시 북경을 공격하였다. 조약의 조기 체결을 협박하고자 150년 역사의 원명원을 불태웠던 것도 이때였다. 영불양국은 『천진 조약』의 비준과 더불어 천진 개항, 중국 노동자의 출국, 구룡반도의 할양 등 혁혁한 전과의 『북경 조약』을 체결하였다.

1860년 이 『천진 조약』의 조기 집행을 요구하고자 북경으로 들이닥친 영불 연합군은 청 정부를 위협하기 위해 우선 원명원을 철저하게 파괴하고 수만 점의 유물을 약탈해 갔다. 유물 중 청동 12지상은 원명원의 시계 분수를 꾸미는 장식품이었다. 하여 전 세계 중국인과 중국 정부가 자존심 회복차원에서 나머지 동물 머리상의 행방을 추적하고 있다. 그리고 대내외적으로 열강의 잔학성을 홍보한다는 차원에서 현재까지도 원명원을 보수하지 않고 있다. 이렇게 아편전쟁만큼 애국주의를 환기시키는 데 좋은 아이템도 드물다.

1898년 영국은 프랑스가 광주만을 조차하자 그것이 홍콩의 안전을 위협한다는 구실로 홍콩의 영역을 확대하는 토지 임대 요구를 관철시켰다. 중국과 영국 간에 체결된 '홍콩 경계 확대 조약'의 내용은 심천하(深圳河) 이남 계한가(界限街) 이북의 구룡 반도 지역 및 부근 235개의 도서 즉, 나중에 신계라고 불리는 지역을 영국에게 임대하는 것이었다. 현재 홍콩 전체 면적의 90%를 차지하는 신계의 임대 시기는, 동년 7월 1

일부터 99년 동안이기에 1997년 6월 30일까지가 되는 것이다. 이러한 일련의 조약으로 인해 중국은 아편전쟁 후 100년을 서양에 짓밟힌 치욕의 시기라고 생각한다.[65] 아편전쟁으로 식민지 가속화와 할양 등이 진행되었고, 그것으로 인해 중국이 큰 피해를 입었다면, 그것은 누구의 잘못일까? 아편전쟁의 전적인 책임을 제국주의 영국에게 물어야 할 것인가 아니면 중국 측의 책임도 함께 물어야 할 것인가? 그것도 아니면 일정한 비율로 그 책임을 나누어야 할 것인가? 관점에 따라 분노의 파장과 해법은 다를 것이다.

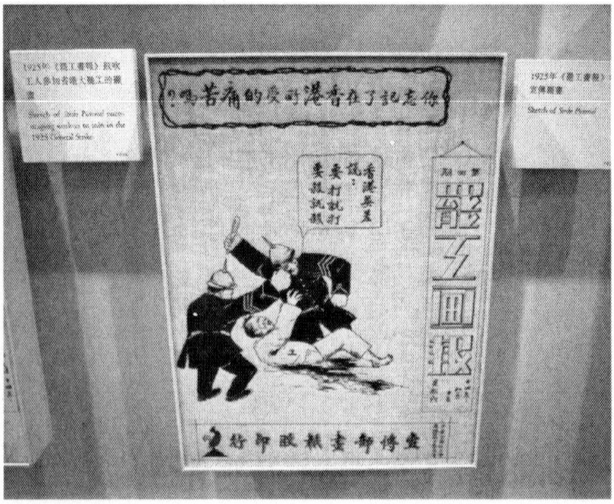

'홍콩 스토리', 1925년 파업화보 중의 선전화, 제목: "당신이 홍콩에서 받은 고통을 잊으셨나요?"

『'홍콩 스토리' 상설전시 학습 자료』에 수록된 아편전쟁 부분의 활동제요(초등학교 대상)에는 학생들에게 인식시켜야 할 항목이 아래와 같이 제시되어 있다.

a. 아편전쟁의 원인 · 경과 및 결과

b. 청 패배의 원인

---

65) 류영하, 『홍콩-천 가지 표정의 도시』(살림, 2013), 19-23쪽 참조.

c. 홍콩에 대한 아편전쟁의 영향

그리고 다음 장에는 아편전쟁 개시 그러니까 동서무역을 위한 광주의 공행(公行) 제도부터 무역 불균형이나 아편판매로 시작된 전쟁과 1-2차 전쟁의 발발과 관계되는 사항을 퍼즐게임식으로 제시하고 있다. 역시 초등학생을 대상으로 제시한 것인데, 신계 지역을 조차라는 형식으로 영국에게 넘겨주는 단계까지를 긴밀하게 연결하고 있다. 재미있는 것은 두 번째 활동으로 당시 중국과 영국 군대의 군사력을 비교하는 도표(5-17)를 제시하고 있다는 점이다.

	중국	영국
병력	10만 명	2만 명
무기 장비	전함의 공격력이 약했다.	전함의 항속이 빠르고, 기동성이 강하고, 120문의 대포가 더 많았다.
해군의 실전 경험	부족	풍부

세 번째 활동으로 '중독의 바다(毒海)로부터 벗어나기'(5-18)가 있다. "하하! 당신은 이미 혼돈의 세계로 빠져들었다. 이곳에서 나갈 수 있는 유일한 방법은 나가는 출구를 하나씩 선택하는 것밖에 없다. 문제에 빨리 대답하시라! 당신의 행운을 빈다!"라는 격려 문구와 함께 아래와 같은 질문과 정답이 연결되어 있다.

- 청 정부는 누구를 파견하여 아편 금지를 했나? a.임칙서
- 1842년, 중국-영국 간 무슨 조약을 체결했는가? b.남경조약
- 남경조약에 따라, 청 정부는 어느 곳을 영국에게 할양하였는가? c.홍콩섬

- 1898년, 영국은 청 정부에게 강제하여 어느 곳을 조차하였는가? d.구룡반도 북부 및 신계
- 어떻게 해야 마약으로부터 멀리 벗어나서, 신심의 건강을 지킬 수 있는가? e.학생 자유 답변
- '복수고(福壽糕)'의 정확한 명칭은? f.아편
- 임칙서는 어디에서 아편을 폐기하였는가? g.호문(虎門)
- 청 정부가 임칙서를 파면한 후, 누가 영국과 화해 협상을 하였는가? h.기선
- 남경조약에 따라, 청 정부는 몇 개의 통상 항구를 개방하였는가? i.5개
- 홍콩의 어느 거리가 북경조약과 관계가 있는가? j.계한가(界限街)
- 청 정부가 영국 상인의 아편 약 2만 상자를 폐기한 후, 무슨 전쟁이 일어났는가? k.제1차 아편전쟁
- 1841년 1월 26일, 영국군은 어느 섬을 점령하였다고 선포하였는가? l.홍콩섬
- 1860년 10월, 영불 연합군이 북경을 함락한 후, 같은 달 24일에 청 정부에 강제하여 무슨 조약을 체결하였는가? m.북경조약
- 북경조약에 따라, 청 정부는 어느 곳을 영국에게 할양하였는가? n.구룡반도 남단
- 아편 외에, 어떤 것이 우리에게 해독을 끼칠 수 있는가? o.학생 자유 답변

중등 학생을 겨냥한 두 번째 활동의 소제목은 '당신이 생각하기에 남경조약은 공평하고도 대등한 조약인가?'(5-22)라는 도발적인 질문이다. 그리고 남경조약의 여섯 가지 조항을 예시하고 있다.

1. 중국은 홍콩섬을 할양한다.

2. 영국에게 2천 1백만 량의 은화를 배상한다.

3. 광주, 복주, 하문, 영파와 상해 등 5개 항구를 대외적으로 개방하고, 영국은 영사를 파견할 수 있다.

4. 중국-영국 쌍방이 공동으로 중국 수출입 화물에 대한 세율을 정한다.

5. 양국 공문의 왕래는, 대등방식으로 한다.

6. 공행(公行) 제도를 폐지한다.

'홍콩 스토리'의 다섯 번째 전시실 영화관(좌석 90개)에서는 『무역에서 전쟁까지』라는 제목의 영화(10분 분량)가 상시 방영되고 있다. 소개 책자의 설명에 따르면 관중에게 홍콩 할양의 인과관계를 알리는 것이 목적이다. 광동어와 보통화 그리고 영어 더빙이 순차적으로 되풀이되고 있다. 중점 전시물로는 홍콩 할양과 직접적으로 관계되는 『남경조약』 문서의 복제본이 있다. 13개 조항 중 세 번째가 홍콩을 영국에게 물품 보관 및 선박 수선 용도로 영구 할양한다는 것이다. 이 밖에도 홍콩 식민 초기 북부에 도시를 건설하기 위해 농민들로부터 경지를 사들이기 위한 정부의 포고 등이 있다.

적어도 '홍콩 스토리'에 나타난 홍콩역사박물관 측의 역사 인식은 이렇다. 아편전쟁과 함께 홍콩이 역사 현장에 등장하고, 2차 대전이 일어나면서 일본에 점령당하기 전까지는 나름대로 발전을 하였고 자부심도 가지고 있다는 것이다. 홍콩이라는 지역이 전쟁의 결과물로 역사의 전면에 등장했고, 중국의 정치 상황에 따라 큰 영향을 받았고, 정치적으로 중국에 반환되었음을 보여주고 있다. 제국주의 영국에 의해 발발한 아편전쟁은 홍콩의 역사와 관련하여 중국에 의해 시종일관 강조되고 있는 사건이다. 중국으로서는 힘의 논리에 의한 불평등조약이라는 사실과 홍콩이 원래 중국의 영토였음을 주장하기에 더없이 좋은 테마이기 때문이다. 아편전쟁의 긍정적 측면이라고 말하기는 어렵겠지만,

적어도 적극적으로 수용해야 하는 일정부분에 대한 분석은 뒤로 감추어져 있다. 아편전쟁이 야기한 긍정적인 측면, 즉 이후 중국의 정치 경제 체제에 미친 영향 등에 대한 분석은 전혀 시도되지 않는다. 뤄융성은 아편무역을 위한 항구로서, 홍콩은 적지 않은 주변 화인이 아편무역에 종사하도록 흡수했다는 입장이다.[66]

아편전쟁에 대해 홍콩의 양대 박물관 중 하나라고 할 수 있는 홍콩해방박물관(香港海防博物館)의 스토리텔링 역시 역사박물관의 그것과 크게 다르지 않다. 11개 전시실로 나누어져 있고, 그중에서 아편전쟁 부분은 4호 전람실이다. 제1차 아편전쟁(1839년-1842년)의 역사로서 주로 서양 상인과의 교류 · 광주 13행 무역 · 아편무역 · 임칙서의 금연 활동 · 제1차 아편전쟁의 발발 및 남경조약의 체결 등이 주요 내용이다. 중국과 영국 전함의 모형 · 무기와 임칙서가 아편을 파기하는 장면의 모형과 남경조약의 조약서 복사본 등이 전시되어 있다. 마찬가지로 아편전쟁의 배경 · 원인 · 경과 등을 설명하는 다큐멘터리가 상영되고 있다.

2) 손문(孫文)

'홍콩 스토리'의 여섯 번째 전시실, 중점 전시물로 손문의 친필 서한이 있다. 1910년 2월 11일 조카 손창(孫昌)에게 보낸 것으로, 미국 샌프란시스코에 막 도착하여 현지 화교사회에서 혁명 사업을 선양하고 모금을 전개하던 시점이라는 설명이다. 며칠 후인 16일 현지에 동맹회 지회가 설립되었다. 설명서에 따르면 홍콩역사박물관은 2004년 5월 4일부터 8월 31일까지 손문 및 신해혁명을 주제로 한 문물 수집 운동을 전개했다.

66) 羅永生, 『殖民無間道』(Hong Kong: Oxford, 2007), 51쪽.

제6전시실의 손문 사진

그리고 관련하여 장기간 이런저런 경로로 수집된 것들이 3천 5백 건이 넘는다는 것이다. 서예 작품 · 수고 · 문헌 · 기념우표 · 동전 등인데, 손문 선생의 한평생과 혁명 활동 및 "그와 홍콩 그리고 신해혁명의 천 갈래 만 갈래 관계"를 보여준다는 것이다. 이 점은 『'홍콩 스토리' 상설전시 학습 자료』에서도 강조되고 있는데, '홍콩 개항 및 조기 발전' 이라는 제목의 전시실을 설명하는 12행의 문구 중에서 2행을 "홍콩에서 국부 손문 선생의 혁명 사적과 중국 근대사상에서 홍콩의 역할에 대해 다시 학습할 수 있다."고까지 표현하는 정도이다.

데이비드 허다트는 민족의 서사를 생각하는 방법 중의 하나로 "공적인 인물이 어떻게 민족 정체성을 대변하거나 그것에 도전하는지를 살펴보는 것"[67]을 들고 있다. 이 경우 손문이라는 인물은 중화를 상징하는 기호이자 민족의 서사를 대표한다고 해도 과언이 아니다. 손문연구소 소장 린자유林家有는 손문이 먼저 '중화 진흥'을 제기했는바, 그가 보

67) 데이비드 허다트, 조만성 옮김, 『호미 바바의 탈식민적 정체성』(앨피, 2011), 186쪽.

기에 당시 중국은 너무 빈궁하고 낙후했기에, 업신여김을 받았다. 그래서 우선 민족정신을 고양시키고, 민족과 국가 의식을 수립하고, 단결해서 침략에 대항해야 한다고 했다. 손문의 생각은 바로 제국주의를 구축하고 군벌을 타도해서 통일된 국가를 건설하자는 것이었다.[68] 한마디로 손문은 민족주의자인 동시에 국가주의자인 것이다.

최근 홍콩에서 손문기념관 개관 등 홍콩과 손문의 혁명 활동의 상관관계에 대한 스토리가 기획 · 전시되면서, 중국 근대사에 있어 이른바 홍콩의 '중요한' 역할이 강조되고 있다. 중국 현대 민족주의의 선도자로 알려진 손문의 역사를 홍콩 역사의 일부로 편입시키면서 그것으로 대륙 중국과의 관련성을 강조하고 있다. 홍콩이 중화인민공화국의 정통성 형성에 크게 기여하였다는 사실을 강조하고 있는 것이다. 주지하다시피 손문은 중화인민공화국이나 중화민국 양자 모두의 국부로 공인받고 있다. 최근 그에 대한 부정적인 평가가 조금씩 등장하고 있음에도 불구하고, 그만큼 오랫동안 정파와 지역을 초월하여 절대적으로 우상화된 정치인도 드물다.

그는 현재까지도 국민당의 정체성을 형성하는 구심점임은 물론, 공산당 역시 그를 절대적인 존경의 대상으로 삼는 데 주저하지 않았다. 그의 부인이었던 쑹칭링宋慶齡은 국공내전 기간 내내 공산당 통일전선의 첫 번째 대상이었고 그리하여, 중국공산당은 중화인민공화국 건국 이후 그에게 국가 부주석을 맡겨 자신들의 법통이 손문으로부터 이어지는 것임을 만방에 알리고자 했다. 대만으로 옮겨 간 국민당 역시 창당인으로서 손문을 공산당과 구별되는 자신만의 국부로 추앙하는데 노력을 게을리하지 않았다. 아마도 질풍노도의 시기였던 현대사를 겪으면서, 공산당이나 국민당 양자 모두 그들의 일천한 역사와 정체성 확

68) 中央電視台『復興之路』節目組 編著, 『復興之路』(中國民主法制出版社, 2008), 137쪽.

립에 대한 누군가의 지원이 절실했다는 점에서 신성불가침의 국부 손문이라는 기호가 필요했다는 점이 가장 큰 이유가 될 것이다.

천원시陳蘊茜는 『숭배와 기억崇拜與記憶-손중산 기호의 구성과 전파孫中山符號的建構與傳播』(南京大學出版社, 2009)라는 책에서 손문이라는 기호가 생성, 구축, 전파되는 과정을 소상히 정리하고 있다. 그가 생존할 때부터 진행된 당내 신격화 작업, 숭배의 사회적 기초, 추도의식을 통한 신격화 그리고 이미지 전파 과정을 설명하면서 일상생활 공간까지 파고들어가는 이미지 구축작업의 실제 역사를 서술하고 있다. 특히 항일전쟁 발발 이후 항일 선전과 민족주의 동원의 수단으로 그의 동상이나 기념관 건설 붐이 조성되었고, 그것이 손문을 민족주의의 대표적인 기호로 자리 잡게 했다는 인과관계를 잘 보여주고 있다.

그러고 보면 천원시 등은 모두 아스만(Jan Assmann)의 담론에 일정 부분 빚을 지고 있는 것처럼 보인다. 아스만은 커뮤니티를 구성하는 기억을 세 종류로 나누어 분석했다. 소통 기억, 집단 기억, 문화 기억이 그것인데, 그중 소통 기억은 구전으로 전승되는 사람들의 실제 생활 경험이나 일상 기억 등으로 수명은 1백 년 이하이다. 집단 기억은 연계 기억이라고도 하는데, 열사 · 종교 · 기념일 · 기념비 등이 기억의 운반체가 되어, 군중의 의식을 부단히 환기시킨다. 그다음이 가장 추상적이라고 할 수 있는 문화 기억이다. 역사 자료 같은 문자로 기재된 것으로 풍부한 상징이나 기호를 함유하고 있는데, 이는 커뮤니티의 정치적 신분을 규정하는 데 가장 중요한 것이다. 건국 신화나 유태인의 종교 전적 같은 것이 그 예가 된다.[69] 이들 모두 이른바 정체성을 구성하는 중요한 조성 부분인바, 사실 집단 기억이나 문화 기억의 전승이 통제되거나 제

69) Assmann, Jan Religion und Kulturelles Gedächtnis: Zehu Studien(München: Verlag C.H. Beck, 2007), 1-44쪽. 黃國鉅, 「歷史記憶與香港意識」, 許寶强 編, 『重寫我城的歷史故事』(Hong Kong: Oxford, 2010), 17-18쪽에서 재인용.

한받을 경우 '민족다움'이나 '본토다움'의 영속성은 유지되기 어렵다고 보아야 한다. '다움'의 정체에 대해서는 본서의 마지막 장에서 다시 논의하기로 한다.

오늘날까지 손문이 중국 민족주의를 생성시키는 이미지 그 자체임을 누구도 부정하지 못할 정도로, 그의 이미지는 민족주의와 불가분의 관계를 가지고 있다. 종교나 정치적 이념을 초월하여 근대 정치 지도자로서 손문만큼 이른바 중국적 민족주의의 정체성을 대표하는 인물은 전무하다. 2006년 홍콩 지역 의회는 손문 탄생 140주년을 기념하고자 손문기념관을 설립했다. 이후 그를 기념하기 위한 사업을 활발하게 추진하고 있다. 박물관은 손문을 이렇게 기록하고 있다.

> **홍콩에서 공부할 때의 손중산 Sun Yat-sen's School Life in Hong Kong**
>
> 손중산孫中山은 1883년에 홍콩에 왔다. 처음에는 발췌(拔萃)서원에서 공부하다가, 그 후에는 중앙서원에서 중등단계를 마쳤다. 1887년부터 1992년 사이에, 홍콩서의(西醫)서원에서 서양의학 전문 훈련을 받았다. 쑨중산은 1923년 홍콩대학에서 연설할 때, 그의 혁명 사상이 홍콩 교육으로부터 계몽을 받았음을 인정했다. 아울러 홍콩에서 공부할 때, 의기투합하는 친구를 만났는데, 나중에 함께 반청 혁명 활동에 종사했다. '사대구(四大寇)'는 바로 이 시기 구성된 것으로, 나중에 반청 혁명 활동의 핵심 인물이 되었다.

손문 및 반청 혁명을 홍콩에 연결시키기 위해—그 사실관계를 떠나—노력하는 모습이 매우 역력한 문장이다. 그만큼 손문과 홍콩을 연결시키는 작업이 중요하다는 말이다. 이미 손문을 소개하고자 하는 설명서에서 밝힌 "국부 손중산 선생의 홍콩 혁명사적을 복습하고, 중국 근대역사에서 홍콩이 담당한 역할을 이해할 수 있다."는 내용을 보더라도 손문은 홍콩을 이른바 중국의 근대사에 편입시키는 매우 중요한 고리인 것이다. 이런 내용은 여기만이 아니고 손문과 홍콩을 소개하는 대부분의 책자에서 볼 수 있는데, 저우쯔펑周子峰은 "홍콩이 손중산 혁명사상의 탄생을 재촉했다."[70]고 주장한다. 이에 대해 룽뤄容若는 이러한 흐름에 대한 배경을 의심하고 있다. 즉 영국 통치하의 홍콩이 존재하지 않았다면, 혁명은 일어날 수 없었고, 홍콩이 '혁명사상의 발원지'가 될 수 없었다는 논리는 지나치게 비약된 것이라는 것이다. 손문의 자서전을 보고 룽뤄가 정리한 내용은 아래와 같다.

> 그는 1879년(13세) 하와이에 도착하여 영어를 배우기 시작했고, 서방의 자연과학 · 정치 · 종교를 접촉하였고, 미국 독립 전쟁과 노예 해방 역사를 알게 되었다. 1883년(17세)에 홍콩 발췌(拔萃)서원에서 공부하였고, 1884년(18세)에 홍콩서원(Queen's College)에 입학했다. 1886년(20세)에 졸업하고, 광주 박제의원(博濟醫院) 부속 의학교에서 공부하였는데, 이것이 의학 공부의 시작이었다. 1887년(21세)에 홍콩 서의서원(西醫書院, 홍콩대 의대 전신)에 입학하여, 1892년(26세)에 졸업했다. 이런 경력으로 볼 때, 손문의 영어 학습과 서방에 대한 이해는 홍콩이 아니라 하와이에서 시작된 것이고, 의학 공부는 홍콩이 아니라 광주에서 시작된 것이다. 이것은 영어도 의학도, 그리고 서방에 대한 이해도 영국 통치하의 홍콩에서 시작되었다는 사람들에게 다른 의도가 있다는 것을 반영하는 것이다.[71]

룽뤄의 의도는 무엇일까? 그가 걱정하는 부분은 영국의 통치를 긍정

70) 周子峰 編著, 『圖解 香港史-遠古至一九四九年』(香港: 中華書局, 2010), 81쪽.

71) 容若, 「孫中山檀島學英文廣州學西醫」, 『明報月刊』, 2011年 7月號, 64面.

적으로 평가하는 흐름이다. 요컨대 국부 손문을 위한 스토리텔링에서 그와 영국 통치하의 홍콩이 불가분의 관계를 형성했다는 논리의 완성을 경계하는 것이다. 바꾸어 말하면 룽뤄는 홍콩이라는 자유의 공간이 손문에게 막대한 영향을 주었고, 나아가서 영국의 통치도 매우 긍정적이었다는 논리적 고리 완성을 매우 걱정하고 있는 것이다. 손문은 그를 이용하고자 하는 두 가지 흐름 즉 중국 민족주의와 홍콩의 본토주의라는 측면 양자 모두에 있어 중요한 기호가 되는 것이다. 왜냐하면 홍콩의 지리적 특징이나 신해혁명 등의 역사적 사건으로 볼 때, 대륙 역사와 시시각각 연결된다는 점 그리고 손문에 대한 영향력으로 볼 때 홍콩은 민족주의적으로 중요한 공간이다. 또 영국이라는 서구 식민자의 통치아래 서구적 법률과 제도를 실현한 공간에서 손문의 혁명 사상이 싹텄다고 본다면, 손문은 홍콩 본토주의 차원의 기호가 되는 것이다.

홍콩에서 의학을 시작한 것도 혁명 사상을 발의한 것도 아니라고 하지만 그가 홍콩에서 장기간 공부한 것은 사실이고, 그 과정에서 서구의 제도나 사상으로부터 큰 영향을 받았음을 인정하기는 어렵지 않다. 왕경우王賡武에 의하면, 광동성이 본적인 지도자 손문 등이 중국 민족주의를 일으켰을 때, 홍콩은 중요한 역할을 담당했다.[72] 손문은 1883년부터 1892년까지 9년 동안 홍콩에서 교육을 받았다. 10대 중반부터 20대 중반이라는 인생의 초창기에 홍콩에서 홍콩식 내지 서구식 교육을 받았다는 점은 자못 의미가 크다 할 것이다. 아무튼 홍콩대학의 전신인 서의서원 재학 시절에 서양의 과학과 의학은 물론 진보적 사상에 대해 광범위한 훈도를 받았음은 주지의 사실이다.[73]

그렇다면 이 시점에서 손문의 세계관에 주목해볼 필요가 있다. 니시

72) 王賡武 主編, 『香港史新編(上 · 下)』(香港: 三聯書店, 1997), 862쪽.

73) 『明報月刊』 2011年 5月號 참조.

카와는 손문이 일본과 중국은 단일민족의 나라라고 생각했다는 점을 지적한다.[74] 또 두아라에 의하면 손문은 한족(漢族)의 국가인 중국의 인민은 민족을 형성하는 데 필요한 다섯 가지의 기준(혈통 · 인종, 언어, 관습, 종교, 생계) 모두를 잘 갖추고 있기 때문에 세계에서 가장 완벽하게 형성된 민족이라고 주장했다.[75] 사실 손문의 주장은 만주족이라는 이민족의 지배로부터 벗어나고자 하는 열망의 표현인 동시에 반식민지 신세에 처한 중국의 독립을 시도하는 근거가 된다.

두아라는 그 배경을 따져 사회진화론이라는 전지구적 담론과 신해혁명 시기 반만(反滿)의 정치학이 한족(漢族)으로만 구성된 배타적인 민족공동체 개념을 요구했다[76]는 결론을 내린다. 뤄융성 역시 손문이 고취한 것은 한족의 민족주의라고 본다. 그리고 그것이 반대한 것은 만청(滿淸)제국일 뿐이라는 것이다. 결론적으로 손문이 젊은 시절 추구한 민족주의의 목표는 서방의 침략자를 타도하거나 구축하는 것이 아니었다.[77] 만주족이 통치하는 국가를 멸망시키고, 한족이 주도하는 국가를 건설하고자 한 것이다. 사실 청나라는 단일민족으로 표방되는 국민국가가 아니었으며, 다양한 문화가 공존하는 다민족국가를 지향하고 있었다. 따라서 우리 뇌리에 박혀 있는 청나라에 대한 인식 역시 한족에 의해 왜곡된 것일 가능성이 매우 크다. 관련하여 로스키(Evelyn S. Rawski)는 이렇게 말했다.

청나라의 정치적 모델은 국민국가가 아니었다. 정부의 목표는 하나의

74) 니시카와 나가오, 윤해동 · 방기헌 옮김, 『국민을 그만두는 방법-국가이데올로기로서의 민족과 문화』(역사비평사, 2009), 139쪽.

75) 프라센지트 두아라, 문명기 · 손승희 옮김, 『민족으로부터 역사를 구출하기-근대 중국의 새로운 해석』(삼인, 2006), 63쪽.

76) 프라센지트 두아라, 앞의 책, 66쪽.

77) 羅永生, 앞의 책, 72-73쪽.

민족 아이덴티티를 창조하는 것이 아니라, 개인이 통치하는 하나의 제국(personalistic empire)이라는 느슨한 틀 속에서 다양한 문화의 공존을 허용하는 것이었다. 근대적인 의미의 민족성은 존재하지 않았으며, 국가는 그것을 창조하려고 애쓰지도 않았다.[78]

만주족의 나라를 멸망시키고 드디어 오매불망하던 한족 국가 건설에 성공한 손문은 1912년 2월, 명 태조 주원장朱元璋의 무덤을 찾아 복수의 완성을 고한다. "비열하게 얻은 사악한 고귀함을 가지고 그들은 이 신성한 땅 위에 군림했고, 사랑스런 우리 강산은 이들의 더러운 손길에 모독당했으며, 인민은 팔기(八旗)의 도끼와 복수의 칼날에 희생당했다."는 독설과 함께 이렇게 부언했다.

> 비록 이들 의로운 기치가 궁극적으로 실패를 피할 수 없었다 해도, 민족적 의지의 경향은 분명해졌다. 드디어 우리 시대의 새벽이 열렸고 자유의 태양이 솟아올랐으며, 한족의 권리에 대한 감각이 사람들의 영혼을 깨웠다. (…) 오늘 드디어 중국 인민에게 정부를 되돌려주었고, 중국의 오족(五族)은 평화와 상호신뢰 속에서 중국에 살아갈 수 있게 되었다. (…) 하늘에 계신 태조의 영혼이 우리에게 보호의 감화력을 주지 않았더라면 어떻게 승리의 수단을 얻을 수 있었겠는가.[79]

두아라에 의하면 민족에 대한 양가적 태도에도 불구하고 손문은 과거를 포기한 적이 없다.[80] 니시카와는 중국에서 민족이라는 용어의 보

---

78) 이블린 S. 로스키, 구범진 옮김, 『최후의 황제들-청황실의 사회사』(까치, 2010), 24쪽.

79) 프라센지트 두아라, 앞의 책, 173-174쪽에서 재인용.

80) 프라센지트 두아라, 앞의 책, 142쪽.

급에 가장 큰 힘을 발휘한 것은 손문의 삼민주의라고 했다. 왜냐하면 그에게 중국의 국민적인 통일을 도모하는 것이 절실한 문제였다는 것이다.[81] 손문의 민족주의에 대해 여러 가지 학설이 존재하는데, 그중 애국주의 민족주의자라는 학설이 가장 대표적이다. 하지만 그의 민족주의에 민족의식은 강렬하지만 제국주의에 대한 반대 내용이 결핍되어 있다는 지적이 가장 큰 자리를 차지하고 있다. 한마디로 그의 민족주의는 대한족주의(大漢族主義)와 종족주의 경향이라고 본다.

장레이張磊는 손문이 중국 역사 발전을 한족 역사 발전으로 귀결시켜, 기타 소수민족 특히 만주족의 공헌을 무시하거나 홀시했다고 본다. 또 왕리핑王力平은 그가 배만(排滿) 구호로 종족 대립 색채를 강화시켰을 뿐 아니라 대한족주의의 지존 관념을 강화했다고 주장한다.[82] 즉 내가 볼 때, 손문은 이민족의 통치는 절대 수용할 수 없지만, 오족공화는 가능하다는 시각의 소유자였다. 하지만 그가 말하는 오족공화는 한족 중심이어야만 용인되는 입장에서 한족의 통치를 되살리기 위한 핑계에 지나지 않는다. 이것은 지금도 유효하여 중화인민공화국의 통치 철학이기도 하다.

3) 주권반환

홍콩역사박물관의 '홍콩 스토리'의 여덟 개 전시실을 다 관람하고 나면 마지막 설명문의 제목은 후기이다. 바로 그 앞에 홍콩 반환이라는 제목의 설명문이 있다. 그것 때문에 홍콩 반환 이후의 역사는 없는 듯하다.

---

81) 니시카와 나가오, 앞의 책, 138쪽.

82) 方敏 等, 앞의 책, 297-298쪽에서 재인용.

'홍콩 스토리'의 '회귀' 방,
주권 반환 당일자 각종 신문

홍콩 반환 Return of Hong Kong

홍콩은 155년 동안의 식민지 통치를 경험한 후, 1997년 7월 1일 마침내 조국에 반환되었다. 홍콩 역사의 새로운 장을 열게 된 것이다. 1997년 6월 30일 저녁, 완차이(灣仔) 컨벤션 센터에서 반환식이 거행되었다. 의식은 중영 양국 대표인 중국의 국가 주석 장쩌민 및 영국 찰스 왕자가 주재했다. 의식이 끝난 후 기본법에 따라 행정관리권 · 입법권 · 독립된 사법권과 종심권을 향유하는 특구정부가 성립되었다. 둥젠화董健華 선생이 특구의 첫 행정장관으로 취임했다.

1982년 9월, 영국의 대처(Margaret Thatcher) 수상이 중국을 방문하여 덩샤오핑과 주권 반환 문제를 논의하면서 홍콩은 공전의 신분 위기에 직면하기 시작하였다. 그 후 1984년 12월 19일, 중국과 영국 간 공동 성명이 체결되어 주권 반환 계획이 수립되면서 홍콩은 새로운 역사 시기로 진입했다. 공동 성명 체결 이후부터 1997년 7월 1일까지는 홍콩의 정체성 확립에 있어 중차대한 시기였다. 이른바 외부적 충격이 내부 정체성의 확립을 유도하기 시작했던 것이다.

여덟 번째 전시실의 중점 전시물 중 하나는 홍콩의 주권 반환 의식에서 사용되었던 연단이다. 홍콩이 156년간 영국 식민지 통치를 겪은 후 1997년 7월 1일 '조국'에 반환되어 '홍콩 역사의 새로운 장을 열었음'을 보여준다는 설명이다. 주권 반환

'홍콩 스토리'의 '회귀' 방 출입구

의식은 1997년 6월 30일 밤 홍콩의 컨벤션센터에서 거행되었다. 중국 측에서는 당시 국가주석이었던 장쩌민江澤民이 영국 측에서는 찰스 왕자가 각각 대표로 참석했다. 당시 의식에 사용되었던 연단이 '홍콩 스토리'의 '회귀' 타이틀의 방에 전시되고 있다. '회귀'라는 글자가 높게 내걸린 중국 전통 기와양식으로 디자인된 방이다. 아마도 문화대국 '중국'이라는 큰 틀에서 홍콩이라는 도시를 받아들이는 의미를 강조하고 싶어 특별히 기와 양식으로 꾸민 것처럼 보인다. 그 앞에는 홍콩에 대한 주권 행사가 시작되는 시점인 1997년 7월 1일로부터 시간 단위로 얼마나 남아 있는지를 알리는 시계가 있다. 당시 주권 반환까지 남아 있는 시간을 표시하는 시계가 중국 전역에 설치된 적이 있는데, 가장 큰 것은 천안문 광장의 것이었다. '홍콩 스토리'는 공동 성명까지의 과정에 대해 이렇게 설명하고 있다.

공동성명 Sino-British Joint Declaration

1970년대 말, '신계' 조차 시한이 가까워지자 홍콩의 앞날과 투자 환경에 대한 투자자는 관망적인 태도를 유지하기 시작했다. 1982년, 대처 영국 수상은 중국을 방문하여 홍콩의 앞날에 대하여 국가 지도자와 협상을 진행하였다. 2년 동안 외교 담판이 진행되었고, 양국은 최종적으로 합의에 도달했다. 1984년 12월 19일, 북경에서 홍콩문제 협의서를 체결하였다. 이 협의서는 주요 자료인《홍콩문제에 관한 중화인민공화국 정부와 대영제국 및 북아일랜드 연합 왕국 정부 공동 성명》및 세 가지 부칙으로 구성되어 있다.《중영 공동성명》에서 홍콩특별행정구는 출범 후 50년 동안 불변한다는 사실을 공포하고 있다.

여덟 번째 전시실의 테마는 '다시 사람되기'이다. 뤄융성이 보기에 '다시 사람되기'의 폭력성과 정치 본질은 시간적으로 지상 법률로써 과거에 대해 정리와 청산을 강요한다.[83] 그리고 민족주의 입장에서 보면 '97' 주권 반환은 식민 통치의 종결이라는 것이다.[84] 상기 공동성명 제하의 설명에서 우선 주목해야 할 문구는 1970년대 말에 이르러 홍콩의 장래 문제 때문에 홍콩의 투자환경이 의심받고 있었다는 점을 적시한 것이다. 그리고 그것을 해결하기 위해 양국이 접촉을 시작했다고 명시한 점이다.

우리는 이 시점에서 19세기 청나라 정부와 영국 사이에 체결된 세 가지의 조약을 다시 상기할 필요가 있다. 이 세 가지 조약에 의해 홍콩은 영국의 식민지가 되었던 것이다. 첫째, 1842년 체결한 『남경조약(Treaty of Nanking)』에서 홍콩섬(香港島)이 영국으로 할양(割讓)되었다. 두 번째, 1860년 체결된 『북경조약(Convention of Peking)』에 의해 구룡반도의 계한가 이남 지역이 영국에게 할양되었다. 셋째, 1898년 체결된 『展拓香港界址專條(Convention for the Extension of Hong Kong Territory)』에서는 구룡반도 계한가 이북 그리고 심천하 이남 및 부근 235개 도서를 99년간 영국에게 조차(租借)하는 것을 규정하였는데, 1997년 6월 30일이 그것의 만기였다.

우리가 먼저 기억해야 할 것은 19세기 약 50여 년에 걸쳐 체결된 양국 간의 조약이 두 개 지역의 '할양'과 한 개 지역의 '조차'를 규정하고 있다는 점이다. 즉 홍콩섬과 구룡반도는 영원히 영국에게 양도하는 것이었고, 지금의 신계 지역은 99년간 임대하는 것이었다. 그러니까 엄밀하게 말한다면 중국 정부가 담판을 요구할 수 있는 부분은 사실 신계 지역의 조차권리밖에 없는 것이다. 홍콩섬과 구룡반도는 서류상 영원히 양도하는 것이기에 사실 협상의 대상이 되지 못한다. 중국 측에 의

83) 羅永生, 앞의 책, 27쪽.

84) 羅永生, 앞의 책, 45쪽.

해 일관되게 불평등 조약이라고 일컬어지는 '3개 조약'이야말로 홍콩 문제에 있어 양국 간 최고의 구속력을 지닌 약속이자 문제 해결의 기준이라고 할 수 있다. 그래서 중국은 현대사에서 홍콩에 대한 주권을 요구할 수 있는 기회가 있었음에도 홍콩 영국정부의 실효적 지배권을 인정하고 있었다. 그 이유는 이른바 불평등 조약을 인정하지 않을 경우 대외적으로 입게 될 국가 이미지 추락을 우려했고, 자유 무역항으로서 홍콩의 존재가 중국의 이익 특히 경제적 이익에 여실히 부합되었기 때문이다.[85] 홍콩의 주권 문제를 이해하기 위해서는 특히 이 점을 놓쳐서는 안 된다.

이러한 인식하에 1979년 맥리호(Crawford Murray MacLehose) 총독은 덩샤오핑을 만나 중국의 의향을 타진했다. 하지만 영국 측의 예상과는 달리 중국 측의 입장은 단호했다. 즉 홍콩의 자본주의 제도는 지속적으로 허용될 것이라는 전제하에 중국은 홍콩섬과 구룡반도를 포함한 홍콩의 주권을 회수할 것임을 예고했다.[86] 영국 측이 수세로 몰리기 시

---

85) 중국공산당은 중화인민공화국 수립 이전에 이미 홍콩 문제는 시기가 성숙할 때까지 기다려서 협상을 통해서 해결한다는 방침을 세워놓았고, 수립 후에는 저우언라이周恩來 총리가 내놓은 "장기타산, 충분이용長期打算, 充分利用"의 방침에 따라 홍콩의 즉시 수복을 고려하지 않았다. 1963년 3월에 이르러서야 '사회주의 국가가 식민지의 존재를 인정할 수 있느냐'는 외국인의 질문에 공식적으로 "홍콩 마카오 문제는 역사적으로 제국주의가 중국에 강요한 불평등조약에 속하며", "우리는 조건이 성숙하면 담판을 통하여 평화적으로 해결할 것이고, 해결 전에는 현상을 유지한다는 것을 일관되게 주장해왔다."고 밝혔다. 1972년 3월, 중국은 유엔 비식민화 특별위원회에 중국의 입장을 전하기를, "홍콩과 마카오는 영국과 포르투갈에 의해서 점령당한 중국 영토의 일부로서, 홍콩 마카오 문제의 해결은 전적으로 중국 주권 범위 내의 문제이기에, 근본적으로 통상적인 이른바 '식민지'의 범주에 속하지 않는다. 따라서 반식민지 선언 중에 적용될 식민지 명단에 포함되어서는 안 된다." 그리고 "유엔은 이 문제를 토론할 권한이 없다."고 못 박았다. 동년 11월, 유엔 27차 회의는 홍콩 마카오 문제에 대한 중국 정부의 입장과 요구를 인정했다. 劉蜀永 主編, 『香港史』(香港: 三聯書店, 2005), 319-320쪽 참조.

86) 馬嶽, 『香港政治-發展歷程與核心課題』(香港: 中文大學出版社, 2010), 14쪽.

작한 것은 홍콩의 미래 불안이 홍콩의 실물 경제에 직접적으로 타격을 주는 상황이 도래하면서부터였다. 1982년 4월, 덩샤오핑은 영국의 전 수상 히스(Edward Heath)를 만나서 중국은 대만에 대한 기본정책인 '9개 조항'(아래에서 재논의할 것임)의 조건으로 홍콩의 주권을 회수할 것임을 분명히 했다. 중국이 곧 홍콩의 주권을 회수할 것이라는 소문이 퍼지기 시작한 1981년 7월부터 1982년 8월까지 1년 동안 주가지수는 정확하게 반 토막이 났고, 주택 가격도 폭락했던 것이다.[87] 홍콩 사회의 불안정은 당시나 미래 모두 영국 측의 이익에 치명적이었다는 점에서 영국 측은 반환 협상을 수용할 수밖에 없었다.

'홍콩 스토리'
당시 중국의 최고지도자 덩샤오핑과 영국 대처 수상의 회담 장면(위)과 주권 반환 의식(아래)

1982년 9월, 영국 수상 대처는 인민대회당에서 당시 중국의 최고지도자 덩샤오핑과 마주 앉았다. 당시 포클랜드 군도 전쟁(Falklands/

---

87) Cottrell, Robert. 1993. The End of Hong Kong: The Secret Diplomacy of Imperial Retreat. London: John Murray. pp.78-79, 馬嶽,『香港政治-發展歷程與核心課題』(香港: 中文大學出版社, 2010), 15쪽에서 재인용.

Malvinas War)의 승리에 고무된 대처 수상은 1997년으로 다가오고 있는 홍콩 주권 문제에 대해 중국 측의 의사를 타진하고자 했다. 대처는 홍콩문제에 관한 '3개 조약'을 우선하겠다는 의사를 피력했다. 그러니까 '3개 조약'은 국제법적으로 유효한 것인데, 2개의 할양 건에 대해서는 담판할 필요가 없는 것이고, 1개의 조차 건에 대해서만 즉 그 기한의 연장에 대해서 논의하자는 것이었다.[88)]

이에 대해 덩샤오핑은 '3개 조약'은 명백한 불평등 조약으로, 주권 문제는 더 이상 협상의 여지가 없다는 점을 견지했다. 덩샤오핑은 1997년이라는 시간이 되면 중국은 홍콩의 주권을 행사할 것이고, 그러므로 중국의 주권이 신계뿐만 아니라 홍콩섬과 구룡반도까지도 포함된다고 했다. 이에 대해 대처가 중국이 주권 회복을 선포할 경우 홍콩에 재난이 올 수 있다고 경고하자, 덩샤오핑은 중국정부는 이미 모든 가능성을 검토하였으며, 그 재난에 용감하게 대응할 것이라고 했다. 이튿날 홍콩과 중국의 신문들은 인민대회당의 계단을 내려오면서 발을 헛디뎌 주저앉은 대처 수상의 사진을 1면 톱으로 보도했다.

이 당시 중국 측의 입장은 영국 측이 예상한 것과는 달리 이전에는 경제적 실리 입장에서 홍콩의 존재를 인정하여왔다면, '97' 이후 영국이 계속해서 주권을 행사한다는 것은 민족주의 입장에서 참을 수 없다는 것이었다. 황원팡黃文放은 덩샤오핑의 "우리 모두가 이홍장李鴻章이 될 수 있다."는 말로 당시 강경했던 중국 측의 입장을 개괄하고 있다.[89)] 주지하다시피 이홍장은 국가영웅과 매국노 사이에서 평가가 극단적으로 엇갈리는 중국 근대사의 대표적으로 인물로서, 만청 20여 년간 직예 총

88) 馬嶽, 앞의 책, 17쪽.

89) 黃文放, 『中國對香港恢復行使主權的決策歷程與執行』(香港: 香港浸會大學林思齊東西學術交流研究所, 1997), 12쪽, 馬嶽, 『香港政治-發展歷程與核心課題』(香港: 中文大學出版社, 2010), 16쪽에서 재인용.

독직에서 외교, 군사, 경제 방면에서 막강한 권한을 행사했다. 그에 대한 본격적인 연구는 민국시기 이후부터라고 할 수 있는데, 민국시기에는 긍정이 부정적인 평가보다 많았다.[90] 주목할 만한 것은 중화인민공화국 수립 이후부터 개혁개방까지 그에 대한 대륙 역사학계의 평가라고 할 수 있는데, '전반적으로 부정적'이었다. 이홍장은 역사 서적에서 언제나 매국노이거나 회자수의 이미지로 등장하고 있다.[91]

그런 입장을 대표하는 학자가 후빈胡濱이라고 할 수 있는데, 이홍장이 일생동안 내부적으로는 '인민'의 '기의(起義)'를 진압했고, 외부적으로는 민족 이익을 팔아넘겼다고 본다. 부언하자면 이홍장이 회군(淮軍)을 양성하거나 북양함대를 창건하거나 군수 공장을 설립한 것 모두가 자신의 세력을 확충하고 이익을 도모하기 위한 것이지, 외국 침략에 대항할 뜻은 추호도 없었다는 것이다. 그래서 그는 중국 최근 1백 년 역사상 가장 반동적인 인물 중의 하나라는 것이다.[92] 당시 대륙 조야에서 이런 인식은 매우 보편적이었으며, 덩샤오핑 역시 그런 영향에서 자유로울 수는 없었다. 따라서 덩샤오핑이 이홍장을 언급한 것은 반면교사로서 그를 닮으면 안 된다는 뜻이다. 즉 어떠한 어려움이 있더라도 홍콩의 주권을 찾아오지 않는다면 매국노가 된다는 것이자, 주권회수를 반드시 이루고야 말겠다는 다짐이었다.

홍콩영국 정부가 크게 놀랐던 이유는 중국 정부의 태도가 종전과 확연히 다른 강경한 입장이었기 때문이었다. 중국 정부는 홍콩이 식민지라는 것을 인정한 적이 없다. 그것이 홍콩에 대한 중국의 공식적인 입장이었다. 1972년 중국 정부는 유엔의 식민지 명단에서 홍콩과 마카오를 제외해달라고 요구한 바 있다. 그 배경에는 실리적인 측면에서 식민

---

90) 方敏 等, 앞의 책, 259쪽.

91) 方敏 等, 앞의 책, 260쪽.

92) 胡濱, 『賣國賊李鴻章』(新知識出版社, 1955), 方敏 等, 앞의 책, 260쪽.

지 홍콩의 존재가 중국에 주는 큰 이점이 자리하고 있다. 예를 들면, 한국전쟁 시기 정치적으로나 군사적으로나 홍콩은 중국이 외국과 소통할 수 있는 거의 유일한 거점이었다. 그래서 중국은 결코 홍콩이 계속해서 영국의 통치를 받는 현실을 동요시킬 뜻이 없었다.

1983년 7월 재개된 회담에서 영국 측의 카드는 주권을 주고 통치권을 가져오는 것(exchange sovereignty for administration)이었다. 즉, 주권과 통치권을 분리해서 주권은 중국에게 넘겨주되, 영국이 홍콩의 통치권을 계속 행사하자는 것이었다. 임대 방식으로 홍콩을 수십 년 더 통치하자는 것이었지만, 중국 정부가 일관되게 주권과 통치권은 분리할 수 없다는 원칙을 견지하자 회담은 소강상태에 빠졌다.[93] 중국 관방 담론을 대표하는 학자라고 할 수 있는 창스궁强世功은 당시 영국 측의 의도를 이렇게 정리하고 있다.

> 담판 초기에 홍콩에 대한 영국인의 통치권 획득을 돕기 위해, 영국 정부는 홍콩을 독립된 일방으로 런던과 북경의 담판에 끼워 넣어 이른바 '삼각의자'를 구성하고자 했다. 영국인의 목적은 매우 분명한데, 바로 홍콩인을 독립된 주체로서 담판에 참여시키는 것이, 영국이 최대 이익을 취하는데 유리하며, 향후 주권을 홍콩인에게 전달하는 이미지를 형성할 수 있어, 최종적으로 싱가포르 독립과 유사한 국면을 형성하는 것이었다. 그래서 홍콩을 하나의 독립 또는 반독립적인 정치 실체로 전환시키는 것이었다. 이른바 '정치를 백성에게 돌려준다.'는 구호는 이런 배경하에 나타난 것이다.[94]

---

93) 馬嶽, 앞의 책, 18쪽.

94) 强世功, 『中國香港: 文化與政治的視野』(Hong Kong: Oxford, 2008), 141쪽.

즉 마지막으로 영국 측은 홍콩을 싱가포르와 같은 독립된 도시 국가로 기획했으나, 중국 측의 강력한 반발로 모두 무위로 돌아갔다. 마웨馬嶽에 따르면 중국은 영국이 1997년 이후에도 홍콩을 통치한다는 것은 민족주의 입장에서 절대 용납할 수 없었던 것이다.[95] 이후 중국 측은 정치 선전전에 최대한 노력을 기울였고,—'일국양제(一國兩制)·항인치항(港人治港)·고도자치(高度自治)' 즉 일국양제와 홍콩인이 홍콩을 통치한다는 것과 고도자치를 보장한다는 것이 홍콩인들에게 수용되기 시작하여 홍콩인의 민족주의 입장에 호소하여—홍콩 반환을 지지하는 여론이 우세를 점하기 시작했다.[96]

결과적으로 1983년 9월의 제4차 협상도 무위로 끝나게 되었다. 다시 주식시장이 폭락하고 금값이 폭등하는 등 금융시장이 일대 혼란에 빠졌다. 심지어 쌀·식용유·화장지 사재기가 극성을 부렸다. 이에 중국 정부는 한발 더 나아가서 1984년 9월까지 합의에 도달하지 못할 경우, 중국 측이 일방적으로 홍콩정책을 발표할 것이라고 경고하고 나섰다. 이후 홍콩 영국 당국은 홍콩의 경제 안정이 자국의 이익에도 직결된다는 점을 인식하고 환율 안정을 위해 환율 연계 제도(linked exchange rate system)를 도입하는 등 경제 안정을 최우선적으로 고려하기 시작했다. 코트렐(Cottrell)에 의하면 대처의 특사 크래독(Percy Cradock) 등의 외교관들이 중국 측의 입장이 매우 강경하기에 영국 정부의 입장을 전환해야만 한다는 건의를 한 게 이 시점이었다.[97] 1983년 12월의 제7차 회담부터 담판은 중국 측이 제기한 기본 원칙을 중심으로 진행되었다. 12개

95) 馬嶽, 앞의 책, 16쪽.

96) 馬嶽, 앞의 책, 17쪽.

97) Cottrell, Robert. 1993. The End of Hong Kong: The Secret Diplomacy of Imperial Retreat. London: John Murray. 128-129쪽. 馬嶽, 『香港政治-發展歷程與核心課題』(香港: 中文大學出版社, 2010), 19쪽에서 재인용.

조항의 방침은 아래와 같다.

1. 주권 반환 후 홍콩특별행정구를 설립한다.
2. 홍콩특별행정구는 중앙인민정부에 직속되며, 외교와 국방사무를 제외하고, 고도의 자치를 실행한다.
3. 홍콩특별행정구는 행정권 · 입법권 · 사법권과 최종심판권을 지니며, 현행 법률은 기본적으로 바뀌지 않는다.
4. 홍콩특별행정구는 현지인 스스로가 통치한다.
5. 홍콩의 사회 · 경제 제도, 생활 방식은 바뀌지 않으며 거주민의 권리와 자유 · 개인재산 · 기업 소유권 등은 법률의 보호를 받는다.
6. 자유항과 독립관세 지역의 지위를 유지한다.
7. 국제금융센터의 지위를 유지하고, 외환 · 금 · 증권 · 선물시장은 계속 개방하며, 자금의 출입은 자유이며 홍콩달러는 계속 유통하며 자유 태환한다.
8. 홍콩에서의 영국 이익을 보호한다.
9. 재정은 독립되며, 중앙정부는 홍콩으로부터 징세하지 않는다.
10. 홍콩특별행정구는 '중국 홍콩'의 이름으로 각국 및 각 지역 그리고 유관 국제 조직과 경제 · 문화적 관계를 유지 · 발전시킬 수 있으며, 협정을 체결할 수 있다.
11. 사회치안은 홍콩특별행정구 스스로 유지한다.
12. 홍콩특별행정구 '기본법'을 제정한다.

1984년 9월, 북경의 인민대회당에서 중국과 영국의 대표는 홍콩 문제에 관한 '공동 성명'을 체결하였다. 1997년 7월 1일을 기해 중국정부가 홍콩에 대한 주권을 행사한다는 것이 주요 내용이다. 동년 12월, 2년간의 협상을 거쳐 양국 지도자가 참석한 가운데 정식으로 체결 의식을 진행했다. 이어서 1985년 제6차 전국인민대표대회에서 '공동 성명'이 비준되고, 동시에 홍콩특별행정구 '기본법 기초위원회(Basic Law Drafting Committee)'를 구성하는 결정이 통과되었다. 위원회는 23명의 홍콩 위원과 36명의 중국 위원으로 구성되었는데, 홍콩 위원 중 민주파에 해당하는 사람은 리주밍李柱銘과 스투화司徒華 둘('6·4' 이후 제명당한다)뿐이었다. 중국정부는 이와 동시에 180명으로 '기본법 자문위원회(Basic Law Consultative Committee)'를 구성하였다. 전원이 홍콩인으로 구성된 위원회의 목적은 기본법 초안을 위한 여론 수집이었다. 위원은 각계각층으로 구성되었지만, 친중파가 절대다수를 점했다. 1990년 4월, 마침내 전국인민대표대회는 '중화인민공화국 홍콩특별행정구 기본법'을 통과시켰다. 이 과정은 속도나 규모로 볼 때, 피할 수 없는 하나의 거대한 조류로 기획되었다. 여덟 번째 방 앞에는 물론 기본법에 대한 설명문이 빠질 수 없다.

기본법 The Basic Law

홍콩특별행정구 기본법은 덩샤오핑이 제기한 '일국양제' 구상에 근거한다. 홍콩의 실제 상황에서 출발하여 중국 국가의 주권을 수호하고, 통일과 영토 안정, 그리고 홍콩특별행정구에 고도의 자치를 부여하는 것 등의 요인과 결합하여, 일국양제 방침을 구현하는 독자적인 법률 문건이다. 기본법은 홍콩특별행정구의 행정 장관 탄생 및 행정 관리 제도·입법·사법·경제와 교육 등 각 방면에 대해 명확한 규정을 하고 있다.

'중화인민공화국 홍콩특별행정구 기본법'에서 가장 중요한 조항은 제4조와 제5조, 제6조라고 할 수 있다. 홍콩특별행정구는 법률에 의하여 거주민의 권리와 자유를 보장한다는 것과, 사회주의 제도와 정책을 시행하지 않고 원래의 자본주의 제도와 생활방식을 유지한다는 것과, 법률에 의해 사유재산권을 보호한다는 내용이다. '기본법'에 의하면 홍콩특별행정구(Hong Kong Special Administrative Region, HKSAR)는 중국의 일부로서 고도의 자치권을 향유한다. 아울러 토지와 자원은 국가소유이며, 홍콩특별행정구 정부는 토지와 자원의 운영권을 보유하며, 홍콩은 중국의 국가상징과는 별도로 지역 및 지역상징을 사용한다.[98)]

'기본법'은 중국 중앙정부와 홍콩특별행정구와의 관계를 명확하게 규정하고 있다. 즉, 홍콩특별행정구는 중국의 지방행정구로서 고도의 자치권을 향유한다. 하지만 중앙정부가 외교와 국방을 책임지며, 외교부는 홍콩에 사무소를 설치하고, 중국 군대가 홍콩에 주둔한다. 아울러 중앙정부가 홍콩의 행정수반(Chief Executive)을 임명한다는 점도 분명히 하고 있다. 마웨는 기본법의 쟁점으로 미래 행정장관과 입법의원의 구성문제를 꼽는다. 민주파는 행정장관을 직선으로 선출하고 주권반환 이후 첫 입법회의의 절반 의석을 직선으로 구성하자고 주장한 반면, 친중파는 직선 의석보다는 직능조별 의석을 늘이고 행정장관은 비직선 방식으로 선출해야 한다는 의견이었다.[99)]

가장 중요한 점은 '기본법'의 해석과 개정에 관한 문제인데, 당연히 중앙정부 즉, 국회격인 전국인민대표대회(全人大)가 그 권한을 가진다. 개정안 발의권은 특구정부 · 전국인민대표대회 · 국무원 등 3개 기관에게 있어 권한이 상당히 유연하다는 느낌을 받을 수 있다. 하지만 특구정부가 발의할 경우 특구 인대대표 3분의 2 이상과 입법회의 3분의 2 이상 그리고 특구 행정장관의 동의를 통과해야만 중앙의 전인대에 회

---

98) 유영하, 앞의 책, 51-52쪽 참조.

99) 馬嶽, 앞의 책, 26쪽.

부될 수 있다는 점에서 실제적으로는 불가능하다고 볼 수 있다. 명실상부한 중앙-지방정부의 모양새를 갖추고 있는 것이다. 이것으로 볼 때 정치적으로 중국-홍콩 간 주종관계가 분명해 보인다. 따라서 중앙정부의 지도급 인사들에 의한 주종관계의 확인과 교육은 간단없이 반복되고 있다.

홍콩에 대한 주권회복을 위한 담판을 전개하면서 중국정부가 내세운 최고의 카드는 '일국양제'라는 제도였다. 당시 영국의 대처 수상을 비롯한 전 세계 지도자들로부터 "상상력이 풍부한" 정치 구상이라는 칭송을 받은 '1국가 2체제' 방침은 대만과의 통일 문제를 해결하기 위해 내놓은 중국 측의 구상으로, 홍콩과 마카오의 주권 회수를 위한 방안으로 우선 적용되었다. 즉 중국 본토에는 사회주의를, 대만 · 마카오 · 홍콩은 자본주의 제도를 시행하는 것이다.

영국의 의해서 150년간 자본주의가 시행되어온 홍콩에 사회주의를 시행한다는 것은 실현가능성이 매우 낮을뿐더러 사회혼란을 가져올 수밖에 없다는 현실을 우선 고려한 해결 방법이라고 보아야 한다. 바로 중국사회주의라는 주체 안에서 홍콩자본주의 제도와 그 생활방식을 부차적으로 실행한다는 것이고, 그것을 앞으로 50년 동안 보장한다는 것이다.[100)]

일찍이 1950년대부터 중국 정부는 대만과의 통일 문제를 평화적으로 해결하기 위한 방안을 검토했다. 1955년 5월 저우언라이周恩來 총리는 전인대에서 대만 문제 해결을 위한 방식으로 전쟁적 방식과 평화적 방식 두 가지가 있다고 전제하고, 중국 인민은 가능한 평화적 방식으로 문제 해결을 원한다고 한 적이 있다. 1979년 1월 말에서 2월 초까지 미국을 국빈 자격으로 방문한 덩샤오핑은 대만과의 통일 문제를

---

100) 유영하, 앞의 책, 44쪽 참조.

언급하면서 중국 정부가 대만의 현실과 현행제도를 존중할 것이라는 약속을 했다.[101] 1981년 8월 26일, 덩샤오핑은 대만 홍콩 인사들과의 만남에서 이렇게 말했다.

> 우리는 최대한 평화적인 방식으로 대만 문제를 해결하고 조국 통일을 실현하고자 한다. 하지만 모종의 상황적 강요에 의한 무력 사용을 배제할 수는 없다. 무력 방식으로 대만 문제를 해결하더라도, 대만의 현상은 불변할 수 있다. 대만은 중화인민공화국의 일개 성, 일개 지역으로서 원래의 제도와 생활방식을 유지할 것이다.[102]

구체적으로는 1981년 전국인민대표대회 상무위원장 예젠잉葉劍英의 명의로 발표된 9개 조항의 성명에서 처음으로 1국가 2체제 구상이 보인다. 국가가 통일된 후 대만은 특별행정구가 되며, 고도의 자치권을 향유한다는 것, 대만 현존의 사회경제제도는 불변이라는 점 등이 포함되어 있다. 1국가 2체제의 초보적 구상은 당초 중국정부에서 대만과의 통일 문제를 해결하기 위해 마련하였다. 하지만 결과적으로 덩샤오핑의 강력한 주장에 의해 홍콩과 마카오에 우선 적용되었던 것이다. '홍콩 스토리' 제8전시실 게시판에는 덩샤오핑의 사진이 크게 걸려 있다. 그리고 여덟 번째 방 앞에는 물론 일국양제에 대한 설명문이 있다.

---

101) 周子峰 編著, 『圖解 香港史-一九四九至二0一二年』(香港: 中華書局, 2012), 84쪽 참조.

102) 周子峰 編著, 앞의 책, 84쪽에서 재인용.

'홍콩 스토리'에 전시된 주권반환 관련 사진

일국양제(一國兩制) One Country, Two Systems

1979년 국가 지도자 덩샤오핑은 미국을 방문하여 처음으로 '일국양제' 구상을 공개했다. 일국양제 방침에는 세 가지 특징이 있다. 첫째, 국가 주체는 사회주의다. 둘째, 하나의 통일된 국가 속에 사회주의와 자본주의 등 두 가지 제도가 평화적으로 공존, 상호 촉진, 공동 번영한다. 셋째, 이 방침은 기본 국책으로서 장기적으로 안정적이며 법률적으로 보장을 받는다.

덩샤오핑은 1981년 4월 영국의 외교부의 수장 칼링톤(Baron Carlington)을 만난 자리에서, 1979년 맥리호 총독에게 보증했던 홍콩의 생활 방식과 정치 제도는 불변한다는 약속을 재확인했다. 당시 그는 일국양제 구상에 대해서는 구체적으로 언급을 하지 않았다. 덩샤오핑이 '일개 국가, 양종 제도'이라는 어휘를 처음으로 언급한 시점은 1982년 1월 대만 문제를 이야기하면서였고, 덩샤오핑이 '일국양제'에 대해 조금 더 자세하게 언급한 것은 1982년 9월 대처 영국 수상과의 회담에서

였다.[103)]

기본 내용은 중화인민공화국 내 국가의 주체(13억 인구의 대륙)에는 사회주의를 계속 시행하고, 홍콩 · 마카오 · 대만은 자본주의를 시행하는 것이다. 그때부터 중국정부 내부에서 덩샤오핑의 구상을 가다듬어 대 홍콩 정책으로 확정하였고, 그해 12월 전국인민대표대회에서 헌법 제31조로 확정했다. 당시 1국가 2체제가 억지로라도 홍콩인과 영국정부에 받아들여진 이유는 이 제도의 중점이 1국가보다는 2체제에 그리고 고도의 자치에 있었기 때문이다. 하지만 최근 중국정부는 2체제보다는 1국가 원칙을 더욱 강조하고 있는 실정이다.[104)] 중국 정부는 수시로 일국양제에서 양제보다는 일국이 중요하다는 것을 강조하고 있다.

하지만 상술한 시각에 대해 창스궁은 덩샤오핑 개인의 지혜로만 보는 것은 편협한 시각이며, 그 배후는 보지 못하는 것이라고 비판한다. 즉 "실제적으로 일국양제 사상은—중국 변경 정치에 관하여—마오쩌둥부터 중국 역대 위대한 정치가의 연속적인 사고를 관통하고 있다."[105)]는 것이다. 창스궁에 의하면, 마오쩌둥은 1948년 중국 변경 정치에 대해 고민하면서 티베트와 홍콩, 마카오, 대만 문제를 함께 사고했다. 그래서 1951년 '17조 협의'로 티베트 문제를 처리했다. 창스궁은 '17조 협의'와 대만 정책인 예젠잉의 '9개 조항', 그리고 대 홍콩 방침인 '12조 정책'을 비교하여 아래와 같은 공통점을 도출했다.

첫째, 중화민족의 통일성 및 국가 · 영토 주권을 수호하는 것이다. 둘째, 티베트 · 대만 · 홍콩은 중앙 정부 직속이지만, 고도의 자치 권력을 보유한다. 셋째, 티베트 · 대만 · 홍콩은 자치구 또는 특별행정구로서 내지 지방정부와는 달리 자신의 정치 · 경제 · 사회 제도와 생활 방식을

---

103) 周子峰 編著, 앞의 책, 84쪽 참조.

104) 유영하, 앞의 책, 44-45쪽 참조.

105) 强世功, 『中國香港: 文化與政治的視野』(Hong Kong: Oxford, 2008), 112쪽.

보유한다. 즉, 티베트의 달라이 라마나 판찬 라마와 같은 지도자를 받드는 정교일치를 보장하는 것 등이다. 넷째, 전국 정치협상회의와 전국인민대표대회를 통해 국가 경영에 참여할 수 있는 것이다. 다섯째, 지방 정부나 거주민은 국가에 대한 병역 · 납세 등의 의무나 책임을 질 필요가 없다.[106]

창스궁은 "만약 홍콩이 '일국양제' 하에서 고도의 자치를 유지하고, 동시에 행정장관과 입법회의 보통선거를 실현하고자 한다면, 유일한 방법은 바로 '일국'과 '민주' 사이에 적절한 평형점을 마련하는 것"[107]이라고 했다. 일국과 양제 사이의 아슬아슬한 상황을 적시하는 것이고, 이에 대한 중국 정부의 우려를 표명하는 것이 아닐 수 없다. 일국을 보장하기 위해 민주는 적당한 선에서 제한 당할 수박에 없는 현실을 보여준 것이다.

일국양제는 영어로 'One Country, Two Systems'이다. 왜 1국가의 국가가 'state'가 아닌가에 대해 창스궁은 'country'는 국민과 자연 영토 사이의 내재 관계를 강조하는 것이기에 조국 · 국토 · 향촌 같은 개념을 내포하고 있는 것으로 본다. 그래서 법률 제도에 의해 구성된 정치조직으로 해석되는 'state'와 다르다는 것이다. 즉 'state'는 국민과 국가 정체 사이의 내재 관계로서 정부 · 공공권력 · 정체를 의미하기 때문이다.[108] 'country'는 바로 문화 역사 전통 중에서 자연스럽게 형성된 운명 공동체라는 것이다. 인위적으로 만든 국가가 아니라는 것이다.[109] 따라서 일국양제 치하에서 홍콩인의 신분은 매우 복잡하고 애매할 수밖

---

106) 强世功, 앞의 책, 113-115쪽.

107) 强世功, 앞의 책, 183쪽. 嚴飛,「香港大陸化, 還是大陸民主化」,『二十一世紀』, 2011, 17쪽에서 재인용.

108) 强世功, 앞의 책, 130쪽.

109) 强世功, 앞의 책, 136쪽.

에 없다.

> 홍콩 시민의 국적은 매우 복잡한데, 기본법은 홍콩인에게 각종 정치 자유 권리를 부여했다. 예를 들면 입법회의 의원과 행정장관을 선출할 수 있는 권리이다. 하지만 그들은 홍콩 국민이 아닌데, 국민은 국가의 구조와 연결되는 것으로서 홍콩은 국가가 아니기에 기본법에서 '홍콩 거주민'으로 호칭하는 것이다. 기본법 부칙에서 중화인민공화국의 국적법을 홍콩에 적용하는데, 홍콩인을 중국 국민으로 만든다. 하지만 그들은 중국 국민으로서 국가 헌법이 규정하는 국민의 권리를 향유하지 못한다. 또 국가 헌법이 규정하는 국민의 의무를 이행하지 않는다. 더욱 복잡한 것은 홍콩에 영국 거주권을 지닌 사람이 적지 않다는 것인데, 영국의 속토 국민(BDTC) 또는 해외 국민(BNO)(당시 홍콩인은 반환을 두려워해서, 영국 거주권을 얻기 위해 고통의 시기를 보냈다.) 이 때문에 중국은 '이중 국적'을 제기했다.[110]

일국양제는 실제적으로 일국의 범위와 국력, 홍콩 지도자 선출 제도나 의회 선거를 보더라도 홍콩에 적용되는 후식민의 상징일 수밖에 없다. 영국 통치 시기와 마찬가지로 여전히 시민의 정치적 자유가 박탈된 상태이기 때문이다. 영국 식민지하에서 홍콩인은 자신을 통치하는 자를 보통 · 평등 · 직접 · 비밀 선거를 통해 선출할 수 없었다. 불완전한 민주라는 측면에서 보면, 홍콩인이 홍콩을 통치한다는 것은 영국 백인이 아닌 홍콩 출신의 백인—즉 중국 정부가 파견하는 정치인이 아닌—

---

110) 强世功, 앞의 책, 131쪽. 1976년에 제정된 영국 국적법에 따라 세 종류의 국민으로 나뉘는데, 영국 거주권이 있는 영국 국민, 영국 거주권은 없으나 출입이 자유로운 영국 연방 국민-영국 속토 국민, 영국 거주권도 없고 출입도 자유롭지 않는 영국 해외 국민 등이다. 홍콩인은 최종적으로 영국 해외 국민으로 규정되었다.

이 다스리는 것의 다름 아니다. 따라서 홍콩 시민은 시민으로서 수행해야 할 의무만 있을 뿐 누려야 할 권리는 부족하다.

사실 행정 체제 역시 크게 바뀐 점이 없다. 조금 달라진 것이 있다면 최고 통치자인 총독이 행정장관으로 전환되었다는 것이다. 중국정부에 의해 최종 임명되는 특구 행정장관의 직권 설계는 국가 체제의 내각제를 흉내 낸 것으로, 행정장관은 행정의 수장이면서 홍콩을 대표한다. 장관의 주요 직무는 법안에 서명하고, 법률을 공포하며, 정책을 결정하고, 주요관리를 지명하고, 법관에 대한 임면권을 지니며, 사면과 감형권을 가진다. 그는 이전의 총독처럼 입법회의를 이끌지는 않지만, 그것에 대한 해산권을 가지고 있다.

설명에서 '일국양제'의 첫 번째 특징을 "국가 주체는 사회주의다."라고 명시하고 있다. 중국사회주의에 대한 이해가 불가피하게 요구되는데, 주지하다시피 사회주의 발전 모델은 마르크스의 역사발전 5단계 이론에 근거한다. 즉, '원시 공산사회, 노예제 사회, 봉건제 사회, 자본주의 사회, 공산주의 사회'가 그것이다. 마르크스의 이론에 따르면, 1949년 10월 1일 중화인민공화국의 출범은 과도기인 사회주의로의 진입을 의미한다. 이에 대해 우파 성향의 학자들은 중국의 자본주의 단계에 대해 의문을 표시한다. 요컨대 사회주의는 자본주의를 전복해야만 진입이 가능한 것인데, 중국에 과연 자본주의 시기가 존재했는가 하는 것이다. 중국공산당은 이에 대하여 크게는 아편전쟁 이후 외세에 의해 점령당한 조차지 내에 나타난 자본주의적 현상을 내세우고, 작게는 1910년대에서 1940년대까지 상해를 비롯한 대도시에 출현했던 빈부격차를 그 증거로 제시하고 있다.[111]

아무튼 마르크스의 이론에 따르면 현재 지구상에 남아 있는 사회주

---

111) 유영하, 앞의 책, 46-48쪽 참조.

의 국가는 사회주의 단계라는 과도기에 처해 있다. 그들은 소위 공산사회라는 이상사회를 지향해서 나아가고 있는 중이다. 이 과도기에 대하여 마르크스는 뚜렷한 규정을 하지 않았고, 또 이 과도기에 대해 구체적인 견해를 밝힌 적이 없다. 따라서 그동안 사회주의 국가는 자신들이 처한 환경에 따라 이론 체계를 구축해왔다. 그렇다면 개혁개방 이후의 중국을 사회주의국가라고 할 수 있느냐는 항의성 질문이 당연히 제기된다. 자본주의 사회라고 불러도 크게 어긋나지 않을 만큼, 아니 일부 자본주의 사회보다 더 자본주의적인 시장경제 체제로 전환되었기 때문이다. 하지만 개혁개방의 최고 전도사라고 할 수 있는 덩샤오핑이 사회주의는 사회주의인데 중국 특색의 사회주의라고 명명하면서 이론의 딜레마를 해소시켰다고 알려져왔다. 일국양제는 중국 특색의 사회주의를 구성하는 매우 중요한 요소이다. 진야오지金耀基는 1978년 이후 덩샤오핑이 지속적으로 강조한 '중국 특색의 사회주의 현대화' 길은, 자본주의를 향한 사회주의의 이동이라기보다는 공산 국제주의가 공산 민족주의로 이동한 것으로 봐야 한다고 했다.[112)]

이후 중국은 사회주의냐 아니면 자본주의이냐 하는 이념논쟁으로부터 매우 자유스러워진 상태가 되었다. 그럼에도 불구하고 최첨단 자본주의를 구가하는 홍콩을 수용하고자 중국 대륙 전체가 당장 홍콩식 자본주의 체제 즉 자유를 최대한 용납하는 홍콩식 자본주의로 전환할 수도 없는 노릇이었다. 사실 중국-홍콩 양자 간의 관계 정의는 관련 부문 학자들 사이에서 치열하게 전개되고 있는 쟁점 중의 하나인데, 홍콩식 자본주의의 북진이 우세하다고 보는 시각도 매우 크게 자리 잡고 있다. 즉 중국에서 추진되고 있는 자본주의 시장 경제는 홍콩식이라는 것

112) 金耀基, 「民族主義與現代中國」, 『中國社會與文化』(Hong Kong: Oxford, 1992), 171쪽.

이다. 홍콩의 입장에서 보더라도 '1국가 1체제' 형식은 용납될 수 없는 것이었다. 왜냐하면 150년간 자본주의 생리에 익숙해온 그들에게 사회주의 체제로의 직행을 요구하는 것은 홍콩사회를 전복시킬 수 있는 크기의 충격이자 홍콩 번영의 종말을 의미하기 때문이다.

중국공산당의 공식 이론에 따르면, 현재 중국은 사회주의 초급단계에 처해 있다. 이론적으로 중국의 사회주의 초급단계의 최종 시점은 2050년이다. 초급의 목표는 전체 중국의 생활수준이 먹고살 만한 상태인 '소강(小康)'에 도달하는 것이다. 연해 대도시와 경제 특구들은 이미 그 수준에 다다른 것으로 보고 있다. 중국정부는 그런 판단 아래 나날이 확대되고 있는 동서 격차를 감소시키기 위해 서부지역 개발을 대대적으로 독려하고 있는 것이다. 개혁개방 이후 중국의 경제발전이 황해를 위시한 연해지역 중심으로 전개되다 보니 지역 간 편차가 매우 크게 나타나고 있다. 지역 간의 발전 격차는 물론 개인 간의 빈부격차는 중국의 발전을 위협하고 있는 가장 큰 문제가 된 지 오래다.[113)]

연해와 내륙의 빈부격차를 줄이고, 전체 인민의 생활수준을 먹고살 만한 상황으로 제고시키는 것이 사회주의 초급 단계의 목표이다. 2050년쯤 되면 그 수준에 도달할 것이라고 중국정부는 내다보고 있다. 그래서 주권 반환 당시 홍콩의 자본주의 체제를 1997년부터 50년간 유지하기로 보장한 것이다. 그즈음이면 내지 도시와 홍콩의 경제 역량은 비슷한 수준이 될 것이라고 본다. 중국 전체가 '소강' 수준에 도달하면 최첨단 자본주의 시스템을 시행하고 있는 홍콩의 충격을 흡수할 수 있다고 예상하는 것이다. 하지만 이와 관련하여 중국정부는 이론 시비를 불러일으킬 수 있다는 우려 때문에 그 이후 즉, 중급 단계나 최종 단계에 대한 공식적인 의견은 발표하지 않고 있다.

---

113) 유영하, 앞의 책, 44-45쪽 참조.

홍콩해방박물관, '홍콩과 시민을 사랑하는' 인민해방군에 대한 설명

해방(海防)박물관의 열한 번째 전시실의 제목은 인민해방군의 홍콩 주둔을 뜻하는 '홍콩 주둔(香港駐屯)'이다. 인민해방군이나 중국군이라는 표현은 전혀 사용하지 않고 있는 점이 재미있다. 주둔의 주체를 정확하게 밝히지 않고 있지만, 그 점이 인민해방군의 홍콩 주둔 당위성을 더욱 크게 부각시키고 있는 것이다. 중국 인민해방군의 역사 · 해방군 내 홍콩 주둔 부대의 창립 · 주권 반환을 전후하여 홍콩에 주둔하는 과정 및 홍콩에서의 방위 임무와 생활 면모를 소개하고 있다. 각종 군복 · 휘장 · 군기 · 사진 · 모형 등이 전시되어 있다. 초점은 당연히 주둔의 당위성과 홍콩 주민의 뜨거운 환영 장면이다.

주권 반환 협상 과정에서 군대 주둔 문제로 홍콩 사회가 크게 시끄러웠던 적이 있다. 당시 홍콩인들이 인민해방군 홍콩 주둔에 대해 매우 민감하게 생각하고 있던 차, 이를 진정시키기 위해 중국 외교부장 황화黃華가 홍콩에 군대를 진주하지 않을 것이라고 했다. 하지만 이 발언은 최고 지도자 덩샤오핑에 의해 공개적으로 부정되었다. 그는 주둔의 필요성으로 주권을 선포하는 것일 뿐 아니라, 서방세력이 홍콩을 대륙 전복을 위한 기지로 삼으려는 기도를 방지하기 위함이라고 밝혔다.[114] 홍콩전시회 팸플릿의 소개 내용은 아래와 같다.

---

114) 强世功, 앞의 책, 114쪽.

홍콩해방박물관에
전시된 사진

중국인민해방군 주 홍콩부대(약칭 홍콩 주둔군)는 중앙인민정부가 홍콩특별행정구의 방위책임을 위해서 파견한 부대이며, 중앙군사위원회가 통솔한다. 중앙정부는 홍콩 주둔을 통하여 홍콩 영토와 영해 및 영공에 대한 주권을 체현한다. 《기본법》과 《주둔법》의 규정에 근거하여, 홍콩 주둔군의 임무는 홍콩 특구의 방위를 담당하는 것이다. 1997년 7월 1일 0시, 부대는 홍콩에 정식으로 진주하고, 방위 직무를 이행하여, 홍콩 방위 역사의 새로운 페이지를 열었다.

홍콩 주둔군이 홍콩에 진주한 이래, 인민을 위해 복무한다는 목표를 성실하게 지키며, 직무를 충실히 이행하고, 기율을 준수하여, 홍콩 시민의 신임과 사랑을 받았다. 이번 전시는 주 홍콩 부대의 성립 배경과 홍콩 주둔 이후의 책임, 그리고 홍콩에서 받는 훈련 내용 및 홍콩특별행정구에 대한 공헌을 소개하고 있다.

2009년 7월 31일부터 2010년 1월 6일까지 홍콩해방박물관에서는 '위무(威武)와 문명(文明)의 군대'라는 주제로 중국인민해방군 주 홍콩부대 전시회를 개최하였다. '위무(威武)'와 '문명(文明)'은 부대의 자랑스러운 가치로 보이며, 지금도 그 용어는 부대의 사진이 등장하는 곳에는 반드시 등장하고 있다. 한어대사전을 찾아보면 '위무'는 '권세', '무력', '용감함'으로 해석되어 있고, '문명'은 비교적 가까운 의미로는 '사회발전 수준이 비교적 높고, 문화가 있는 상태'와 '새로운' '현대적' 그리고 '인도적'이라는 뜻이다. 최근 중국에서 가장 유행하고 있는 어휘를 꼽으라면 나는 '문명'을 들 수밖에 없다. 중국 대도시 거리를 장식하고 있는 플래카드와 게시판의 문구에서 가장 많이 등장하고 있기 때문이다. 역사적으로 본다면 문명이라는 말 속에는 시민 사회로의 진보와 계몽이 포함되어 있고, 사회학적으로 야만이나 미개를 지나서 문명의 단계를 지칭하는 것이기도 하다.[115]

홍콩해방박물관 입구, 특별전시인 '위무와 문명의 부대' 광고 플래카드

따라서 중국공산당으로서는 주둔군이 반문명적이거나 비문명적이 아니라는 점을 강조하고 싶었을 것이고, 더불어 무력적으로 나약한 군대가 아님을 자랑하고 싶은 것이다. 그동안 인민해방군은 권력을 창출한 일등 공신이라는 측면에서 특별대우를 받아왔고, 그와 더불어 반문

115) 중국 대도시 곳곳에 게시된 문명 화두와 관련하여 유영하, 『이미지로 읽는 중화인민공화국』(소명출판, 2012), 15-47쪽까지 참조할 것.

명적인 이미지를 구축해온 역사를 생각하면 문명적인 군대라는 수식어를 기용한 배후를 어렵지 않게 이해할 수 있다. 따라서 수식어로 볼 때, 중국인민해방군의 홍콩 주둔 부대는 '용감하면서 문명적인 군대'임을 강조하고 싶은 것이다. 동시에 군인들에게 '위풍당당하면서' '예의 바르게' 처신하라는 주문일 테고, 홍콩인들에게도 우리는 더 이상 당신들이 예전에 알던 그런 반문명적인 군대가 아니라는 메시지를 전달하고 싶은 것이다.

홍콩과 내지가 상호 밀접한 관계를 형성하고 있었다는 스토리텔링은 현대까지도 이어진다. '정치사적으로 현대 중국에서 홍콩의 역할'이라는 제목의 설명문에는 "영국 통치하의 홍콩과 내지 관계는 여전히 밀접"했다는 전제하에 "홍콩의 정치 환경이 비교적 자유롭고 개방적이기에 개혁파 및 혁명파 모두 홍콩에서 신문이나 잡지를 발행하여 지지층을 확보하였으며, 혁명 당원은 홍콩의 특수한 환경을 이용하여 반청 혁명 활동을 조직했다."는 설명을 하고 있다. 홍콩이 내지와 정치적으로 밀접하게 연결되어 있다는 언설은 애국주의와 직결되는 스토리텔링이다.

4) 애국운동

중국과 홍콩과의 관계, 특히 정치적 연계 역시 '홍콩 스토리'가 놓쳐서는 안 되는 지점일 것이다. '화인(華人)'의 삶이 시시각각 성스러운 '조국'인 중국과 연결되어 있음을 확인하고 강조하는 것이야말로 애국주의 역사학의 기본 테마이기 때문이다. 따라서 '홍콩 스토리' 곳곳에는 중국-홍콩 간 밀접한 유대를 확인하는 내용이 수시로 등장하고, '조국'으로서 중국의 안위와 직결되는 홍콩인의 행동이 중점적으로 스토리텔링되고 있다. 아래 설명문은 홍콩의 '화인'이 중국의 근현대사와 시시각각 연결되어왔음을 관람객에게 알리고 싶은 열정으로 가득하다.

홍콩에 대한 중국 정치 상황의 충격

Social Upheavals in Hong Kong in Response to Developments in China

만청 시기, 열강의 침략은 홍콩 화인(華人)의 애국 정서를 촉발시켰다. 1884년 중불전쟁시기, 홍콩인은 프랑스 군함에 대한 보급과 수리를 거절했고, 또 파업과 파시에 참여했다. 1919년, 중국은 파리강화회의에서 강압에 의해 21개조를 수락하고 산동 이권을 일본에게 넘겨 '54운동'을 야기했다. 홍콩의 학생 · 노동자는 분분히 시위와 일본 제품 불매운동으로 호응했다. 1925년, 상해에서 '530 참안(慘案)'이 발생하자, 광동 및 홍콩 노동자는 각각 파업에 참여하여 항의를 표시했다. 이 '성항(省港)대파업'은 장장 16개월 동안 진행되었고, 연인원 25만 명이 참가하여, 홍콩 사회 · 경제에 심대한 영향을 주었다.

1884년 중국-프랑스 간 전쟁이 발발하면서, "홍콩인은 여전히 조국을 깊이 사랑하여"[116] 항구의 운수 노동자들은 프랑스 상선을 위해 더 이상 하역작업을 하지 않기로 했다. 결과적으로 심각한 손실을 입은 프랑스 상인들이 노동자들을 법원에 제소하였고, 법원은 노동자들의 즉각적인 복귀를 명령했다. 하지만 항구 노동자들은 총파업으로 대응했고, 경찰과 영국군은 파업 지도부를 체포했다. 당시 언론은 이 사건을 "홍콩 유사 이래 가장 중대한 폭동"[117]이라고 했다.

"수천수만 중국인의 애국심을 일깨운"[118] '54운동'에 대한 언급 또한 빠질 수 없다. 당시 홍콩에서 전국 각 도시처럼 그렇게 크게 파업과 파

116) 陳志華 · 黃家樑, 『簡明香港歷史』(香港: 明報出版社, 2000), 52쪽.

117) 陳志華 · 黃家樑, 앞의 책, 52쪽에서 재인용.

118) 陳志華 · 黃家樑, 앞의 책, 70쪽.

'홍콩 스토리'에 전시된 홍콩식 서당

시 그리고 수업 거부 활동이 일어난 것은 아니지만,[119] 일부 홍콩 학생과 시민은 반일 시위와 일본 제품 불매운동에 참가하기는 했다. 당시 영안(永安) · 선시(先施) · 대신(大新) 등의 백화점에서는 공개적으로 국산품을 장려하고 일본 제품을 팔지 않았다. 하지만 실제로 앞에서는 국산품 애용을 외치면서도 뒤에서는 일본제품을 판매하기도 했다.[120] 그리고 각 사립학교 어문 교사는 '54운동'의 의의를 수시로 설명하고, 일본 제품 불매운동을 작문 제목으로 내는 등 학생들의 반일의식을 고취시키고자 했다. 하지만 파급의 정도로 볼 때 결과적으로 '홍콩 스토리' 설명문의 분위기와는 달리 그 영향은 미미했다고 할 수 있다. 천관중陳冠中의 지적처럼 신해혁명과 마찬가지로 '54운동'은 홍콩까지 내려오지 않았다. 홍콩정부와 보수파는 청년 학생들의 신문화운동 파급을 차

119) 蔡榮芳, 『香港人之香港史 1841-1945』(Hong Kong: Oxford, 2001), 102쪽.
120) 蔡榮芳, 앞의 책, 103쪽.

단하고 견제하기 위해, 정부의 교육부서는 각 학교의 한문교육을 강화하기 위해 한문 장학관을 파견하기도 했으며, 또 일부 학교에서는 사서(四書)를 한문 교재로 삼기도 했다.[121]

사실 1911년 신해혁명 이후 만청(晚清)의 수재(秀才)나 거인(擧人) 등의 지식인들이 홍콩에 잇달아 도래하여 사립학교를 개설하였다. 이에 홍콩정부는 1913년에 교육조례를 제정하여 한문 사립학교의 정치활동을 규제하였는데, 공자(孔子) 탄신 기념 활동까지도 교육당국의 허락을 받아야만 했다. 하지만 한편으로 홍콩 정부는 한문 사립학교의 경서 수업을 장려하였기에 홍콩의 많은 부호들이 자신의 자제를 이런 학교로 보냈다.[122] 따라서 홍콩에 일시적으로 보수적인 분위기가 팽배했다고 볼 수 있다.

주지하다시피 산동에 대한 독일의 이권을 일본이 인수하는데 다른 승전국이 동의해서 유발된 사건이 조성한 '54신문화 운동'은 20세기는 물론 지금까지도 민족 이데올로기 형성에 더 이상 좋을 수 없는 아이콘이다. '홍콩 스토리'에서는 중국에서 국가관 형성을 위해 최우선적인 재료로 활용하고 있는 '54운동'을 언급하여, 이 운동과 홍콩의 연계성을 강조하여 홍콩 역사를 중국 근현대사에 편입시키고자 하는 전략을 구사한다. '54운동' 자체를 성역으로 진리화하고 있는 중국공산당은 신문화운동 자체를 이미지 고양 작업에 동원하고 있다. 지금까지도 대대적인 기념활동을 전개하는 등 진보적 의의로 자리 잡은 '54운동' 이미지를 적극적으로 활용하고 있다.

따라서 천터陳特 같은 홍콩 학생 운동의 지도자들이 '54운동'에 대한 환상을 가지게 된 것은 자연스럽다. 그는 '54운동'의 분위기가 광동 특

121) 蔡榮芳, 앞의 책, 105쪽 참조.

122) 蔡榮芳, 앞의 책, 105쪽에서 재인용.

히 홍콩에 도래한 적은 없는데, '54운동'처럼 문화적 조류를 형성하여 홍콩 학생들의 중국민족 · 문화에 대한 감정을 배양하고 싶었다고 회상했다.[123] 그러니까 민족주의자로서 놓치기 싫은 고리가 '54'라는 기호인 것이다. 연결고리가 약함에도 불구하고 중국 민족주의가 그것을 억지로 동원하는 이유이다.

1925년 5월 15일, 상해의 일본계 공장에서 노사 충돌로 노동자 측 지도자가 총에 맞아 사망한 사건이 발생했다. 5월 30일, 2천여 명의 학생들이 상해 조차지에서 제국주의 반대 시위를 벌였는데, 영국 경찰의 발포로 십수 명의 학생들이 사망했다. 이것이 이른바 '530 참안(慘案)'이다. 이를 계기로 전국 각 도시의 파업 · 파시 · 수업 거부가 잇따랐고, 홍콩 노동자 · 학생들 역시 상해 노동자들의 제국주의 반대 투쟁을 지원하기 위해 시위를 전개했다. 특히 6월 23일, 광주에서 시위대가 영국 군경의 총격을 받아 50명 이상이 사망하는 참극이 발생하였는데, 이것이 홍콩인의 분노를 촉발하여 십삼만의 홍콩 노동자가 광주로 직접 가서 연대투쟁을 전개하게 된다. 이후 파업 지도부가 홍콩-중국 간 수출입 무역을 봉쇄하여 양행(洋行)과 은행이 큰 타격을 입었으며, 파업 기간 동안 홍콩 무역량의 50%가 감소했다. 기간도 매우 길어 1925년 6월부터 1926년 10월까지 장장 16개월에 걸쳐 광주에서 현지 노동자와 연계하여 투쟁했다. 이것이 '성항(省港)대파업'이다.

차이룽팡은 대파업의 함의를 이렇게 정리하고 있다. 첫 번째, 홍콩과 광동성 간 사회 · 정치 · 경제 관계가 밀접하여, 홍콩이 비록 영국의 식민지이지만 언제든지 중국 대륙의 정치 상황으로부터 영향을 받을 수 있다. 두 번째, 반제 애국주의는 대파업의 요인 중 하나로서, 파업이라

123) 葉蔭聰, 「'本地人'從 裏來?」, 羅永生 編, 『誰的城市?』(Hong Kong: Oxford, 1997) 16쪽에서 재인용.

는 애국주의 방식이 홍콩의 민생과 경제에 중대한 좌절을 초래시켜 이때부터 홍콩인들은 공산당에 대해 공포감을 가지기 시작했다. 세 번째, 애국주의는 매우 다양한 형태로 나타나서 파업이나 수업 거부를 하는 측에서도 애국을 이유로 들고, 그것을 반대하는 측에서도 애국을 이유로 들어 애국은 더 이상 누구의 전유물이라고 할 수 없게 되었다. 네 번째, 파업 기간에 지도부는 홍콩인의 정치경제적 지위 개선 등을 요구하였으나, 국민당이나 공산당의 소극적인 태도 때문에 좋은 결과를 얻지 못했다. 국공 양당 모두 국가 대세를 이유로 언제든지 홍콩인의 이익을 포기할 수 있음을 보여주었다. 여섯 번째, 대파업은 자신이 살아가야 할 곳은 홍콩이며, 홍콩사회의 안녕과 번영이 소중하다는 사실을 일깨워 결과적으로 홍콩인의 정체성을 강화시켜주었다.[124] 하지만 그 기간에도 노동자들과 학생들은 '홍콩을 중국에 반환하라'는 요구는 하지 않았다. 그들은 다만 영국 식민 통치의 개선과 민족 차별 해소 그리고 언론집회의 자유와 선거권을 요구했던 것이다.[125]

1921년에 홍콩 인구는 이미 60만 명을 돌파했다. 1922년 당초 홍콩 선원들의 임금인상 시위는 급기야 10여만 명이 참가하는 노동자 총파업으로 확대되었다. 대파업 이후 홍콩에 꾸준하게 인구가 유입되었고, 아울러 중국인들의 노력으로 중국인들의 정치적 지위도 상승했다. 그래서 중국인이 처음으로 행정국에 진입하고, 입법국의 화인 의원수도 세 명으로 늘어났던 것이다. 한참 뒤의 일이지만 1970년에는 중국어를 법정 공용어로 인정해 달라는 학생 운동이 일어나기도 했고, 1971-1972년에 중국-일본 간 전개된 조어도(釣魚島) 영토 분쟁 당시 홍콩 대학생들은 조국 영토 지키기 운동을 벌였다. 이 사건은 대학생이 처음으

---

124) 蔡榮芳, 앞의 책, 161-162쪽.

125) 蔡榮芳, 앞의 책, 277쪽.

로 정치 전면에 나선 것이자 홍콩 태생의 젊은이가 조국을 상상하기 시작한 시점이 된다.

뤄융성에 의하면, 1970년대 학생 운동의 리더인 국수파는 홍콩 본토에서 성장한 신세대에게 조국 인식으로 1960년대부터 대두된 반식민지를 치환시키고자 노력했다. 그리고 국수파의 민족관념은 국가 정권의 정체성을 종점으로 하였기에, 결과적으로 본토의 반 식민운동과 반식민 비판의식을 질식시켰다.[126] 홍콩 역사에서 민족의식이나 민족적 사명감에 대한 고양 작업은 부단히 시도되어왔다. 이른바 절대 진리로 통하는 아이템 즉 '54운동' 같은 거대 담론은 시종일관 국수파의 보도로 사용되어왔던 것이다.

중국 개혁 중 홍콩이 담당한 역할

청정부가 해외에 파견하는 학생이 홍콩을 경유하면서, 서방 문화와 사상을 접촉했다. 동시에 홍콩 학생이 영어 교육을 받은 후, 내지로 돌아가 서양식 학당에서 공부하다가 다시 외국 유학을 떠나곤 했다. 귀국 후 고급 관리가 되어, 서양 정치 · 경제 등의 지식으로 국내 개혁을 돕기도 했다. 개혁을 고취한 신문 즉 순환일보(循環日報) 유신일보(维新日報)와 월보(粤報) 등이 홍콩에서 창간되었다. 순환일보의 창간인 왕도王韜는 개혁만이 중국을 구할 수 있다고 했다. 홍콩은 또한 개혁파의 비호소로서 백일유신 실패 후 강유위康有爲는 홍콩으로 도망 와서 홍콩 정부의 보호를 받다가 일본으로 안전하게 갔다.

홍콩의 혁명 신문 Revolutionary Newspapers in Hong Kong

혁명 신문의 목적은 혁명 사상을 선전하고, 민중을 환기하기 위하여

126) 羅永生 編, 앞의 책, 5쪽.

혁명 운동에 주목시키는 것이다. 청말, 적지 않은 혁명 신문 즉 『광동일보(廣東日報)』·『동방보(東方報)』·『시사화보(時事畫報)』 등은 청정부의 탄압을 피해 홍콩에서 발행했다. 1900년 1월, 혁명당은 홍콩에서 『중국일보(中國日報)』를 창간했다. 1908년 『민보(民報)』가 일본 정부에 의해 발행을 금지당한 후, 『중국일보』는 유일한 기관지가 되었다. 혁명 선전 외에도, 『중국일보』는 적극적으로 개혁파의 주장을 반박했다.

저우쯔펑에 의하면 "신문은 근대 화인(華人) 민족주의의 주요 전파 수단이었다."[127] 1853년에 홍콩에 최초의 중국어 신문인 『하이관진(遐邇貫珍)』이 창간된 이래 각종 신문이 속속 나오기 시작했는데, 그중 『화자일보(華字日報)』와 『순환일보』의 영향력이 비교적 컸다. 정론가 왕도는 자신의 개혁 사상을 알리는 글을 많이 발표했고, 이로서 홍콩 언론에 정치 논의 분위기를 태동시켰다.[128] 위의 설명문에서는 개혁을 고취한 신문을 특별히 소개하고 있고, 개혁을 강조한 왕도王韜와 개혁파의 비호소로서 홍콩을 언급하고 있다. 보수가 아닌 개혁을 선별하여 소개하는 것을 보면, 중국 근대사를 보는 '홍콩 스토리'의 입장을 정확하게 알 수 있다.

주지하다시피 중국 근현대사에서 개혁적인 입장은 중국공산당의 창당이나 발전의 가장 중요한 당위로 정착되고 선양되어왔다. 중국공산당이나 중화인민공화국은 역사에서 개혁적인 입장의 정통성이 오늘까지 면면히 이어져 오고 있다고 자랑하고 있다. 중국공산당은 '홍콩 스토리'의 논지 중심을 개혁주의나 진보세력에 두고 있는 것이다. 그래야만 홍콩의 역사를 오늘의 중국과 불가분의 관계로 연결시킬 수 있기

127) 周子峰 編著, 앞의 책, 78쪽.

128) 周子峰 編著, 앞의 책, 78쪽.

때문이다. 다시 저우쯔펑에 따르면, 홍콩 신문이 화인들에게 대량으로 중국 내지 뉴스를 전하여 제때 내지 동향을 알게 하였기에 '애국정서'가 점차 배양되었다고 한다.[129]

한편, 일본 점령기를 소개하는 전시실은 16개의 주제로 구성되어 있다. 일본 점령의 역사는 애국 정서를 자극하기에 더할 나위 없이 좋은 테마가 분명하다. 그중 열네 번째 주제는 점령시기 일본군을 향해 전개한 공산당의 유격활동이다. "중국공산당 지도 아래", '동강(東江) 종대(縱隊) 항구(港九)독립대대'는 일본인을 향해 "격렬하게 저항했다". '항구독립대대'는 '동강 종대' 5개 대대 중의 하나로서, 전성 시기 약 5백 명으로 6개의 중대 조직을 갖추었다. 그리고 '항구독립대대'의 주요 임무는 "홍콩에 체류 중인 문화계 인사와 외국 포로를 구조하고, 토비를 숙청하고, 일본군의 정보를 수집하고, 일본군의 교통 시설을 파괴하고, 일본군 장교와 일본 앞잡이를 암살하는 것이었다."고 소개한다.

홍콩해방박물관의
일본침공 전시실

129) 周子峰 編著, 앞의 책, 78쪽.

동강종대(東江縱隊)는 중국공산당의 유격대로서 광동성 동강 부근에 본부가 있었다. 동강종대의 홍콩 지하조직이었던 항구독립대대는, 일본 강점기에 홍콩의 신계 등지에서 광범위하게 활동하였다. 그들은 마오둔茅盾 부부 · 저우타오펀鄒韜奮 · 후성胡繩 부부 · 장톄성張鐵生 · 첸자쥐千家駒 등의 문화계 저명인사를 포함한 8백여 명을 홍콩에서 탈출시키는 작전을 수행하기도 했다.[130] 이들의 활동을 중국공산당이 지도했다는 사실은 중국 민족주의 및 애국 정서로 연결시키는 주요한 통로이기에 누락되어서는 안 될 것이다.

홍콩과 내지가 상호 밀접한 관계를 형성하고 있었다는 '홍콩 스토리'의 스토리텔링은 간단없이 현대까지도 이어진다. 중국 정치사에서 홍콩의 역할이라는 제목의 설명문에는 "영국 통치하의 홍콩과 내지 관계는 여전히 밀접"했다는 전제하에 "홍콩의 정치 환경이 비교적 자유롭고 개방적이기에 개혁파 및 혁명파 모두 홍콩에서 신문 잡지를 발행하여 지지층을 확보하였으며, 혁명 당원은 홍콩의 특수한 환경을 이용하여 반청 혁명 활동을 조직했다."고 설명한다.

130) 周子峰 編著, 앞의 책, 146쪽.

제4부

탈식민 스토리

_ 본토(locality)

_ 본토의 재확인

_ 탈식민과 경제문화

1. 본토(locality)

이제 홍콩이라는 본토는 존재하는가, 그리고 본토는 사수되어야 할 최후의 보루인가, 또 그것은 절대적으로 수호되어야 하는가 하는 질문이 따라올 수밖에 없다. 우쥔숑吳俊雄은 본토의식의 내용을 규정하면서 생활환경 · 일상 지식 · 의식형태 · 체계적인 담론 등 네 단계로 나눌 수 있다고 했다.[1] 본토 홍콩을 발견한다는 것은 홍콩의 정체성을 찾아내는 것이다. 즉 홍콩이라는 생활환경 속에서 일상지식이나 의식형태를 공유하며, 그것이 나름대로의 담론을 구성하고 있음을 발견하는 것이다. 민족과 본토는 각각 동일 커뮤니티의 문화가치를 구성한다. 커뮤니티는 도덕과 가치를 공유하고 문화적 취향을 지향한다. 본토 역시 동일 커뮤니티를 말한다. 본토를 발견하려면 본토 커뮤니티를 생성하는 요인과 그 특징을 찾아내야만 한다. 뤄구이샹羅貴祥은 본토성에 대한 장악은 마땅히 보편/특정(universal/particular)이라는 변증관계에 기초해야 한다[2]고 했다. 본토성은 분명히 특별한 그 무엇이다. 그것은 일반적이고 보편적인 그 어떤 것의 존재를 인정하는 바탕에서 성립한다는 말이

1) 吳俊雄 · 張志偉 編, 『閱讀香港 普及文化』(Hong Kong: Oxford, 2002), 8쪽.

2) 羅貴祥, 「本土與他性的再想像」, 『他地在地-訪尋文學的評論』(香港: 天地圖書, 2008), 266쪽.

다. 그렇다면 본토는 다수가 아닌 소수일 때, 주류가 아닌 비주류일 때 성립이 가능하다. 그래서 본토가 다수나 주류가 될 때 이미 본토로서의 구성력을 상실한다. 그렇다면 본토는 소수일 때 나름대로의 긍정적인 가치를 발휘한다. 뤄구이샹은 소수의 기능에 대해 매우 적극적으로 해석하고 있다. 소수는 하나의 상태이자 하나의 상황인데, 그것은 부단히 이른바 '다수', '주도', '전체' 등의 가치 관념에 반항하고 반성을 요구한다[3]고 역설한다. 다시 소수라는 말을 본토로 바꾸어 말하면 본토는 다수인 '민족'과 그것이 '주도'하는 '전체'적 가치 관념에 반항하는 것이다.[4]

뤄구이샹은 가장 활발하고도 지속적으로 홍콩의 본토성(locality)을 강조하는 학자 중의 하나이다. 나는 홍콩의 본토성에 관심을 기울이고 특히 본토주의(localism)에 대한 나름대로의 구상을 가다듬는 과정에서 뤄구이샹의 이론으로부터 많은 도움을 받았다. 그는 2010년 11월 13일, 서울에서 개최된 세미나에서 평소의 논지를 종합하여 논문을 발표했는데, 들뢰즈와 가타리의 이론을 들어 '소수'야말로 문학의 상태(常態)이자 정태(正態)로 보며, '대문학'은 지나치게 자만하여 스스로가 주도적 중심이라고 여겨 자신의 진면목을 보지 못한다고 주장했다.

그는 또 18세기 이래 서구 제국주의는 아시아인과 화인을 대충 황인종이라는 민족 형태로 구분하였는데, 우리 역시 이런 편견에 부화뇌동하여 아시아 '국민'의 기초를 마련했다고 본다. 결론적으로 전통을 표방하는 중국 현대의 민족관에도 서구적 관점이 많이 내포되어 있다는 것이다. 그는 '소수'야말로 이른바 '다수', '주도', '전체' 등의 가치 관념

---

3) 羅貴祥, 「民族 · 族裔 · 少數文學與香港」, 韓國中語中文學會 2010年度 聯合國際學術大會 發表論文集, 25쪽.

4) 유영하, 「후식민의 주체로서 국가와 본토: 중국-홍콩의 경우」, 『중국현대문학』, 63호, 2012, 189쪽 참조.

에 부단히 반항하면서 반성을 요구한다고 보았다. 나아가서 홍콩문학은 그동안 민족주의와 본토 정체성 사이에서 늘 발버둥쳐왔지만, 민족주의로부터 홀대받은 것은 사실이라는 것이다. 하지만 홍콩문학 그 자체도 홍콩에 거주하는 '소수'인 아시아 족군(族群)에게까지 시야를 확대하지 못했다고 지적한 점은 주목할 만하다.[5]

소수는 전지구인이 되기 위한 노력과 그에 반하는 정체성 보호 본능 속에서 서로를 상호 타자로 인식하는 현대 사회의 갈등을 재조명해볼 수 있는 기회를 제공한다. 그렇다면 다수와 소수를 분석하는 과정에서 접점이 자연스레 도출되는 것은 시간문제이다. 즉 다수와 소수를 보편과 특수라는 구도 속에서 볼 때, 지켜야 할 정체성과 사라져야 할 아집 사이의 간극은 줄어들 수 있다. 이것이 내가 민족이라는 다수와 본토라는 소수를 대응시키고자 하는 주된 이유이다. 그래서 민족이 주의를 구성할 때, 본토 역시 주의를 구성할 수밖에 없다는 논리에서 내 생각은 출발했다.

물론 누가 소수이고 누가 약자인가 하는 질문에 정답이 쉽게 떨어지지는 않는다. 한때 홍콩을 둘러싸고 학계에서 '홍콩이 큰가 아니면 중국이 큰가?' 하는 논쟁이 진행된 적이 있다. 덩치 크기는 너무 싱거운 비교일진대 왜 이런 논쟁이 가능했느냐 하면, 바로 전지구적 자본주의가 심화되고 있는 가운데 홍콩이 차지하는 자본주의적 위상 때문이었다. 즉 개혁개방 이후 홍콩식 자본주의가 북상하면서 대륙 전체를 홍콩식 자본주의로 재편시키고 있는 마당에 홍콩을 약자나 소수 운운하는 것은 현실 감각이 부족하다는 지적이었다. 그래서 실제적으로 홍콩이 중국을 식민화하는 과정이 진행되고 있다는 담론이 유행한 적이 있다. 그렇지만 이런 담론은 현실을 지나치게 낭만적으로 해석하여 물리적으

---

5) 유영하, 앞의 글, 189쪽 참조.

로 가해지는 정체성 갈등을 단순화시킬 위험이 크다.

구수메이谷淑美의 정의에 따르면, 본토주의란 우리와 다른 타자를 강조하는 담론에서 형태를 구축한 것으로, 그 속에는 우리가 중심이라는 사상 형태가 숨어 있다.[6] 그렇다면 본토주의자는 식민자가 남긴 빈틈에 대한 점거를 갈망한다는 파농(Frantz Omar Fanon)의 지적은 자연스럽게 수용된다.[7] 본토는 소수이지만 '주의'로서 본토는 역시 그 어떤 지향성으로부터 완전하게 자유로울 수 없다는 말이다. 단지 민족에 비해서 소수라는 말이다. 다시 말하면 현시점 소수로서 다수에 대한 약자라는 것이다.

호미 바바는 더욱 과감한데, 민족 또는 본토적 정체성의 주체는 영원히 순수하지 않고, 담론 영역 안에서 기타 원소와 연결 · 단절 그리고 다시 연결된다.[8] 본토도 민족만큼이나 다양한 형태로 재편될 수 있다는 말이다. 이것이야말로 앞으로 변용과 전화를 거듭할 본토 정체성의 실체일 것이다. 그래서 레이 초우는 우리는 더 이상 냉전 시대에 살고 있지 않고, 전지구 자본가 · 신민족주의자 · 신본토주의자가 발동한 전쟁 중에 처해 있다고 본다.[9] 이것이 향후 홍콩 본토주의의 진화를 주목해야 하는 이유가 된다.

아파두라이는 민족주의자들이 민족이라는 범주를 만들면, 이번에는

---

6) 谷淑美, 「文化 · 身分與政治」, 謝均才 編, 『我們的地方, 我們的時間-香港社會新編』(Hong Kong: Oxford, 2002), 355쪽.

7) 葉蔭聰, 「'本地人'從哪裏來?」, 羅永生 編, 『誰的城市?』(Hong Kong: Oxford, 1997), 32쪽에서 재인용.

8) Bhabha, Homi K, 1990. "DissemiNation: Time, Narrative, and the Margins of the Modern Nation." *Nation and Narration*. Ed. Homi K. Bhabha. London and New York: Routledge, 291-322쪽. 葉蔭聰, 앞의 글, 34쪽에서 재인용.

9) 周蕾, 「殖民者與殖民者之間: 九十年代香港的後殖民自創」, 1995, 『今天』 8, 185-206쪽. 葉蔭聰, 앞의 글, 35쪽에서 재인용.

타자들이 그에 대립하는 민족성을 만든다[10]고 강조했다. 2012년 8월 말과 9월 초에 걸쳐 홍콩에서 전개된 시위 사태를 보면 민족과 그것에 대립하는 정체성의 관계를 분명하게 볼 수 있다. 초중등 학교에 의무적으로 국민교육 수업을 실시할 것이라는 당국의 방침에 고교생들이 단식 릴레이를 하는 등 일주일 만에 연인원 십수만 명이 참가하여 철회를 요구하는 시위를 벌였다. 학생들에게 국가의식을 주입하고 사회주의에 대해 선양할 것이라고 알려진 동 수업을 홍콩 민주세력은 홍콩 시민 세뇌화 작업으로 규정하고 철회를 요구했던 것이다. 고교생을 주축으로 하고 대학생 및 일반 시민이 지원한 시위에 결국 친중국 성향의 행정장관이 국민교육 의무화 계획을 취소하고, 학교가 자율적으로 실행 여부를 선택할 수 있다는 약속을 하는 것으로 일단락되기는 했다. 바야흐로 주권 반환 이후 주기적으로 반복되어온 국가 이데올로기 공습에 대항하여 본토 홍콩이 재집결하고 있다.

정체성은 타자를 소환하는 기능을 반드시 수반한다. 그렇다면 중국 민족주의의 대두는 홍콩 본토주의의 궐기를 새롭게 추동할 것이고, 민족주의의 바람이 강해질수록 본토주의의 형태는 공고해질 것이다. 중국에 의해서 장기간 방치되어온 홍콩이라는 공간에서 이제 탈식민을 간판으로 내세운 중국 민족주의가 새로운 식민 주체가 되고 있음을 간과해서는 안 된다. 중국 민족주의에 의한 후식민을 우려하는 예인충葉蔭聰은 문화를 고정적인 틀 속에 묶어두는 법 역시 식민자의 식민기량이기에, 본토는 늘 식민문화 논리 속에 묶일 위험을 가지고 있다[11]고 우려한다. 따라서 민족주의와 본토주의, 특히 본토주의에 대한 새로운 이론 체계를 수립할 필요가 있다.

---

10) 아르준 아파두라이, 차원현 · 채호석 · 배개화 옮김, 『고삐 풀린 현대성』(현실문화연구, 2004), 282쪽.

11) 葉蔭聰, 앞의 글, 36쪽.

그런 측면에서 예인충의 언급은 자연스럽게 이해된다. 그러니까 본토의식은 민족 및 식민 담론 자체 그리고 관련 틀 속에서 '문화적 혼잡화 과정(cultural hybridization)'을 형성한다는 것이다.[12] 따라서 민족이라는 정체성과 마찬가지로 본토의식의 변경은 수시 개방이 필요하다. 하지만 동시에 어느 대도회 무대에서 자아를 표현하도록 유인되는 것은 거절해야 한다. 그렇지 않으면 '본토'는 하나의 신분 구축 기지로서 자신을 봉쇄된 문화 틀 속에서 묶어 두게 되어 비판 능력을 잃어버린다.[13] 본토주의에 대한 딜릭의 궁구는 매우 다양하여 반동적 본토주의(nativism)의 확산을 염려하기도 한다. 그는 "과거의 부흥은 자유주의적인 정체성 정치(identity politics)를 조장한다"는 것이다.[14] 그가 우려하는 것은 "지역적(local) 또는 지역기반적(place-based)이라는 말"이 원초적으로 지니고 있는 저항이라는 내함, 즉 "자본의 침투에 저항하는 최후의 노력"이라는 외통수적인 분위기이다.[15]

그는 계속해서 토착주의(indigenism)라는 단어를 등장시킨다. 네이버 영어사전에는 "원주민 보호주의; 토착문화 부흥"이라는 의미로 나타나고, 일본어 사전에는 "(배외를 목적으로 한) 보호주의/토착문화 보호"의 뜻으로 해석하고 있다. 백과사전의 국수주의 항목에서는 이질문화의 침입을 받을 경우, 종족 문화는 스스로 '문화 방위'의 자세를 취한다고 했다. 그리고 토착주의 운동이 일어날 경우, 단순한 정신운동에 그치지 않고 전통적인 사회의 혁신을 불러일으킨다고 했다. 일견 폄하의

---

12) 葉蔭聰, 앞의 글, 14쪽.

13) Dirlik, Arif. 1996. "The Global in the Local." *Global/Local*. Eds. Rob Wilson and Wimal Dissanayake. Durham and London: Duke UP. 葉蔭聰, 앞의 글, 35쪽에서 재인용.

14) 아리프 딜릭, 황동연 옮김, 『포스트모더니티의 역사들』(창비, 2005), 11쪽.

15) 아리프 딜릭, 앞의 책, 14쪽. 원문에는 '지역적인 것'과 '저항'이라는 형태의 방점으로 강조되어 있다.

의미보다는 긍정적인 그 무엇으로 보이지만, 전체적으로는 수구적이거나 반동적인 함의가 강하게 보이는 번역이고 해석이다. 토착적인 그리고 지역적인 그 무엇에 대한 딜릭의 의심을 견주어 알 수 있는 단어 선택이다.[16] 그가 보기에 "요즘 유행하는 신시대적(New Age) 본토주의나 보수적 본토주의는 이런저런 종류의 토착적 전통을 옹호한다." 그 배경에 대해 이렇게 설명하고 있다.

> 지역들 역시 불평등과 억압을 물려받는 장소다. 그래서 단순히 국가와 자본에 의한 식민화를 극복하기 위해서만이 아니라 그러한 과거의 유산들을 지적하기 위해서, 지역들은 새로운 정치 속에서 형성될 필요가 있다. 따라서 지역들도 마찬가지로 프로젝트의 일환이다-이것이 내가 '공동체(community)'보다 '지역'이라는 용어를 선호하는 이유인데, '공동체'라는 용어는 호소력을 가지기는 하지만 과거의 방식을 유지하는 구실이 되기도 하며, 그러한 유지가 항상 바람직한 것만은 아니다.[17]

딜릭은 보수적 공동체와 토착주의를 경계하고 있다. 그래서 그는 '비판적 로컬리즘'이라는 개념을 들고 있는데, "비판적 로컬리즘은 과거의 공동체에 대한 낭만적 향수나 새로운 종류의 헤게모니 지향적 갈망 혹은 현재를 과거 속에 가두는 역사주의에 근거한 로컬리즘에서 벗어나, 과거의 관점에서 현재를 비판적으로 평가하면서도 과거를 평가하는 경우에는 근대성으로부터 제공받은 비판적 관점을 견지하는 태도를 가진다."[18]고 했다. 사실 홍콩의 지역성을 주장하는 대표적인 학자들은

---

16) 류영하, 앞의 글, 201쪽 참조.

17) 아리프 딜릭, 앞의 책, 15쪽.

18) 아리프 딜릭, 설준규 · 정남영 옮김, 『전지구적 자본주의에 눈뜨기』(창작과비평사, 1998), 141쪽. 이상봉, 「대안적 공공공간으로서의 로컬의 전망」, 부산대학교

지역성의 중요성을 옹호하는 데 치중할 뿐, 그 반동성에 대한 고찰은 부족하다. 지역성의 이중성에 대한 비판이 완성될 때, 진정한 탈식민이 이루어진다는 사실이 중요하다. 보수적 공동체와 토착주의로서 본토 홍콩의 구성을 경계해야 한다. 용어 자체가 가지는 이미지조차도 의심하고자 하는 딜릭의 자세는 매우 고무적이다.

사실 우리는 권력 구조 속에서 낭만적인 용어로 시시각각 이용당하는 삶의 범주로부터의 해방을 허용받은 적이 한순간도 없다. 아름다운 어휘 하나로 모든 것을 엄폐하고 은폐하는 짓거리들, 즉 전근대적이고 전제적인 행위와 그것에 편승하고 배후에 숨으려는 작태에 대해서 의심의 눈초리를 아무리 곧추세운다 하더라도 충분하지 못하다.

한편, 집단기억(collective memory)이 커뮤니티를 구성하는 가장 중요한 요건이라고 보는 학자가 많다. 천타오원 · 리리펑 두 사람은 구체적으로 공동의 경험, 공동의 인식, 공동의 감정을 커뮤니티 집단기억의 기초로 본다. 그들은 집단기억을 구성하는 주요 행동자로 언론, 사회조직 및 민족국가로 나눈다.[19] 알브바슈(Halbwachs)는 집단기억이 커뮤니티, 계급 또는 민족의 과거 공동 경험의 기억인 동시에, 집단기억이야말로 바로 커뮤니티 정체성의 연장이라고 보았다. 미츠탈(Barbara Misztal)은 "집단기억은 커뮤니티의 과거를 재현한 것인바, 집단 공용과 기념은 커뮤니티의 정체성, 현상 및 청사진을 추동하며 또 커뮤니티에게 실질적 의미를 부여한다."고 했다.[20] 그러니까 과거의 집단 기억은 본토 구성의

한국민족문화연구소 엮음, 『탈근대 중심의 로컬리티』(서울: 혜안, 2010), 126쪽에서 재인용.

19) 陳韜文 · 李立峯, 「香港不能望記六四之謎」, 呂大樂 · 吳俊雄 · 馬傑偉 合編, 『香港 · 生活 · 文化』(Hong Kong: Oxford, 2011), 158쪽.

20) Halbwachs, M. 1992. *On Collective Memory*. Chicago: University of Chicago Press. Misztal, B. 2003. Theories of Social Remembering. Maidenhead: Open University Press. 陳韜文 · 李立峯, 「香港不能望記六四之謎」, 呂大樂 · 吳俊雄 · 馬

필요조건임은 분명하다. 하지만 아래에서 살펴보겠지만 '홍콩 스토리'에는 집단 기억의 장치는 매우 부실하여, 홍콩의 집단 기억은 심하게 축소 · 왜곡되고 있는 것이 사실이다.

아르준 아파두라이는 '정서의 공동체community of sentiment'라는 개념을 말한 바 있다. "함께 상상하고 사물을 감각할 수 있는 집단의 능력"이다.[21] 하지만 그 역시 가장 두려워하는 것은 지역성으로 포장된 전근대적 토착주의와 지역성이다. 그는 이미 홍콩의 경우에도 주목하고 있었다.

> 공산주의 이후의 혼란스러운 동유럽 사회나 극동 지역의 활동적인 도시 국가들(대만과 싱가포르, 홍콩), 군정 종식 후 복잡한 정치 상황을 보이고 있는 라틴 아메리카, 사하라 이남 지역의 파산한 아프리카 국가들, 중동과 동남 아시아에 위치한 위험천만한 근본주의 국가들은 모두 유사하게 지역 주체에 의해 동네를 생산하고자 하는 도전을 시도하고 있다.[22]

지역 주체에 의한 동네를 생산한다는 말은 내적 식민을 위한 공간으로 지역을 재편성하고자 하는 시도를 의미한다. 이때 주체는 지역을 만들어야만 기득권을 유지할 수 있는 토착세력이고, 당연히 지역 담론은 토착세력을 위해 작동하는 것이다. 다시 말해, 토착세력이 동네라는 커뮤니티의 주도권을 장악하기 위해 도전하고 있다는 것이다. 중국 민족주의에 의한 후식민을 우려하는 예인충은 문화를 고정적인 틀 속에 묶어두는 법 역시 식민자의 식민기량이기에, 본토는 늘 식민문화 논리 속

傑偉 合編, 『香港 · 生活 · 文化』(Hong Kong: Oxford, 2011), 157쪽에서 재인용.

21) 아르준 아파두라이, 앞의 책, 19쪽.

22) 아르준 아파두라이, 앞의 책, 331쪽.

에 묶일 위험을 가지고 있다[23]고 우려한다. 이제 국민국가와 본토라는 커뮤니티의 상관관계에 대한 논의를 해야 할 시점이다. 아파두라이는 국민국가와 본토 사이의 간극에 대해 이렇게 말하고 있다.

> 동네—상대적으로 안정된 교제와 잘 알려지고 공유 가능한 역사, 집단적으로 횡단될 수 있고 판독 가능한 공간과 장소들에 의해 구성되는 생활 세계—를 생산해내는 작업은 종종 국민국가의 기획들과 일치하지 않는다.[24]

본토의 생산 작업은 국민국가의 기획과 거리가 있다는 말이다. 국민과 국가를 통합시켜야 하는 국민국가의 특성상 본토의 생성은 허락되지 않는다. 국민교육이 목표라면 본토는 사라져야 마땅한 존재이리라. 따라서 본토 홍콩이나 본토인은 중화인민공화국에 편입시켜야 할 대상으로 더 이상 필요하지 않는 존재이다. 때문에 본토 홍콩을 상상할 수 있는 그 무엇은 폐기되고 무시되어야 할 것이다. 적어도 은닉되거나 축소되어야 하는 것이다. 그럼에도 불구하고 국민교육을 위해서 인정해야 할 본토의 마지노선이 있을 수밖에 없다. 그것을 인정하지 않는 한, 국민교육 자체의 당위성마저도 사라지는 것이니까 말이다. 본토 홍콩의 존재는 중국이라는 국가나 중국인이라는 국민의 교육을 방해하지 않는 선에서 홍콩의 본토 스토리라야 한다. 그것이 국민 신분 회복이라는 원대한 청사진의 일부에 편입되더라도 크게 거슬리지 않는 정도라야 하는 것이다.

---

23) 葉蔭聰, 앞의 글, 36쪽.

24) 아르준 아파두라이, 앞의 책, 332쪽.

로스앤젤레스 사람들은 일본인들이 자기 도시를 사버리지 않을까 하고 걱정하고, 봄베이 사람들은 걸프 만 인근 국가에서 온 부유한 아랍인들에 대해 염려하고 있다. 그들은 런던에서 그랬던 것처럼 봄베이의 망고 가격을 변화시켰을 뿐만 아니라, 지역 주민들의 눈에 비친 호텔과 레스토랑, 기타 서비스 시설들의 모습을 본질적으로 바꾸어 놓았다. 그러나 대부분의 봄베이 거주자들은 그곳의 아랍인들에 대해서 양가적인 태도를 보인다. 왜냐하면 아랍인들이 거기에 존재하는 것은 그들의 친구들과 친척들이 중동에서 큰돈을 벌어들이고, 돈과 값비싼 상품들을 봄베이와 인도의 다른 도시들로 가져오는 것과 다를 바 없는 일이기 때문이다.[25]

반동적 본토주의는 혈연, 지연, 학연 등으로 대표된다. 본토주의는 분명 이른바 우리 것에 집착하는 한국 사회의 혈연, 지연, 학연에 바탕을 둔 연고주의와 등식의 담론은 아니다. 본토주의, 그것은 새로운 형태의 독립운동이다. 민족으로 포장된 또 다른 형태의 식민 공습에 대한 새로운 탈식민 모델이 요구되는 시점이다. 본토는 존재하는가? 본토는 가능한가? 라는 질문에 아파두라이는 비관적이다. '순전히'라는 단서를 달았지만, "지역적인 것에만 국한되는 것은 존재하지 않음"[26]을 밝히려는 시도를 하고 있다. 이 관점은 "자신을 드러내게 되는 역사적 과정이 세계의 역동적인 흐름에 점차 종속되어가고 있음"이라는 단서가 전제되어 있다. 이것을 음으로 양으로 진행되고 있는 홍콩의 본토주의 선양 활동에 적용한다면, 이론적으로나 실제적으로나 매우 비관적인 단계로 진입할 수 있다. 즉 홍콩이 자신을 드러내는 역사적 과

---

25) 아르준 아파두라이, 앞의 책, 91-92쪽.

26) 아르준 아파두라이, 앞의 책, 38쪽.

정이 중국의 흐름에 종속화되어 가고 있음을 예견하는 것이라고 볼 수 있기 때문이다. 그래도 아파두라이는 "국민국가가 최후의 단계에 와 있음을 확신"하고, "되돌아가는 일은 있을 수 없다."[27]는 말로 나를 안심시킨다.

2. 본토의 재확인

량리런梁立人은 홍콩의 주권이 반환된 지 이미 6년이 넘었는데, 여섯 살 된 아이가 아직까지 아빠 엄마를 부르지 못하는 것은 특구정부의 치욕이라고 했다.[28] 여기에서 여섯 살 된 아이는 본토 홍콩을 가리키는 것이고, 아빠 엄마는 당연히 이른바 '조국'인 중화인민공화국을 말한다. 주권이 반환된 지 6년이 지난 시점까지 '조국'을 '조국'으로 받아들이지 못하는 본토를 신날하게 조롱하는 것이자, 특구정부의 노력 부족을 지적하는 언사인 것이다. 하지만 량리런은 중요한 한 가지를 놓치고 있는데, 과연 본토 홍콩의 나이가 6세에 불과한 것인가에 대한 검토가 부족한 듯하다. 본토 홍콩의 생성 시기에 대해 1950년대 홍콩-중국 간 국경 설치나 1960년대 복지 요구 분출, 또는 1970년대 경제발전 시기로 당겨 잡는 등 많은 의견이 있지만 나는 결정적으로 1984년 중영 공동성명의 체결 시점이라고 본다. 그렇다면 2003년은 6세로 볼 것이 아니라 19세 성년으로 보아야 하는 것이다. 어른으로 성장하면서 본토 홍콩은 숨어 있던 자아를 발견한 것인지도 모른다.

---

27) 아르준 아파두라이, 앞의 책, 39쪽.

28) 梁立人, 「他們不愛中國」, 『太陽報』, 2003年 10月 1日, 麥高登(Gorden Mathews), 「抗拒國家認同的香港: 是殖民時代的附和者還是全球化的先驅?」, 郝志東 主編, 『國家認同與兩岸未來』(澳門大學出版中心, 2009), 124쪽에서 재인용.

창스궁은 중국 정부의 입장에서 주권 반환 십년 후의 본토 홍콩인을 이렇게 비판하고 있다.

> 홍콩이 비록 '일국양제' 방식으로 조국으로 돌아왔지만, 이 '일국' 개념은 그들의 마음속에서 실질적인 내용이 부족한 하나의 공허한 부호일 뿐이다. 그래서 애국 문제에 있어 그들은 늘 그들이 사랑하는 것은 조국의 산하와 역사 문화이지, 국가 주권을 포함하는 정치 실체가 아니라고 말한다. 이런 애국은 영국 식민지하의 애국 기준이지, 반환 이후의 애국 기준은 아니다.[29]

"타자의 현존은 주체의 발생을 가능케 해준다."[30]는 서동욱의 언설은 나의 논리 전개에 힘을 실어준다. 과연 영국과 중국이라는 타자는 홍콩이라는 주체의 발생을 가능케 한 동력인가? '홍콩다움'은 홍콩인의 노고를 격려하는 차원부터 시작되어야 한다. 1997년 아시아에 금융위기가 닥쳐왔을 때, 홍콩 정부는 '본토 소비'를 대대적으로 장려한 바 있다. 본토 경제의 회복을 촉진하고자 하는 경제 정책의 일환이었다. 해외에서의 소비를 지양하고, '본토 홍콩'에서 쇼핑하고 관광하면서 소비를 진작시키자는 것이었다. 이렇게 경제적으로 가장 어려운 시기에 '본토'는 이렇게 '본토인' 앞에 나타나기도 한다. 나는 금융위기라는 타자에 의해서 '본토'라는 주체가 이렇게 생성되었으므로, 향후 주체의 운명이 그렇게 긍정적이지 못할 것이라는 점을 직감한다. 따라서 전체적인 맥락에서 본토 홍콩은 경제적 자부심의 체현이라고 보는 것이 타당하다.

29) 强世功, 『中國香港: 文化與政治的視野』(Hong Kong: Oxford, 2008), 175쪽.
30) 서동욱, 『차이와 타자』(문학과지성사, 2004), 158쪽.

1983년에 베이커(Hugh Baker)는 홍콩에서 '홍콩인'이라는 독특한 그 무엇이 생겨나고 있다고 했다. 중국-영국 간 홍콩반환협정 체결을 1년 앞둔 시점이었다. 당시 홍콩인들은 자신들의 정체성에 대해 심각하게 고민하고 있었다. 이는 홍콩인들이 진정으로 자신의 사회를 소유하기 시작했다는 것을 의미한다. 즉 자기 공간의 진정한 주인으로 거듭나는 고통이 시작된 것이다. 나는 중국과 영국 간 주권 협상이 시작되던 1982년부터 주권이 반환되는 1997년까지의 15년이라는 시간이 홍콩인의 정체성 확립에 있어 관건의 시기라고 본다. 이 시간 동안 이른바 민족국가로의 회귀가 진행되었는데, 그것이 왜 '그들'에게는 고통이 된 것일까!

권혁범은 현실적으로 개인은 여전히 민족국가적 구속에서 자유롭지 못하며 그러한 구속에 대한 저항은 금기시되는 경향이 있고, 어느 시점부터 개인은 어느새 이기적이고 서구편향적인 것으로 우리 머릿속에 자리 잡았다고 진단한다. 그는 또 민족으로부터 '해방'된 개인은 진보나 보수 양쪽 모두에게 지탄의 대상[31]임을 강조한다. 이런 논리의 연장선상에서 보면 민족으로부터 해방된 본토 홍콩의 정립은 쉽지 않다. 특히 룽잉타이龍應台가 말하는 중립적인, 개방적인, 그리고 자유적인 공간으로서 홍콩의 가치[32]를 지키기 위해서는, 홍콩이 우선 민족으로부터 해방되어야 한다고 생각한다. 본토 홍콩의 가능성은 우선 민족으로부터 해방이 전제되어야만 성립되는바, 그것은 가치중립을 의미한다. 혈연적으로나 문화적으로 본다면 홍콩인이나 홍콩이 민족으로부터 벗어나거나 할 수 있다는 것은 지나치게 이상적일 수 있다. 그럼에도 불구하고 민족에 잡힌 발목이 본토 홍콩의 성립을 방해하는 가장 큰 요인임을 홀시할 수는 없다. 이 점을 많은 학자들이 알고 있는데, 위쉬兪旭

31) 권혁범, 『민족주의는 죄악인가』(생각의나무, 2009), 74쪽.

32) 龍應台, 「華文世界的窗口」, 『明報月刊』, 2006, 41쪽.

는 가치중립적인 홍콩의 성립에 대해 "가치중립은 이상적인 상태이다. 우리는 마땅히 쟁취하여 노력을 해야 하고, 최대한 그것에 접근해야 하는데, 현실에서 매우 하기 어렵다."[33]고 선언한다.

벨러는 민족은 최상의 정당성 기관이자 최상의 가치체계로서 절대적 우선권이 있다[34]고 한 적이 있는데, 민족 앞에서 커뮤니티의 가치를 지키는 일은 매우 옹색한 입장에 처하기 쉽다. 또 실제 작동하고 있는 정치권력 구조로 볼 때, 홍콩에 스스로를 국민신분에 미치지 못하는 '차등민'으로서 인식하는 홍콩인이 엄연히 존재하고 있다는 점을 간과해서는 안 된다. 즉 정치적으로는 중화인민공화국 홍콩특별행정구 시민이기에, 홍콩이나 홍콩 '공민(公民, citizen)'은 국민국가 중국이나 중국 '공민'과 동등한 지위를 논할 수는 없다. 따라서 중화인민공화국 산하의 그 어떤 특별행정구로서 홍콩의 차국민주의(sub-nationalism)가 성립되는 것이다.

버틀러는 내부적으로 아무리 그럴싸해 보인다고 해도 민족적 동질성을 내세우는 그 어떤 주장도 의심해야 한다고 주장했다. 왜냐하면 민족국가의 기반이 되는 민족을 발명하기 위해 민족 내부의 이질성은 제거되어야 한다[35]는 기제가 작동하기 때문이다. 또 버틀러는 주권이 개인이나 집단의 권리를 정지시키고 그들을 정치체제 밖으로 내쫓는 방식으로 작동한다는 점은 맞는 말일지도 모른다[36]고 상기시킨다. 따라서 민족주의자가 볼 때, 본토 홍콩은 민족의 발명에 장애가 되기에 제거되어야 할 그 무엇이 된다.

---

33) 明報編輯部, 「嘉賓發言摘錄」, 『明報月刊』, 2006, 42쪽.

34) 한스 울리히 벨러, 이용일 옮김, 『허구의 민족주의』(푸른역사, 2007), 73쪽.

35) 주디스 버틀러 · 가야트리 스피박의 대담, 주해연 옮김, 『누가 민족국가를 노래하는가』(산책자, 2008), 38쪽.

36) 주디스 버틀러 · 가야트리 스피박의 대담, 앞의 책, 43쪽.

본토적 정체성을 알고자 한다면 그것이 구성되는 과정을 추적해야 하는 것이다. '본토 문화'에 대해 『홍콩 사회지역 어휘 사전香港社區詞詞典』은 이렇게 정의하고 있다. 본체 문화라고 하기도 하는데, 본국이나 지역의 정치, 경제, 생활방식, 의식형태, 가치 관념 등을 체현하는 것으로, 다른 국가나 지역의 문화와 구별된다고 했다. 또 1백 년 이상 형성된 홍콩 본토 문화는 고금(古今)이 관통하고 동서(東西)가 융합하는 혼합 문화로서 선명한 특징이 있다고 부연했다.[37] 또 중국 정치협상회의 주석을 역임한 리루이환李瑞環은 부총리로 재직할 때, 홍콩 및 그 가치를 찻주전자 안의 '차 때(茶垢)'에 비유, 독특한 차향을 유발하는 차 때를 제거하는 우를 범하지 말 것[38]을 언급한 바 있다. 이와 관련하여 뤄융성은 국민주의의 승리는 찻주전자를 깨끗이 하는 것이라는 주장을 펼친다.[39] 정치적인 측면에서 본토 홍콩에 대한 뤼다러呂大樂의 정리는 깔끔하다.

> 70년대 중기부터, 일반 시민 대중이 가리키는 '여기(本地的)'는, 국민당 공산당 양대 진영과 다른 '제3의 선택'을 가리킨다. '제3의 선택'이 점차 성장하고, 동시에 앞에서 말한 것처럼 빠른 속도로 경제가 발전하고, 일반 가정생활이 개선되고, 게다가 식민 정부가 정책을 바꾸어 개혁을 진행하자, 이 때문에 국공 양당은 주변화되었고, 식민 체제가 점점 사회 주류가 되어, 민중의 그 소원한 느낌에 변화가 생겼다.[40]

---

37) 田小琳 編著, 『香港社區詞詞典』(北京; 商務印書館, 2009), 13쪽.

38) 羅永生, 『殖民無間道』(Hong Kong: Oxford, 2007), 111쪽에서 재인용.

39) 羅永生, 앞의 책, 112쪽.

40) 呂大樂, 「香港殖民生活的'冷經驗'」, 本土論述編輯委員會 · 新力量網絡 編, 『本土論述 2009-香港的市民抗爭與殖民地秩序』(臺北: 大雁出版基地, 2009년), 103쪽.

그러니까 본토 홍콩의 생성은 정치적이었다. 즉 공산당 또는 전쟁이 싫어서 남하한 피난민이 바탕이 되어 '좌'도 '우'도 아닌 제3의 선택이자 제3의 공간을 마련하였다. 따라서 홍콩인들이 중국 내지의 친인척과 상시 연결되어 있거나 중국 문화의 훈도를 받고 있어 자랑스러운 것은 아니다. 그들은 바로 홍콩 제도에 자부심을 가지고 있다. 또 자유그 공간이 좁아질 수 있다는 우려가 가장 크다. 왜냐하면 자유로운 홍콩의 분위기가 경제발전을 추동했고, 경제에 대한 자부심이야말로 본토 홍콩의 구축에 가장 중요한 역할을 했기 때문이다. 따라서 본토는 정치경제적이라는 논리가 힘을 얻는다. 우쥔슝은 저간의 사정을 이렇게 말하고 있다.

> 홍콩인이 언제부터 자아를 인정하기 시작했고, 어떻게 집단 신분을 규정하는지, 어떻게 일종의 본토 의식으로 발전했는지가 최근 홍콩 문화 연구에 있어 중심 화제 중의 하나이다. 대학은 연구를 강조하고, 각종 문화 평론과 대중 매체와 보급 간행물은 약속이나 한 듯이 이 문제를 자세하게 묘사하고 대담하게 논단하고 있다. 몇 년간의 토론을 통해 우리는 아래 세 가지 공식을 얻었다.
>
> 1. 홍콩 본토 의식은 최근 이십여 년의 신생 사물로서, 2차 대전 이후 태어난 세대가 그것의 원동력이다. 같은 기간에 정지할 수 없었던 경제 기적은 그것의 비옥한 토양이었다.
> 2. 이런 본토 의식과 그것에 종속된 더욱 큰 홍콩 문화 신분은 매우 복잡한 혼합체이다.
> 3. 1970년대부터 고도로 팽창한 대중 매체 및 그것들을 둘러싼 프로그램·놀이와 생활 방식은, 본토 의식을 제조하고 진일보해서 홍콩

문화를 구축한 중요한 매개체이다.[41)]

이제 홍콩인은 과연 누구인가, 라는 문제가 대두된다. 이른바 '홍콩인다움'이나 '홍콩다움'을 논할 때는 문화적 정체성으로 통합된다고 할 것이다. 포레(David Faure)는 혈통적으로 "홍콩인은 결국 중국인이지만, 그들은 분명히 또 다른 중국인이다."[42)]라고 홍콩인의 '다움'을 인정한다. 즉 혈통적으로나 용모가 이미 화인의 그것과 비슷하더라도, 이른바 '홍콩인'이 생각하기에 자신의 정서가 홍콩인이라는 그 무엇에 경도되어 있다는 인식은 무시될 수 없다. 정치적인 배경이나 혈통적인 요인을 배제할 경우 자연스럽게 남게 되는 것은 문화적인 정서일 것이다. 이제 남은 것은 그들에게 문화적으로 의미를 부여하는 일이다. 본토 홍콩에 대한 매튜(Gordon Mathews)의 정의는 탁월하다. 그는 본토 홍콩의 문화 신분은 "중국 특성에 부유함 · 국제화 · 자본주의를 더한 것" 또는 "중국 특성에 영어 · 식민 교육 · 식민주의를 더한 것" 또는 "중국 특성에 민주 · 인권 · 법치를 더한 것"인데, 홍콩인의 본토 정체성은 중국 문화 신분으로부터 벗어나고자 하는 일종의 정서[43)]라고 했다.

최근 나는 북경의 서점에서 재미있는 제목의 책 한 권을 구입했다.

---

41) 吳俊雄, 「尋找香港本土意識」, 吳俊雄 · 張志偉 編, 『閱讀香港 普及文化』(Hong Kong: Oxford, 2002), 86.

42) David Faure, "Reflections on being Chinese in Hong Kong" , in Judith M. Brown and Rosemary Foot (eds.) *Hong Kong Transitions*, 1842-1997(Houndmills, Basingstoke, Hampshire: Macmillan Press; New York, N.Y.: St. Martin's Press, 1997), p.113. 林蔚文, 「社群建設與一國兩制: 香港 vs 澳門」, 郝志東 主編, 『國家認同與兩岸未來』(澳門大學出版中心, 2008), 145쪽에서 재인용.

43) Gordon Mathews, "Heung Gong Yahn: On the past, present, and future of Hong Kong identity", *Bulletin of Concerned Asian Scholars*, 29(3), 1997, pp.3-13; 林蔚文, 앞의 글, 145쪽에서 재인용.

『홍콩 사회지역 어휘 사전香港社區詞詞典』[44]이 바로 그것이다. 문제는 '사구(社區)'라는 단어였다. '사구'는 영어의 Community를 중국어로 번역할 때 사용하는 용어로서, 과거 출판물에서는 홍콩사구라는 어휘를 전혀 볼 수 없었다. 그동안 대륙 · 홍콩 · 대만 등 양안삼지(兩岸三地)에서 출판된 홍콩 관련한 절대 다수 서적에서는 그냥 홍콩이라고 하거나 중국 홍콩 또는 홍콩특별행정구라고 했다. 독자들의 의아심을 미리 알고 있었다는 듯이 편자는 서문의 첫 머리에서 "사구사(社區詞)는 바로 사회지역 어휘"라고 적시했다. 이어서 설명하고 있다. "사회 제도의 다름이나 사회 정치 · 경제 · 문화 체제의 다름 및 다른 사회 지역 사람들이 사용하는 언어의 심리 차이 때문에" 현대 한어(漢語)를 사용하고 있는 지역에서 자신만의 사회 지역 어휘를 사용하고 있다고 설명했다.

여기서 주목할 만한 것은 그 책의 편자가 홍콩이라는 지역의 특수성을 인정하고 있다는 점이다. 그의 말은 홍콩의 사회 제도 그리고 정치 경제 및 문화 체제가 다르다는 것이다. 그렇다면 본토 홍콩의 기초는 이렇게 구성된다. 즉 홍콩은 우선 사회 근간을 이루는 각종 제도가 중국과 다르며 문화적 체제까지도 다른 것이다. 홍콩이라는 본토는 이렇게 중화인민공화국과 다르다. 본토 홍콩에 대한 학계의 관심은 1990년대부터 대두하였다고 볼 수 있다. 한때 홍콩 사회는 세계적으로 전지구화가 급속히 진행되고 있는 대세 속에서 전지구화의 현상이나 문제점을 미리 볼 수 있는 마당으로 주목받았다. 그것의 배경에 대해 포스트모더니즘이나 탈식민주의 이론의 실천 등 다양한 입론이 가능하겠다.

아파두라이는 새로운 민족지학의 과제로 "전지구화되고 탈영토화된

---

44) 田小琳 編著, 앞의 책, 책의 속표지에 "이 책은 『홍콩 사회지역 어휘 사전』 연구 계획의 성과이다. 본 연구 항목은 홍콩 영남(嶺南)대학 연구 및 고급 학위 과정 위원회의 자금 지원을 받았다. 일련번호는 DR03B6, DA05B4이다. 이에 사의를 표한다."고 명시되어 있다.

세계에 살면서 경험들로서의 지역성의 본질이란 무엇인가?"[45]를 들고 있다. 초국가적 시스템 속에서 경험한 홍콩 본토주의의 본질은 무엇일까? 나아가서 본토주의에 가한 민족주의의 충격, 즉 탈본토화가 본토주의에 가한 충격의 결과는 무엇인가? 이런 측면에서 중국-홍콩 관계의 연구 결과는 향후 전지구화되고 탈영토화된 세계에서 지역성의 본질에 대한 대안으로 제시될 수 있다. 그래서 거대 민족지학 연구에 상당 부분 공헌할 수 있다. 나는 중국-홍콩 관계가 새로운 "복합적인 문화적 재생산"[46]을 창출할 수 있다고 믿는다.

아파두라이는 미국에 있는 인도인 공동체가 힌두교 절을 지어 힌두신인 미낙시를 모시는 등의 행위, 즉 미국이라는 공간에서 그러니까 자기 종족 이외의 공간에서 경제활동을 하면서 또 다른 문화 공간인 인도인 공동체에서 종족을 위해 하는 활동을 복합적인 문화적 재생산이라고 명명하고 있다. 국가 안에서 일어나고 있는 초국가적인 활동의 아이러니를 설명하기 위한 용어이다. 인도 출신인 그는 자신의 가족들과 함께 인도를 방문한 경험을 말하고 있다. 그러니까 순전히 미국에서 태어나 미국에서 생활하고 있는 아들의 입장, 즉 불편한 사회 시스템에 쉽게 적응이 안 되지만, 친척들과의 관계망이 다른 상상력을 자극하였음을 설명하고 있다. 아파두라이는 "특정한 장소로부터 상상력을 해방시키는데 초점을 두고 있는 민족지학이 어떤 것이어야 하는지를"[47] 파악하는 데 도움을 주는 사례라고 했다.

전지구화 시대에 적응하면서도 그들 나름대로의 동질성을 지니며 살고 있는 홍콩인 사회의 특수성은 우리에게도 많은 시사점을 던져주고 있다. 전지구화와 동시에 중국에 의한 후식민 시대라는 점에서 홍콩은

---

45) 아르준 아파두라이, 앞의 책, 96쪽.

46) 아르준 아파두라이, 앞의 책, 104쪽.

47) 아르준 아파두라이, 앞의 책, 106쪽.

이분법적 잣대로는 들여다볼 수 없는 중요한 공간인 것이다. 이석구는 흑백논리를 지양한다는 인식을 전제로 세계화와 민족적 정체성의 문제화에 관한 논의의 필요성을 제기한 바 있다.[48] 과연 이중 변경에 처해 있는 홍콩인들이 행복하게 느끼는 인식의 근거는 무엇일까 하는 의문이 든다. 그들이 홍콩인의 정체성에 안주할 때, 행복할 수 있을 것인가 하는 생각도 든다. 또 누군가 그것을 교묘하게 이용하고 강요하고 있지는 않을까 하는 우려까지 드는 것이 솔직한 심정이다.

이렇게 본다면 홍콩의 정체성은 정치경제적인 것이다. 2007년에 마제웨이馬傑偉와 펑잉첸馮應謙은 '경제국족주의(經濟國族主義)'라는 말로 본토 홍콩의 정치현실을 규정한 적이 있다. 요컨대 경제적으로 혜택을 많이 받는 집단일수록 중국을 인식하는 비율이 높은데, 그와 비례해서 중국의 제도를 의심한다.[49] 정치경제적 강요와 의도에 따라 영향을 크게 받는다는 뜻이다. 구수메이에 의하면, '대도회'나 '대홍콩'식 본토주의는 최근 이삼십 년 사이에 응축되어서 만들어진 것이다.[50] 본토주의의 구체적인 형태는 최근 부각되고 있는 '대도회'나 '대홍콩'식일 수밖에 없다. 배경은 물론 경제적인 성공에 있다. 각종 설문조사를 보면 주권 반환 이후 홍콩 경제의 부침과 중국을 인식하는 비율이 밀접하게 연결되어 있다.

본토 홍콩은 중화인민공화국이라는 정치 실체를 거부하지만, 중국 전통이나 문화적 정체성에는 일정 부분 동의하는 정서이기도 하다. 다

---

48) 이석구, 「탈식민주의와 탈구조주의」, 고부응 엮음, 『탈식민주의-이론과 쟁점』(문학과지성사, 2003), 190쪽.

49) 馬傑偉 · 馮應謙, 2007,「港式國家認同」, 載馬傑偉, 『後九七香港認同』, 香港:VOICE, 頁136-43, 馬傑偉 · 曾仲堅, 『影視香港-身分認同的時代變奏』(香港: 中文大學出版社, 2010), 128쪽에서 재인용.

50) 谷淑美, 「文化 · 身分與政治」, 謝均才 編, 『我們的地方, 我們的時間 香港社會新編』(Hong Kong: Oxford, 2002), 350쪽.

시 말하지만, 중화 문화와 민족 혈연이라는 틀에서 대부분의 홍콩인은 자신이 홍콩인이자 중국인이라고 인식하고 있어 양자의 모순은 없다. 하지만 정치적 각도에서 상당수의 홍콩인은 영국의 피식민자도 아니고, 중국 정부가 규정한 중국 국민도 아니라고 생각한다. 따라서 정치적인 측면과 문화적인 측면에서 모순이 발생한다.[51)]

문화 민족주의자는 홍콩을 자유세계의 일원이라고 본다. 이런 인식이야말로 홍콩 본토 사회라는 담론 공간을 개척했다. 그들은 홍콩 사회를 뿌리 없는 중국인 커뮤니티로 상상[52)]하고 있는 것이 사실이다. 천자러陳家樂 · 주리朱立의 견해에 다르면, 중국인의 정체성, 특히 홍콩인의 경우는 아래와 같다. 홍콩 중국인의 본토 신분, 즉 홍콩인 그리고 중공 정권이 정의한 중국 국민 또 중화민족이라는 틀의 중국인, 마지막으로 영국의 피식민자[53)]이다. '거듭나기'나 '결탁'이 홍콩의 가장 기본적인 정치 유희라고 보는 시각도 있다.[54)] 물론 가장 현실적인 분석일 수밖에 없다. 이런 측면에서 정홍타이鄭宏泰 · 황사오룬黃紹倫은 주권 반환 이후 홍콩 신분이 변경화의 위험에 처해 있고, 전통적인 민족주의 국가 의식 형태에서 벗어나기 어려운 상태인바, 입으로는 국제화와 도시화를 말하지만 행동은 점차 중국화되고 있다고 지적했다. 홍콩 자체의 특수한 색채가 점차 감소되고 있다는 것이다.[55)] 그리고 그것은 홍콩의 장래를 예고하는 것이기도 하다.

---

51) 陳家樂 · 朱立, 『無主之城-香港電影中的九七回歸與港人認同』(香港: 天地圖書, 2008), 156쪽.

52) 羅永生 編, 『誰的城市?』(Hong Kong: Oxford, 1997), 4-5쪽.

53) 陳家樂 · 朱立, 앞의 책, 155쪽.

54) 羅永生, 『殖民無間道』(Hong Kong: Oxford, 2007), 27-28쪽.

55) 鄭宏泰 · 黃紹倫, 『2004香港身分證透視』, 陳家樂 · 朱立, 『無主之城-香港電影中的九七回歸與港人認同』(香港: 天地圖書, 2008), 204쪽에서 재인용.

결론적으로 홍콩의 과거는 식민성에다가 현대성을 더한 것[56]으로 간주되는데, 무게중심을 어디에 두느냐에 따라 본토 홍콩의 정체성은 양극화될 수밖에 없다. 즉 영국이 심어놓은 식민성에 둘 경우 그것은 바로 극복되어야 할 그 무엇으로 전락하는 것이고, 근대성에 둘 경우 학습해야 하고 모방해야 하는 그 무엇으로 규정되는 것이다. 당연히 식민성은 민족주의의 당위성을 입증시켜주는 주요한 특징인바, 중국 중심주의의 입장에서는 절대 놓칠 수 없는 절호의 과녁이 되는 것이다. 중국 중심주의가 새로운 식민성으로 인식되고 있음에도 말이다. 따라서 '홍콩 스토리'에서 나타나는 민족주의 성향의 마지막 목표는 식민성에 대한 것일 수밖에 없다. 문제는 국민교육이라고 불리는 탈식민성 교육이 또 다른 식민성을 획책하고 있다는 의심을 피할 수 없는 것이다. 그렇게 본다면 국민감정의 생성을 요구하는 민족주의와 민주 · 자유를 지향하는 본토주의는 건곤일척의 승부를 할 수밖에 없을 것이다.

> 우리는 전 홍콩 시민 여러분이 생각해보기를 청합니다.:
> 홍콩 정부가 우리가 마땅히 가져야 할 기본 인권을 주었던가요? 시정국 선거 보이콧은 우리가 후보자에 대해 불만을 표시하는 것이 아니라, 홍콩 식민지 정부에 대한 우리의 믿음을 잃어버렸다는 것을 나타내는 것입니다. 그리고 홍콩 시민의 첫 번째 비협조운동은 정부의 비민주와 홍콩의 수많은 불평등하고 비합리적인 제도에 대한 항의입니다.(시정국 보이콧 행동위원회 1971)[57]

나는 지역성을 양(量)적이거나 공간적인 것이 아니라 근본적으로 상

56) 羅永生, 앞의 책, 33쪽.
57) 盧思騁, 「民族主義與殖民統治」, 羅永生 編, 『誰的城市?』(Hong Kong: Oxford, 1997), 48쪽.

관적이고 문맥적인 것으로 간주하며, 또한 사회적인 현안에 대한 감각과 상호작용의 기술, 문맥들 간의 상호 의존성들이 만들어 내는 일련의 관계로 구성되는 복잡한 현상학적 성질로 간주한다. 행위자agency와 사회성, 재생산 가능성 같은 것으로 스스로를 표현하는 이와 같은 현상학적 성질은 내가 탐구하고자 하는 범주(혹은 주제)로서의 지역성을 표현하는 주요한 속성이다.[58]

지역성의 생산이라는 제목의 장에서, 아파두라이는 문화의 전지구적 흐름 속에서 "지역성locality은 어디에 위치하고 있는가?"라는 질문을 던지면서 그것을 생산하는 일은 "투쟁"이 되고 있다[59]고 했다. 그는 세 가지 차원의 투쟁에서 "충성과 결연의 국가적 형식이라는 기호 아래 모든 동네들을 규정하려는 국민국가의 노력이 점증하고 있다는 사실"을 세 가지 차원의 첫 번째로 꼽는다.[60] 그가 말하는 지역성은 "감정의 한 구조와 사회적 삶의 한 특성, 주어진 공동체의 한 이데올로기"[61]이다. 정리하면 홍콩식 본토주의는 주권 반환 전까지 그래왔던 대로 생활방식이나 정신세계의 가치중립과 그것에 대한 유지를 요구하고 선양하는 그 무엇이다. 문제는 현실적으로 본토의 유지와 지속은 정치경제로부터 자유롭지 않다는 데 있다.

---

58) 아르준 아파두라이, 앞의 책, 312쪽.

59) 아르준 아파두라이, 앞의 책, 19쪽. 앞의 질문은 311쪽을, "투쟁" 관련은 329쪽을 참조할 것.

60) 나머지 둘로 "영토성과 주체성, 집단적인 사회운동 사이의 분리가 점증하고 있다는 사실"과 주로 "전자 매체의 힘과 형식 때문에 가상적인 동네와 실제적인 동네 사이의 관계가 지속적으로 침식당하고 있다는 사실"을 들고 있다. 329쪽 원문에는 '기상적인' 이라고 되어 있는데, 문맥으로 볼 때 아마도 '가상적인'의 오타로 보인다.

61) 아르준 아파두라이, 앞의 책, 329쪽.

3. 탈식민과 경제문화

1) 영국홍콩

마지막 홍콩총독인 패튼이 떠나면서 기대했던 것은 자유와 풍요로 상징되는 홍콩의 연속성이었다. 물론 그 이전에도 영국 식민자가 기획했던 것은 홍콩이 중국과의 차별성을 지니는 일이었다. 타자로서 중국 대륙은 식민자에게 있어 매우 유용한 존재였는데, 그들이 기획했던 근대와 전근대 등 홍콩의 차별성이 대륙의 사건들과 교묘하게 어우러져 강력한 대비를 형성하였던 것이다. 타자 없는 본토는 성립될 수 없는 것이어서 순간순간 존재 가치를 보여주는 타자야말로 식민자에게는 가장 필요한 자산임이 분명하다. 적어도 홍콩에서 그들이 개발한 식민 기량은 매우 큰 효과로 나타나서 정치적으로나 경제적으로나 타자와 사사건건 비교당할 수 있었다. "타자는 우리 인식에 있어서 산만한 지각들을 조직해 하나의 대상으로 구성하고 시간화를 가능케 할 뿐 아니라, 더 근본적으로는 남녀의 성 분화(性分化)를 포함한 세계의 질서 전체의 조직에 관여한다."[62]는 서동욱의 언설처럼 홍콩 본토주의는 영국과 중국이라는 식민자의 논리를 해석하면 드러나게 되어 있다. 따라서 주권 반환 후에도 '영국인이 통치하지 않는 영국의 식민지'라는 말이 들려오는 걸 보면 일단 영국의 기획은 성공하고 있는 것처럼 보인다.

원래 영국정부에 의해 기획되었던 본토 홍콩의 정치적 목표는 식민통치를 강화하기 위한 탈중국화였다. 중국과의 단절이야말로 안정된 식민통치의 비결이라고 믿었다. 따라서 탈중국화든 아니면 친영국화이든 본토주의에 대한 식민주의의 영향을 무시할 수 없다. '제국의 변경'

---

62) 서동욱, 앞의 책, 153쪽.

(edge of empire) 개념은 영국과 중국 사이에 위치한 홍콩의 위치를 말하는 것으로, 캐럴(John Carrol)의 책 『제국의 변경Edge of Empires』이 출판되면서 한동안 유행했다. 아파두라이는 "식민주의의 모순들에 힘입어 인도인들이 갖게 된 각종의 주체성에는 모호하면서도 위험한 양면이 남아 있다."[63]고 보았다. 적절한 비유일지는 모르겠지만, 장기간 폭력에 노출되어온 사람은 폭력에 대한 극도의 혐오감을 형성하면서 성장하지만 자신이 또다시 폭력을 행사하는 주체로 악순환의 고리로 도치된다는 연구결과가 많이 있다.

파농에 의하면 흑인 어린이들은 서구에서 만들어진 모험 이야기를 읽을 때, 스스로 백인과 같은 편으로 인식한다는 것이다. 그러니까 백인들과 적대적인 관계에 있는 이민족(아프리카 흑인을 포함한)을 그들의 적으로 인식한다는 것이다. 홍콩은 영국도 중국도 아닌 제3세계를 꿈꾼 적이 있는가? 영국 그리고 중국을 극복하고자 진지하게 고민한 적이 있는가? 김준환은 슬래먼(Stephen Slemon)의 말을 인용하여 "탈식민주의는 신식민주의의 수사학을 해체적으로 읽음으로써 신식민주의에 저항해야 하며, 동시에 문화적 정체성과 생존의 원리로서의 탈식민적 사회 전통을 구축해야 하는 이중의 기능을 수행해야"[64] 한다고 했다. 홍콩은 이제 신식민주의에 저항해야 하며, 탈식민적 사회 전통을 구축해야 한다.

'나는 홍콩인이다'라는 제목의 연극이 나온 것도 이즈음이었다. 이 작품은 답답하고 걱정스러운 홍콩인들의 정서를 고스란히 보여주고

63) 아르준 아파두라이, 차원현 · 채호석 · 배개화 옮김, 『고삐 풀린 현대성』(현실문화연구, 2004년), 238쪽.

64) Stephen Slemon, "Modernism's Last Post"eds. Ian Adam and Helen Tiffin, *Past the Last Post*, p.7. 김준환, 「탈식민주의와 포스트모더니즘」, 고부응 엮음, 『탈식민주의-이론과 쟁점』(문학과지성사, 2003), 105쪽에서 재인용.

있다. 연극의 스토리는 홍콩인의 정체성과 심사만큼이나 복잡했다. 영국의 식민 통치에 대해서 매우 비판적이면서, 그동안 등한시했던 중국의 뿌리를 찾는 듯했다. 하지만 주제는 홍콩의 문제에 있어 정작 자신은 배척되고 있는 상황에 절망하는 것이었다.[65] 결국 '홍콩인' 자신들은 '중국인'이 아니라는 것이다. 아파두라이는 이 점에 대하여 매우 명쾌하면서도 적절한 비유를 제시해주고 있다.

> 이리안 자야Irian Jaya(인도네시아의 오지-인용자)의 국민들에게는 인도네시아화되는 것이 미국화보다 훨씬 걱정되는 일이라는 사실은 알아둘 필요가 있다. 그것은 한국인들에게는 일본화가 그러했고, 스리랑카 사람들에게는 인도화가, 캄보디아인들에게는 베트남화가, 소비에트 아르메니아 사람들과 발틱 공화국 사람들에게 러시아화가 그러했던 것과 동일한 성격을 갖는다.[66]

왜냐하면 "작은 규모의 정치체들은 항상 좀 더 큰 규모의 정치체들, 특히 이웃하고 있는 정치체들에 의해 문화적으로 흡수당하지 않을까 하는 두려움을 가지고 있기 때문이다."[67] 이 말을 곧이곧대로 홍콩에 적용시킨다면, 홍콩인에게는 영국화보다는 중국화가 훨씬 걱정스러운 일이 되겠다. 그래서 홍콩인 자신에게 홍콩의 통치를 맡긴다는 통일전선전술이 일찌감치 결정되었는지도 모르겠다. 물론 문화인식상 중국 중심이냐 아니면 서방 중심이냐 하는 것으로 홍콩인의 특질을 규정하려는 시도는 한계성을 지닌다. 왜냐하면 홍콩 자체가 가지는 우월성이 홍콩 본토주의의 근간이라고 할 수 있는데, 그것은

65) 王宏志 · 李小良 · 陳清僑, 『否想香港』(臺北: 麥田出版, 1998), 241-242쪽.
66) 아르준 아파두라이, 앞의 책, 59-60쪽.
67) 아르준 아파두라이, 앞의 책, 60쪽.

바로 법률이나 제도, 투명한 사회, 우수한 공무원 제도로부터 나오는 것이기 때문이다. 1960년대부터 홍콩 대중문화는 중국의 그것과 현저히 다른 양상을 보이기 시작했는데, 구수메이는 그 원인을 이렇게 지적하고 있다.

> 1) 1950년대부터, 중국대륙과 홍콩은 의식의 경계를 확실히 하기 시작했다. 2) 2차 대전 이후 동남아 및 미국 캐나다 그리고 본지의 화인(華人) 시장이 홍성하여, 대중문화 공업의 부단한 창조를 유도하였고, 동시에 홍콩 특색을 표방하였다. 3) 1960-70년대, 홍콩에 뿌리를 내리기 시작한 중국 이주민은 물론이고, 본지에서 출생하고 성장한 젊은이들의 광동어 위주와 홍콩 본위, 그리고 새로운 특색을 구비하고 사회 맥박을 포착할 수 있는 문화 상품에 대한 요구가 갈수록 간절해졌다. 4) 영국 식민주의의 착근 및 전지구적 자본주의의 확산이라는 대세하에 적지 않은 외지 문화가 홍콩에 삼투하였고, 또 본지에서 그것이 선택적으로 흡수되어 홍콩 대중문화의 일부가 되었다. 5) 1980년대 '97'문제 대두는 홍콩인 신분이라는 담론을 야기했다.[68]

'홍콩인이 홍콩을 통치한다(港人治港)'는 표어는 주권반환에 관한 중영간 협상이 본격화되면서부터 중국측에 의해서 제기된 도깨비 방망이였다. 일찍이 1910년대 연성자치(聯省自治) 운동 당시 광동성장 진형명陳炯明이 외친 구호 '광동인이 광동을 통치한다(粵人治粵)'가 연상되는 이 구호는 우리에게 전달하는 의미가 매우 많다. '광동인이 광동을 통치한다'는 광동 군벌 진형명이 자신의 기반으로 광동성을 이용하고자 하는 차원에서 제기된 구호이지만, 오령(五嶺) 산맥 이남이라는 영남 정체성

68) 谷淑美, 앞의 글, 360쪽.

을 꾸준하게 주장해온 지리적 정서 역시 그것의 출현을 장기간 예고하고 있었다.

즉 광동인이 광동을 통치한다는 다분히 도발적인 구호가 등장할 수 있는 배경에는 광동인 나름대로의 정체성이 자리 잡고 있다. 광동성은 유배지로서 그리고 남쪽 오랑캐 지역과 가장 가까운 곳으로서 중국 다른 지역에 비해 상대적으로 독립된 의식을 길러온 곳으로 인식된다. 그래서 중국 정부는 최근까지 광동 출신을 광동성 책임자로 임명하지 않는다는 내부방침을 지키고 있다고 전해진다. 광동의 정체성은 광동어로 대표된다. 최근 중국 정부가 광동성에서 보통화 사용 캠페인을 벌인 적이 있는데, 광동성 주민들의 강력한 반발에 직면했다. 마찬가지로 홍콩인이 홍콩을 통치한다는 표어가 성립 가능한 가장 큰 근거는 홍콩인이라는 집단적 정체성이 따로 존재한다는 전제였다.

하지만 지금까지도 '홍콩인'의 정체성에 대한 논의는 지치지 않고 진행되고 있다. 즉 각종 설문조사의 단골 메뉴는 자신이 중국인이냐 아니면 홍콩인이냐 또는 중국홍콩인이냐는 물음이다. 여전히 수위를 차지하고 있는 대답은 중국인이 아닌 홍콩인이라는 대답이다. 그럼에도 불구하고 홍콩인은 하나의 정치적인 신분이지만, 중국인의 속성과 문화적으로 깊은 관계가 있다. 연속 의의적인 부호로서 홍콩인은 우선 중국과 홍콩 두 곳의 문화 기억으로부터 완전히 자유로울 수 없다. 장빙량은 이렇게 분석하고 있다.

> 장기적으로 '정체성'은 양면성—'문화 역사의 중국' 대 '정치 현실의 중화인민공화국'—을 지니고 있었다. 그리고 이른바 '애국'이 '애당(愛黨)'은 아니라는 논쟁이 있었다. 바꾸어 말하면, 사회주의나 자본주의 체

제라는 차이 외에도 '중국 인식'상에 이견이 있었다.[69]

> 그해 97문제가 제기되었을 때, 사회적으로 최대의 반환 반대 목소리는 홍콩 본토에서 나왔다. 게다가 서방 교육을 많이 받은 지식 계층/전문직과 상공업 엘리트일수록 더욱 강력하게 이른바 영국이 홍콩을 팔아 넘기는 것에 반대하여, 홍콩을 중국에 돌려주는 것을 반대했다. 심지어 중영 쌍방이 1997년 홍콩을 중국에 돌려주기로 약속한 이후에도, 홍콩 여론은 여전히 영국은 마땅히 홍콩인의 이익을 보호해야 하고, 홍콩에 대해 영국은 도덕적인 책임이 있다는 등의 주장이 제기되기도 했다. 전 세계 반식민지화의 역사에서, 식민자(사실 식민지 통치하의 체제)에 대한 홍콩인의 연연함과 미래에 대한 공포와 저항은 영국 식민지였던 스페인의 남쪽 도시 지브롤터(Gibraltar) 외에는 유일무이할 것이다.[70]

저우바쥔周八駿은 「국가로 돌아갈 것인가 아니면 홍콩 본토로 돌아갈 것인가?」라는 글에서 주권 반환의 과정이 그렇게 순탄하지만은 않을 것이라는 전제하에, 그중에 심각한 문제가 하나가 존재한다고 했다. 바로 전면적으로 국가로 돌아갈 것인가 아니면 홍콩 본토로 돌아갈 것인가인데, 홍콩에 과소평가할 수 없는 본토 의식이 존재하기 때문이라는 것이다.[71]

---

69) 張炳良, 『管治香港的難題: 回歸十年反思』(香港: 進一步多媒體有限公司, 2007), 70쪽.

70) 張炳良, 앞의 책, 67쪽.

71) 周八駿, 「回歸國家還是回歸本土?」, 『選擇香港 選擇自己』(香港商報出版社, 2004), 15쪽.

홍콩해방박물관,
영국통치시기 전시실

한편, '홍콩 스토리'의 제7전시실은 일본 침략을 증명하는 공간이다. 전쟁 분위기가 그대로 전해지고 있다. 일곱 개 소제목 즉 홍콩 침략, 일본군 통치, 교육, 전쟁 포로, 항일 활동, 홍콩 해방(Liberation)으로 구성되어 있고, 부속 영상실에서는 3년 8개월이라는 제목의 다큐멘터리가 상영되고 있다. 홍콩은 1941년 크리스마스부터 1945년 8월 일본이 항복하기까지 일본에 의해 3년 8개월 동안 점령당했었다. 사진과 영상물은 영국-일본 간 18일 동안 치열하게 전개되었던 공방전과 게릴라 항전 그리고 비참했던 점령시기에 초점이 맞추어져 있다. 사진과 다큐멘터리를 통해 일본점령시기 '공포 속에서 비참하게 살아가는' 홍콩인의 삶을 느낄 수 있다는 설명이다.

정더화鄭德華의 시각은 매우 조심스럽지만 도전적이다. 18일 동안의 전투에서 일본에 의해 영국이 패한 사건이 "일정 정도 영국 대식민주의자의 오만함을 꺾었고, 동서 문화 교류와 융합에 실제적으로 긍정적인 촉진 작용을 했다."[72]고 보는 것이다. 우선 3년 8개월이라는 점령기간

72) 鄭德華 編著, 『歷史追索與方法探求-香港歷史文化考察之二』(香港: 三聯書店,

을 크게 하나의 전시실에서 매우 자세하게 전시한 이유를 탐구해야만 한다. 『'홍콩 스토리' 전람 자료』 일본 점령기 부분은 16개의 주제로 나누어져 있다. 주요 내용을 옮기면 아래와 같다.

홍콩해방박물관,
일본군인 사진

1. **일본 군국주의**: 1931년 우선 동북 3성을 침공하였고, 1937년에는 전면적인 전쟁을 도발했다. 북경 · 상해 · 남경을 함락하였고, 남경에서 30만 명을 학살하였다. 1938년 광주를 함락했다.
2. **일본군의 홍콩 포격**: 1941년 12월 8일 오전 진주만 공습 후 갑자기 홍콩 카이탁 공항을 공습, 제공권을 장악한 후 신계로 진입하였다. 영국군에게 항복을 요구하였으나 거절당했다.
3. **홍콩 함락**: 일본군은 12월 18일 홍콩섬에 상륙하였고, 12월 25일 오후에 영국군은 항복했다.
4. **일본 통치하의 홍콩**: 1942년 2월 '홍콩 점령지 총독부' 수립, 육군 중장이 총독으로 임명되었다. 일본 정부는 사회 저명인사를 동원하여 이화제화(以華制華)의 정책으로 통치했다. '화민대표회華民代表會' 및

1999), 45쪽.

'화민각계협의회華民各界協議會'를 구성, 총독부는 일본인을 소장으로 하는 지역 사무소를 홍콩 · 구룡 · 신계에 각 1개씩 설치하였고, 그 아래 중국인 소장의 28개 사무소를 설치하였다.

5. **인구 및 귀향 정책**: 전쟁 전 인구(피난민 포함)는 1백 6십만 명이었는데, 총독부가 식량 · 주택문제를 의식하여 1942년 1월 '귀향 위원회'를 설치해서 매월 기차와 여객선으로 국내 송환을 강제했다. 1942년 12월, 귀향 정책 추진 결과 1백만 명으로 감소했다. 나날이 심각해지는 식량 문제로 헌병대가 거리에서 무작위로 체포하여 홍콩 이탈을 강제하기도 했다. 그리하여 1945년 일본이 투항했을 때, 홍콩 인구는 60여 만 명에 불과했다.
6. **사회 및 경제 상황**: 홍콩 함락 후, 시민은 3년 8개월 동안 **비참한(悲慘)** 세월을 겪었다. 당시 쌀 · 설탕 · 식용유 · 소금 등 주요 물품은 배급제를 실시했다. 기타 채소와 육류 등 부식품은 극도로 부족하여 가격이 부단히 폭등했다. 일본 정부는 홍콩의 상업 활동을 통제하기 위해 대부분의 직업을 '조합(동업상회)'으로 개편하였고, 적성 국가 은행을 청산하였으며, 군표로 화폐를 대체하였는데, 군표를 남발하여 통화가 팽창하는 바람에 홍콩 경제는 **반신불수(癱瘓)**의 상태에 빠졌다.
7. **직업 조합**: 적지 않은 상점이 강제적으로 영업 정지를 당하고, 사회질서가 점차 회복되어서 영업을 하기 시작했다. 일본 정부는 대부분의 직업을 '조합(동업상회)'으로 재편하여, 일본인의 통제하에 운영하였으며, 어떤 직업에 종사하고자 한다면 반드시 조합에 가입해야 했다.
8. **금융과 화폐**: 홍콩상해은행 같은 적성 국가 은행은 청산당하는 액운(厄運)을 당했고, 화교 자본의 은행만이 제한적인 업무를 제공했다. 일본 요코하마 쇼킨은행과 대만은행이 당시 법정 화폐인 군표를 발행하였고, 군표 발행의 폭증으로 **폐지(廢紙)**처럼 평가절하되었다.

9. **식량 문제**: 일본 통치 기간, 식량 배급 제도를 실시하여 배급증 소지자에게만 매일 일정량의 쌀을 배급했다. 1944년부터 식량 공급 어려워서 배급제도는 취소되고, 자유 매매를 시행했다. 그와 동시에 식량과 부식물의 가격이 폭등하여, 가난한 시민은 땅콩껍질이나 카사바(cassava) 전분과 나무뿌리로 연명했다. 식량 약탈 행위가 부지기수였다.

10. **공공 교통**: 홍콩 함락 후, 대부분의 공공 교통수단이 몰수되었다. 1942년 초 부터 버스 · 전차 · 케이블카 · 여객선 서비스가 제공되었다. 1943년에는 구룡-라호(羅湖) 간 철도가 회복되었다. 하지만 점령시기에 연료가 크게 부족하여 자전거 · 삼륜차 · 인력거가 주요 수단이 되었으며, 마차도 유행하였다.

11. **교육 사업-일본화 교육**: 교육 사업이 위축되었는데, 대부분의 적령 아동이 입학을 하지 못했고, 전체 학생수가 1941년의 11만 8천 명에서 1945년 4천 명으로 감소했다. 당시 교육은 일본을 미화하는 것이었고, 초 · 중등학교에서 매주 4교시의 일본어 교육을 했으며, 법정 용어로 일본어가 영어를 대체하였다. 각 공립학교에서는 일본 문화와 일본 예절 등을 주요 과목으로 가르쳐, 홍콩 시민을 효과적으로 통제하고 '대동아공영권' 실현하고자 하는 **야심(野心)**을 보였다.

12. **'동아학원(東亞學院)'**: 1943년 4월 1일, '동아학원'이 창립되었다. 점령시기의 고등학부로서, 학비 전면 감면과 취업 보장으로 초기 학생 수가 적지 않았으나, 인구의 급격한 하강 등의 영향으로 시종 궤도에 오르지 못했다.

13. **전쟁 포로 대우**: 약 9천 명의 포로를 분산하여 수용했으며, 적성국가 국민 2천 7백 명은 적주(赤柱)에 따로 수용했다. 많은 포로가 장기간의 기아와 질병으로 사망했고, 홍콩 해방 당시 삼분의 일 정도의 포로가 전염병에 감염된 상태였다.

14. **항일 조직**: 홍콩 함락 시기, '동강(東江) 종대(縱隊) 항구독립대대(港九獨立大隊)'는 유격전술로 불시에 일본군과 일본 앞잡이에 대항하였고, '영국군 복무단'도 지하활동을 전개했다. 유격활동-**중국공산당 지도 아래**, '동강 종대 항구독립대대'는 일본인을 향해 격렬하게 저항했다. '항구독립대대'는 '동강 종대' 5개 대대 중의 하나로서, 전성시기 약 5백 명으로 6개의 중대 조직을 갖추었다. '항구독립대대'의 주요 임무는 홍콩에 체류 중인 문화계 인사와 외국 포로를 구조하고, 토비를 숙청하고, 일본군의 정보를 수집하고, 일본군의 교통 시설을 파괴하고, 일본군 장교와 일본 앞잡이를 암살하는 것이었다.

15. **홍콩 중광(重光)**: 1945년 8월 6일, 8월 9일 히로시마와 나가사키에 원폭이 투하되었고, 8월 15일 일본 천황은 무조건 항복을 선언했다. 9월 16일 총독부에서 항복 의식을 진행하였다.

16. **무조건 항복**[73]

홍콩해방박물관,
일본점령시기의 사진

73) 『'홍콩 스토리' 전람 자료』, 65-68쪽.

내용을 따라 읽어가면서 내 머릿속에서 왜 자꾸 중국과 영국이 자꾸 오버랩되는 것일까? 읽고 나면 부지불식간에 영국이나 중국이 부각되고 있음을 알 수 있다. 그 이유는 의외로 자명하다. 그것은 일본이 중국을 침입한 연장선상에서 홍콩을 침입하였다는 것과 일본 통치 시기에는 홍콩사회가 '반신불수'의 상태에 빠진 반면에 영국 통치시기에 홍콩은 큰 문제가 없었다는 것이다. 우선 점령시기 항일 부분에 있어 국민당보다는 중국공산당의 역할이 두드러지고 있으며, 영국군 복무단도 뚜렷하게 등장되어 그 공로가 전시되고 있다. 일본 점령 시기의 정부도 영국 통치 시기의 정부도 '중국인으로 중국인을 통치하는' "이화제화(以華制華)"를 제일 방침으로 삼았다. 하지만 일본 정부가 취한 "이화제화" 정책만은 절대 잊지 말라는 듯 중점 기록의 대상이 되고 있다. 내가 주목하는 점은 일본 점령 시기를 설명하는 내용을 살펴보면, '홍콩 스토리'가 상대적으로 대영제국의 영광을 크게 선양하듯이 기록되었다는 것이다. 이런 사실을 인식하고 살펴보면 "홍콩영국(港英) 정부는 개항 초기 이미 우편 서비스의 중요성을 알았기에, 지금 성 요한 성당 부근에 아주 작은 우체국을 오픈했다."와 같은 찬사적 설명이 수시로 등장하고 있다. 이 불확실성의 배후를 규명하기 위해서는 식민지배 담론에 대한—허다트가 매우 중요하다고 한—바바의 정의를 살펴볼 필요가 있다.

> 이것은 인종적/문화적/역사적 차이에 대한 인식과 부정을 작동시키는 일종의 장치다. 이것의 지배적인 전략적 기능은 지식의 생산을 통해 '피지배 주민subject people'을 위한 공간을 만들어 내는 것이다. 그러한 지식의 관점에서 감시가 행해지고 복잡한 형태의 즐거움/비즐거움이 유발된다. 이것은, 스트레오타입적이되 반테제적으로 평가되는 지배자와 피지배자에 대한 지식을 만들어 냄으로써 제 전략이 권위를 가

지게끔 한다. 식민담론의 목적은 인종적 기원에 근거하여 피지배자들을 퇴보한 인간들로 간주하게 만들어서 정복을 정당화하고 행정과 지도의 체계를 만들어 내는 것이다.(LC:70)[74)]

서동욱에 의하면 대상을 인식하고 욕망하기 위해서는, 한마디로 세계에 대해 주체로서 활동하는 모든 방식이 가능하기 위해서는 우리는 타자라는 우회로를 거쳐야 한다. 타자를 매개로 해서만 우리는 세계와 관계할 수 있다.[75)] 우리는 일곱 번째 전시실에서 홍콩이 또는 중국이 일본을 강력하게 타자화하고 있는 현실을 여실히 바라볼 수 있다. 즉, 적어도 홍콩역사박물관의 '홍콩 스토리' 속에서 홍콩이 설정하고 있는 타자는 영국이 아니고 일본이라는 점은 홍콩을 이해하는 데 필수불가결한 요소인 것이다. 톈마이슈田邁修는 1960년대 홍콩이 중국 및 영국으로부터 거칠게 이탈했고, 1967년 이후 새로운 사회가 갑자기 탄생했다고 본다.[76)] 하지만 적어도 '홍콩 스토리' 속에서 홍콩 사회는 여전히 영국이 상상하는 범위 안에 위치하고 있다.

'홍콩다움'을 갖춘 사람이 홍콩인이라고 볼 때, 과연 홍콩인은 누구인가, 라는 물음에 가장 정확하게 답변을 줄 수 있는 존재는 타자이다. 레비나스의 경우 우리의 내재성 속에서는 어떠한 혁명의 씨앗도 생겨날 수 없으며, 우리는 오직 저편으로부터만 우리의 이기심을 부수어줄 자의 도래를 기대할 수 있다고 했다.[77)] 절대적으로 다른 자를 타자라고

---

74) 데이비드 허다트, 조만성 옮김, 『호미 바바의 탈식민적 정체성』(앨피, 2011), 86쪽에서 재인용.

75) 서동욱, 앞의 책, 153쪽 참조.

76) 葉蔭聰, 「'本地人'從哪里來?」, 羅永生 編, 『誰的城市-戰後香港的公民文化與政治論述』(Oxford, 1997), 14쪽.

77) 서동욱, 앞의 책, 395쪽 참조.

정의할 경우, 타자의 존재가 우리를 우리답게 만들어준다. 역설적으로 타자는 우리에게 그렇게 중요하다.

왕경우는 중국계 미국인들은 대부분 '중국인다움'을 포기하지 않는다고 보았다. 재미 중국인은 문화적으로 중국의 흔적을 지니면서 미국인이라는 낙인이 찍혀 있다. '연속 의의의 부호'로서 그들의 역사기억은 중국과 미국의 문화 DNA의 조합으로 이루어져 있다. 정치신분과 문화신분의 구분은 미국 중국인에게 더 이상 곤혹스러운 일이 될 수 없다. 사이드는 오리엔탈리즘에서 서양의 정체성이 동양을 타자로 규정하는 과정에서 정립된 것이라고 보았다.

일본 점령 섹션에는 '3년 8개월'이라는 제목의 다큐멘터리가 6분간 상영되고 있다. 중점 전시물로는 '홍콩점령지사령부'라고 쓰인 편액이 눈에 들어온다. 일본군에 의해 총독부로 징발된 홍콩상해은행 본점 정문에 걸려 있던 것이라는 설명이다. 또 1945년 9월 16일, 일본군으로부터 투항서를 받은 의식에 사용되었던 책상이 있다. 중국과 영국 양국의 대표가 지금의 예빈부(禮賓府)에서 일본군으로부터 항복문서를 받을 때, 받는 측이 사용했던 것이라는 설명이다. 그리고 일본 요코하마은행이 발행한 법정 화폐인 군표 통장이 보인다. 또 홍콩이 함락된 후 체포된 전쟁 포로가 그린 만화가 전시되어 있다. 9천 명의 전쟁 포로는 기아와 질병으로 '중광(重光)' 뒤에 그 삼분의 일이 전염병에 걸린 상태였다는 설명이 덧붙여져 있다.

우리는 '다시 빛을 본다'는 의미의 "중광"이라는 어휘에 주목해야 한다. 기존 주권을 가진 국가에게 귀속되는 것을 중광이라고 한다면 홍콩이 원래의 영국에게 다시 귀속되었다는 의미로 사용한 말일 것이다. 그러니까 홍콩이 3년 8개월간 일본의 지배를 받았다는 사실은 매우 부정적으로 취급하면서, 원래의 외세였던 영국에게 귀속되었다는 것은 매우 당연하고도 나아가서 매우 자랑스럽다는 의미를 함축한 어휘인 것이다. 주권이 중국으로 반환되는 것도 아니고 다시 영국으로 귀속되는 사건을 중광이라고 표현한 것이니, 매우 중요한 결단이 담긴 어휘 선택이 아닐 수 없다. 그렇다면 홍콩의 본토주의는 사실상 친영이 아닐까?

> **무역에서 전쟁까지 From Trade to War**
>
> **1498년 포르투갈인이 동쪽으로 온 뒤부터 1840년 아편전쟁이 폭발하기까지, 3개 반세기에 걸친** 상전벽해의 역사는, 어떻게 해서 우호적인 무역에서 점차 문제가 발생하여, 최종적으로 전쟁이 발생하였는지에 대한 동서관계를 말해준다. 아편전쟁은 홍콩 역사의 전환점인바, 홍콩이 할양되고, 중국 신안현(新安縣)의 관리에서 벗어나, 정말 보잘것없던 농어촌에서 영국의 식민지로 변천했다. 그 후 홍콩은 백 년 동안 몇 번이나 탈바꿈하여 수많은 변화를 경험했다. 관중은 이 필름을 통하여 예전 역사를 조금이나마 복습할 수 있을 것이다.

이름 없던 작은 어항을 세계적인 도회지로 만든 가장 큰 공신은 당연히 영국일 수밖에 없다. 영국 제품을 운송하여 사용하였다는 것과 1980년대까지 사용한 우체통은 홍콩의 자랑스러운 역사이기에 당연히 소개되고 있다. 원래 주권의 소유자였던 중국에서 아편전쟁이라는 무력을 통하여 최초의 불평등 조약인 남경조약으로 영국에게 영원히 할양되었던 홍콩이 3년 8개월이라는 짧은 시간을 타자 일본에 의해서 점령당한 후 다시 중국이 아닌 영국에게 반환되는 상황을 '중광'이라고 표현한 것이다. 중국인의 입장에서 보면 일본과 영국이라는 타자 중에서도 일본을 진정한 타자라고 인식할 정도로 영국이라는 기호는 홍콩의 상징과는 불가분의 관계를 가진다는 말이다.

뤄구이샹羅貴祥은 '홍콩중국인' 스스로가 자아를 부정하고 폄하하는 태도의 유래는 물론 영국의 식민통치가 백인종 우월지위를 강화시켰으며, 제도적으로 유색인종의 자격지심을 가지게 한 것과 대단히 밀접한 필연성이 있다고 본다. 하지만 동시에 현대 중국의 민족주의와 '자아동방화(自我東方化)'가 관계없는 것이 아니라고 생각한다.[78] 후언웨이는 '홍콩 스토리'에서 아편전쟁 · 식민통치 · 주권 반환 부분이 매우 약하게 처리되었다고 하면서, 조금의 시각도 심도도 없다고 혹평했다.[79] 세 가지 지적 중에서 두 가지 문제, 즉 아편전쟁이나 주권 반환 부분은 나중에라도 여러 차례 수정되고 보강되었기에 후언웨이의 비판을 피해 갈 수도 있겠다. 하지만 영국의 식민통치를 평가하고 비판하는 내용은 현재까지 전무한 실정이다. 전체적으로 '홍콩 스토리'에는 식민자 영국에 대한 강한 긍정만이 지배적이다.

하기야 영국 치하의 홍콩에서 화인들의 홍콩 본토의식은 일정 부분 중국 민족주의의 자장 내에서 작동했는데, 일본 점령하에서도 중국인 지도자들이나 상인들은 자신들의 이익 보호를 위해 다양한 형태와 정도로 일본과 합작의 형태를 구축하고 있었다. 차이룽팡은 일본에 대한 협력자를 3종으로 나누고 있다. 우선 당시에 달리 선택을 할 수 없는 상황에서 부득이 협조할 수밖에 없었던 부류로, 대다수의 홍콩인이 여기에 해당한다는 것이다. 그들은 소극적이었고 피동적이었다. 다른 부류는 자신의 이익을 위해서 일본인의 통치에 적극적이면서도 주동적으로 협조했다. 나머지 한 부류는 일본이 당시 제창한 '아시아인의 아시아' 개념에 진심으로 동조하여 아시아에서 영국과 미국의 패권을 반대했다.[80]

---

78) 羅貴祥, 「民族 · 族裔 · 少數文學與香港」, 韓國中語中文學會 2010年度 聯合國際學術大會 發表論文集, 47-48쪽.

79) 『信報』, 2001年 8月 30日, P07.

80) 蔡榮芳, 『香港人之香港史 1841-1945』(Hong Kong: Oxford, 2001), 286쪽.

벨러에 의하면 민족은 공동의 신화와 혈통의 미화를 통해 통합된다. 그리고 민족은 타자와의 구분 의식, 특히 번영의 언약을 지닌 선민의식과 소명의식으로부터 매우 많은 자양분을 얻는다.[81] 그렇다면 홍콩에 있어서 영국은 선민이나 소명으로 다가왔던 것이 분명한데, 그 근거는 홍콩의 발전에서 찾아야 할 것이다. 홍콩인의 선민 의식은 홍콩 본토주의의 형성과정을 분석하는 데 매우 중요한 잣대가 된다. 본토성 형성에 대한 가장 중요한 근거는 바로 자존심이고, 그것은 정체성 인식의 출발점에 다름 아니기 때문이다. 즉 홍콩의 자존심 구축에 영국이 지대한 영향을 주었다는 것이고, 영국이 심어놓은 시스템이 곧 홍콩의 자존심이자 정체성이라는 뜻이다. 그래서 천광싱陳光興은 사실 피식민자는 강자의 언어(영어) 억양 표현방법 등을 습득한다는 점에서 통치자보다 훨씬 혼종적[82]이라고 했는지도 모른다. 물론 그 바탕에는 천윈陳雲이 정리한 것처럼, 홍콩은 영국의 개명한 통치의 도움으로 중화민국 초기 중국 자유와 새로운 민풍을 보존할 수 있었고, 게다가 영국의 자유주의·회의(懷疑) 정신과 이성적 처리의 훈도로 오늘날 홍콩인의 정신적 면모가 만들어질 수 있었다.[83]

저우융신周永新은 이렇게 회상한 적이 있다.

> 내가 공부할 때, 중국 역사 교과서는 신해혁명까지만 기술되어 있었고 민국의 역사는 없었다. (…) 교과서는 영어로 되어 있었고, 중국의 사건은 자주 등장하지 않았다. 아이들은 옛날이야기 듣기와 우화 읽기를 좋아하는데, 지금까지 내 머릿속에는 남아 있는 것은 이상한 나라의 앨리스와 어린왕자 등이다. 이런 우화와 옛날이야기는 세계의 문화유

81) 한스 울리히 벨러, 앞의 책, 72쪽.

82) 천광싱, 백지운 외 옮김, 『제국의 눈』(창비, 2003년), 149쪽.

83) 陳雲, 『中文解毒』(香港: 天窗出版, 2009), 222쪽.

산으로서 국가의 경계가 없다. 하지만 중화민족의 일원으로서 자신의 전통과 역사에 대해 이처럼 생소할 수가 (…)[84]

11개 전시실로 구성된 해방박물관의 '해방 6백년' 상설 전시는 두 개의 전시실을 일본과 관련된 전시에 할애하고 있다. 여덟 번째와 아홉 번째로 각각 '일본군의 침입(1941년)'과 '일본 점령 시기(1941~1945년)'라는 제목이다. 일본 군국주의의 대두와 1937년 중국 침공 또 신계 · 구룡 · 홍콩섬으로 이어지는 침공 과정 그것에 대한 홍콩 방위군의 저항 그리고 홍콩 함락 등을 소개하고 있다. 이와 관련하여 홍콩 방어전에 대한 다큐멘터리 상영도 빠질 수 없는데, 일본군 침공의 경과를 자세하게 소개하고 있다.

여덟 번째 전시실에는 또 정교하게 제작된 노구교(蘆溝橋) 사변 모형을 전시하여, 1937년 7월 7일 일본군이 북경 서남쪽에 있는 노구교에서 병사 실종을 구실로 전면적으로 중국 침공을 개시한 역사를 일깨워주고 있다. 노구교 사변으로 일본군의 홍콩 침공을 중국 침공과 연결시키고 있는 사실이 재미있다. 그것도 따로 모형까지 준비하여 일본의 중국 침공 사실을 부각시키는 것으로 홍콩은 중국의 일부라는 인식을 유도한다.

홍콩이 일본에 의해 3년 8개월 동안 점령당한 역사는 아홉 번째 전시실의 주요 내용이다. 박물관의 설명서에 의하면 일본 군대의 '철완 통치' · 인구 및 식량 문제 · 사회 경제 상황 · 전쟁 포로 생활 · 항일 활동 및 홍콩 중광 등의 역사를 포함하고 있다. 점령 시기의 각종 영수증 · 군표 · 전쟁포로가 수용소에서 그린 그림책 및 항일유격대의 유물 등이

84) 周永新, 『見證香港五十年』, 蔡益懷, 『港人敍事』(香港作家協會, 2001), 96쪽에서 재인용.

전시되어 있다. 일본 점령시기 전쟁포로나 군인이었던 증인들로부터 그 당시의 상황을 이어폰으로 들을 수도 있다. 전시실 전체적인 분위기는 일본 점령 시기가 너무나 치욕적이었으며 비참했다는 것이다.

일본 점령 시기의 역사에 대한 홍콩인들의 서사는 이와 크게 다르지 않다. 이에 대해 차이룽팡은 매우 날카롭게 지적하고 있다. 그에 의하면 지금 시중에 돌아다니는 대다수의 서적은 일본군이 얼마나 잔혹했는지 그리고 '대동아공영권'은 정치 선전에 불과했다는 것과 애국적인 홍콩인들이 일본을 얼마나 미워하는지를 강조하고 있다는 것이다. 이런 점만이 부각될 경우 역사의 다양한 환경 또한 두루뭉술하게 된다는 것이다. 차이룽팡은 중국 학계뿐만이 아니라 한국 학계에서도 무시되고 또는 금기시되고 있는 지점을 대담하게 적시하고 있는데, "환경의 변화에 따라, 홍콩인들의 정서가 유예 · 동요 · 의혹 · 기대를 거쳐 나아가서 일본인과 협조할 때도 있었다."는 것이다. "일본군의 점령 역사는 어려운 환경에서 홍콩인이 자신의 이익을 어떻게 지켰는지를 알 수 있게 해준다."는 것이다.[85] 내가 볼 때 정치경제적 환경의 변화에 따라 출렁이는 홍콩인의 정서는 이후 '홍콩다움'을 구성하는 중요한 요소가 된다.

재미있는 것은 해방박물관의 5 · 6 · 7의 세 전람실에 '영국 통치 시기' 역사를 나누어 전시하고 있는데, 제목으로 보아 일본과 완전히 다른 차원이라는 점을 알 수 있다. 즉 영국의 통치시기를 그대로 '영국 통치 시기'로 명명한 것에 비하면, 일본의 경우 '일본 점령 시기'로 표현하고 있다. 물론 '통치'와 '점령'이라는 어휘는 엄연히 다른 의미와 이미지를 가지고 있다. 통치의 사전적 의미는 '정권에 의해서 국가나 지역이 통제되고 관리되는 것'이고, 점령은 '무장역량으로 진지 또는 영토를 취득하

85) 蔡榮芳, 앞의 책, 11-12쪽.

는 것'이다.[86] 따라서 명확히 다른 의미이고, 해방박물관의 '해방 6백년' 상설 전시에 의도적으로 적용된 것이다.

현실적으로 그들은 영국 식민지인 홍콩에 거주하고 있었기에, 그들의 보호자는 영국이 될 수밖에 없었을 것이다. 이 점에 관해 차이룽팡은 아래와 같은 예를 제시하고 있다.

> 중국 정부의 압력에 직면하게 되면 그들은 '홍콩인'이라는 신분으로 홍콩-영국 정부의 비호를 요청했다. 어떤 때는 중국과 영국 양자의 충돌을 야기하기도 했다. 1856년 홍콩인 소아성蘇亞成의 범선 '애로호'는 홍콩 정부에 등록하고 영국 국기를 달고 다니다가 중국 해군에 의해 밀수 단속에 걸린 사건은 그 하나의 실례가 될 것이다. 또 1886년에 동화의원(東華醫院) 이사장 관개천關愷川이 광동성 수재 의연금 일부를 보관하다가 광주 관리의 요구 위협을 받자 홍콩 정부의 개입하여 보호해줄 것을 요청한 바도 있다.[87] (…) 예를 들면 청조 정부가 누차에 걸쳐 홍콩에 중국영사관을 설립해줄 것을 제의했으나 일반 홍콩의 중국인상인(華商)이 모두 강렬하게 반대했는데, 이는 중국의 영사가 그들의 자유와 권익을 침해할 것이 두려웠기 때문이다.[88]

한걸음 더 나아가서 더욱 적극적으로 영국의 힘을 이용하여 중국의 변화를 시도하는 행동들이 나타나기도 했다. 1899년 영국의 정치인 베

---

86) 『Modern Chinese Dictionary』

87) CO129. 225. 7651, Marsh to Granville, March 24, 1886, 328-331쪽. 詳見 Jung-fang Tsai, *Hong Kong in Chinese History*, 82-84쪽. 蔡榮芳, 앞의 책, 283쪽에서 재인용.

88) CO129. 249. 3906, Gov. G. W. Des Voeux to Lord Knutsford, January 22, 1891, 87-90쪽. 蔡榮芳, 『香港人之香港史 1841-1945』(Hong Kong: Oxford, 2001), 284쪽에서 재인용.

레스포드(Lord Charles Beresford)가 홍콩에 왔을 때 화상공회(華商公會)가 환영대회를 열었고, 중국인 지도자들은 그에게 영국이 중국 군대의 정돈과 화상 보호·중국 상업 발전에 적극적으로 나서 궁극적으로 프랑스 러시아 및 기타 강권에 대항해줄 것을 요구했다. 베레스포드가 귀국한 뒤에도 중국인 지도자 하계何啓 등은 장문의 편지를 보내어, 영국이 청 정부에 압력을 행사하여 유신과 개혁을 단행하고 하고 중국이 새로워지기(regeneration)를 희망했던 것이다.[89] 역사적으로 하계의 공과(功過)에 대한 평가는 쉽지 않다.

해방박물관에서 영국 통치 시기는 1841~1860년·1861~1941년·1945~1997년 이렇게 세 단락으로 나누어 전시되고 있다. 다섯 번째 전시실에는 영국이 홍콩을 점령 한 후 즉시 홍콩 곳곳에 방위 시설을 구축했다는 사실과 홍콩 지형에 대한 영국군 공병대의 탐사 활동을 자세하게 소개하고 있다. 전시물에는 공병대 중위가 그린 홍콩 지도가 있는가 하면 그의 편지 그리고 영국군 장교 숙소 건물의 모형도 있다. 영불연합군의 활동과 북경 조약 체결까지의 역사도 전시되어 있다. 여섯 번째 전시실은 제2차 아편전쟁 이후 홍콩 방위의 역사이다. 1860년 영국의 구룡반도 획득한 방어 진지의 구축과 화포 기술의 발전을 보여주고 홍콩에서의 영국군의 생활 등을 소개하고 있다. 영국군 병영 숙소를 재현해놓고 홍콩에 주둔한 초기 영국군의 생활 상황을 보여주며, 동시에 홍콩에서 출토된 포탄을 전시하고 있다. 화포 기술의 개량과 구식 포대의 도태에 관해 소개하고 있고, 또 영국군의 제복과 장비를 전시하고 있다.

일곱 번째는 1880년대 완성된 리어문(鯉魚門) 군사 시설을 소개하고 있으며, 홍콩에 주둔한 영국 해군의 역사 및 2차 대전 전 영국이 홍콩

89) 蔡榮芳, 앞의 책, 284쪽.

해양 방위를 재검토한 상황을 설명하고 있다. 세 곳의 전시실에 소개되어 있는 영국 통치 시기의 전시물을 살펴보다 보면, 관람객인 나 자신이 영국의 일원이 된 듯이 뿌듯한 착각 속에 빠져들고 있음을 마지막에는 눈치채게 마련이다. 특이한 점은 아편전쟁의 결과물인 남경조약이 불평등조약임을 누누이 강조하는 것과는 반대로 통치 자체에 대해서는 매우 긍정적으로 평가하고 있다는 사실이다. 즉 영국에 의해 통치된 시기에 대해서는 전반적으로 긍정적인 평가를 부여하고 있는 분위기이다. 이런 측면에서 '홍콩 스토리'와 '해방 6백년'은 홍콩 사람이 말하는 홍콩의 역사 자체인 것이다.

한편, 하계는 19-20세기 사이 매판 계급의 가장 중요한 대표였다. 홍콩대학 건립 자금의 최대 기부자였고, 중국의 의회 개원 · 철도 건설 · 신문 사업 등을 적극적으로 주장하기도 했다. 지방세는 지방 스스로 운영하는 자치를 주장하고, 혁명당의 배만(排滿) 주장을 반대하고, 장지동張之洞의 보수주의를 반대하고, 청 외교부의 수구적 태도를 비판하기도 했다.

중국인 엘리트의 대두 Emergence of the Chinese Elite

1840년대 말부터, 화남지구에서 동란이 빈발했다. 먼저 천지회의 민란이 있었고, 계속해서 광주인과 객가인의 충돌 및 제2차 아편전쟁으로 대규모 이주민이 유입된다. 그중에는 홍콩의 자유 무역항 우세를 이용하여 중국 · 동남아와 북미 간 중계 무역에 종사하여 부를 축적하였고, 그와 동시에 매판 역시 중국인의 지도자로 대두하기 시작했다. 그들은 이익 때문에 홍콩의 사회 안정을 지지했다. **홍콩 정부는 '이화제화(以華制華)'의 목적으로 그들이 중국인 사회의 지도자로 성장하도록 조장했다.**

2차 대전 후인 1952년 홍콩정부는 홍콩 본토인을 처음으로 정부 부서 책임자로 승진시켰다. 또 중국인의 거주가 엄격하게 제한되었던 빅토리아산 정상과 장주도(長洲島)에 중국인 거주를 허락했다. 이어서 1954년부터 초등학교 의무교육을 실시했다. 전후라는 역사박물관 설명문의 제목하에 이 같은 설명을 따로 해둔 것은 그만큼 중요하다는 의미인데, 실로 1백 년 만에 표면적으로는 영국인과 본토인의 차별이 사라지게 되었던 것이다.

영국의 식민 통치에 대해서 애매한 태도를 취해왔던 중국 정부는 일본에 대해서는 서슬 시퍼런 탈식민의 칼날을 들이대고 있다. '조국 없었던 자들'의 피해는 고스란히 홍콩인이 입어야 하고, 그동안 이중적이었던 자신의 죄를 사하여 주는 굿판인 것처럼 성스럽다. 머거리지(Malcolm Muggeridge)는 이런 농담을 했다. "인도인들은 최후의 살아 있는 영국인들"이다.[90] 그 말을 바꾸어 나는 이렇게 말하고 싶다. 홍콩인들은 최후의 살아 있는 영국인들이다. '홍콩인들은 최후의 살아 있는 영국인들이다'라고 할 경우, 이 말은 스스로를 중국인도 아닌 영국인도 아닌 홍콩인이라고 여기는 홍콩인들에게는 모욕이 될 수도 있겠다. 반면에 전가의 보도처럼 조국 없이 자란 홍콩을 들먹이며 홍콩을 비판하는 민족주의자들에게는 더할 수 없는 무기가 될 수 있겠다.

아파두라이는, 제국을 잃으면서 영국이 서서히 변화했음에도 불구하고 인도는 그렇지 않았다는 사실을 설명하기 위해 머거리지의 말을 인용한 것이다. 문화적인 측면에서 영원히 영국적이라고 할 만한 것이 인도에 남아 있는데, 그것은 바로 크리켓이라는 운동이다. 영국인과 연계할 수 있는 인도 귀족계급의 수단이 여전히 남아서 유행하는 것이다. 그래서 천광싱은 피식민자가 강자의 언어(영어) · 억양 · 표현방법을

90) 아르준 아파두라이, 앞의 책, 157쪽에서 재인용.

습득한다는 점에서 통치자보다 훨씬 혼종적이라고 했다.[91] 영국은 홍콩의 주권 반환을 대비해 중산층 5만 명을 선별하여 영국 거주권을 부여함으로써 홍콩에 자신의 대리인을 남기는 등 매우 적극적으로 포스트 영국을 준비하였다. 영국 인도의 교육 책임자였던 매콜리(Thomas Babington Macaulay)는 "우리와 우리가 통치하는 수백만의 인도인을 이어줄 통역 계급-혈통과 피부색은 인도인이지만 취향과 견해, 소양과 지성은 영국인인 집단"[92] 양성을 꿈꾸었다. 영국 거주권이라는 선물을 '하사'받은 홍콩인 5만 명은 영국이 홍콩에 남긴 '영국홍콩인'의 흔적이 아닐까? 이렇게 교육받은 '그들은' 28명의 총독을 마음껏 자랑하고 있다. 홍콩역사박물관 '홍콩 스토리'의 설명문에는 역대 총독 28명의 자랑거리만을 나열하고 있다. 역대 총독의 실정에 대한 비판은 전혀 없는 치적 중심의 소개는 '홍콩 스토리'가 가지는 근원적인 문제점을 제시해 주고 있다.

'홍콩 스토리', 영국 식민지 시기의 관리들

91) 천광싱, 앞의 책, 149쪽.

92) Thomas B. Macaulay, Minute on Education, William Theodore de Bary ed., *Sources of Indian Tradition*, vol.Ⅱ(New York: Columbia University Press, 1958), p.49에서 재인용한 것을 고부응, 『초민족 시대의 민족 정체성-식민주의 · 탈식민 이론 · 민족』(문학과지성사, 2002), 51쪽에서 인용함.

21대 마크 영(Mark Young, 1941-1947)

선거로 구성되는 시의회 구성을 건의했으나, 최종적으로 복중에서 사망했다.

24대 데이비드 트렌치(David Trench, 1964-1971)

홍콩 경제가 고속으로 발전하는 것과 동시에, 그는 '적극적 불간섭'의 경제 정책을 제정하고 추진했다. 임기 내 1966년과 1967년 양 차례 폭동을 경험했고, 그 후에 정책의 중점을 노사관계 및 민생 개선에 두었다. 민정서(현재 민정사무총서)를 만들어, 민의를 수집하고 소통하면서 커뮤니티 건설에 치중했다. 초등학교 무상교육을 실시했다.

25대 머레이 맥리호(Murray Maclehose, 1971-1982)

임기 내 홍콩 주민의 생활환경 개선에 매진했다. 신도시 발전 계획을 제정하고, '거주자에게 집을(居者有其屋)'이라는 주택 계획을 추진했다. 해저터널과 지하철 역시 그의 임기 내에 개통되었다. 부패 방지를 위한 독립적인 반 독직기구-염정공서(廉政公署, Independent Commission Against Corruption)를 설립했다. 맥리호는 1979년 북경을 공식 방문하여, 30년 동안 운행이 중지되었던 광주-구룡 직통기차를 회복시켰으며, 홍콩 미래 문제를 위한 담판의 서막을 열었다.

26대 에드워드 유드(Edward Youde, 1982-1986)

재임 기간 중영 양국 정부의 홍콩 문제 담판에 참가했다. 1984년《중영공동성명》체결을 지켜보았다. 미국 달러와 홍콩 달러 환율 연계를 추진하였으며, 처음으로 입법국 선거를 실시했다.

27대 데이비드 윌슨(David Wilson, 1987-1992)

강제 송환 정책을 제정하여 월남 난민 문제를 해결했다. 1989년 1백만 명이 참가한 시위가 발생한 후, 홍콩의 미래에 대한 홍콩인의 믿음이 동요되는 것을 보고, 여러 차례에 걸쳐 공동성명과 기본법에 대해 믿음이 충만함을 표시하였다. 중국 정부와 협의하여 첵랍콕에 홍콩 역사상 최대의 프로젝트인 홍콩 국제공항을 건설하기로 했다.

28대 크리스토프 패튼(Christopher Patten, 1992-1997)

역대 총독의 전통을 타파하여, 영국여왕으로부터 작위를 받지 않았으며, 홍콩 총독의 관복을 입지 않았다. 정치 개혁 방안을 제출, 입법국 직선 의원의 의석수를 대폭으로 증가시켰고, 구의회 의원을 처음으로 전부 직선으로 선출했다. 화인을 포정사(布政司, 국무총리격)와 재정사(財政司, 재무부 장관격) 등 요직에 기용했다.

'홍콩 스토리', 홍콩 역대 총독

전체주의 국가를 제외하고, 어느 누가 역대 지도자에 대해 이토록 긍정적인 평가를 할 수 있을까? 결국 '홍콩 스토리'에는 영국과 중국만

살아 있을 뿐, 홍콩은 남아 있지 않다. 양석원은 파농의 목표 즉 흑인의 열등감과 소외를 극복하고자 하는 노력을 설명하면서, 르네 마랑의 소설 『타자와 동일한 사람』의 주인공을 등장시키고 있다. 그 주인공은 유럽화되었는데, 이 흑인은 백인에게도 인정받지 못하고 흑인 원주민에게도 배척받는다. 이렇게 백인이 되고자 하는 흑인의 소망은 좌절되고 흑인 고유의 정체성으로부터도 소외된다.[93] 파농을 분석하면서 호미 바바는 식민 주체의 특징을 정리한다. 즉 인도인이 영국인을 모방하지만 영국인과 완전히 같아질 수 없는 '흉내 내기'는, 식민주체인 지배자 영국에게도 '닮음과 동시에 위협'으로 느껴진다는 것이다.[94]

2차 대전 이전까지 홍콩은 기본적으로 남중국 사회의 연장으로 이해되었고, 광동성과 홍콩 마카오는 사람과 물자의 왕래가 자유로운 곳이었다. 국민당 공산당 사이의 내전과 중일전쟁, 그리고 중화인민공화국 수립 이후의 각종 사건들은 홍콩인이 더 이상 중국인으로 남아 있지 못하도록 하였다. 홍콩인으로 하여금 피해의식을 가지게 할 수밖에 없는 역사 흐름이었다. 특히 홍콩 정부의 식민지 정책은 중국 역사교육을 피하고 대학교육은 식민지 지배를 위한 엘리트 배양을 목표로 하고 있었다. 적극적인 불간섭 정책이었지만 그것은 다른 말로 하면 적극적인 정치 회피였다. '행정이 정치를 흡수한다.'는 구호는 피식민자의 정치 간섭을 철저히 배제시킨 영국 식민자의 묘책일 수도 있었다. '홍콩 스토리'에는 식민지 체제에 대한 비판이 부재한다. 식민지 홍콩에서 민주가 최대 약점이었다는 점은 사실이다. 나는 '홍콩 스토리'가 영국 식민지 총독에 대한 지지만을 나열하는 등 영국의 통치를 일방적으로 찬

---

93) 양석원, 「탈식민주의와 정신분석학-마노니와 파농을 중심으로」, 고부응 엮음, 『탈식민주의-이론과 쟁점』(문학과지성사, 2003), 78쪽.

94) Homi Bhabha, "Of Mimicry and Man: The Ambivalence of Colonial Discourse", *The Location of Culture*, 86쪽. 양석원, 앞의 글, 91쪽에서 재인용.

양한 것이, 홍콩 본토주의의 구성을 방해하고 그 동력을 축소시키기 위해 보이지 않는 그 무엇이 의도적으로 개입한 결과라고 본다.

2) 도시

'홍콩 스토리',
도시 홍콩의 자부심

뤄융성이 보기에 1997년 주권 반환 이후 새로운 도시 정치 상상이 홍콩에서 신속히 생겨나고 있다. 또 도시는 이미 일종의 주도적인 문제의식(problematic)으로, 국민 · 서방 · 틈새 등의 화두를 대체하여 홍콩의 정체성과 문화신분의 새로운 초점이 되었다.[95] 하지만 벌써부터 도시 상상은 홍콩의 정체성 중 하나로 공인되어왔다. 구수메이는 본토 홍콩의 생성 시기를 조금 넓게 잡고 있는데, '대도회'나 '대홍콩'식 본토주의는 최근 이삼십 년 사이에 응축되어서 만들어진 것이다.[96]라고 했다. 위에서도 잠깐 소개하였듯이 '홍콩 스토리'의 서언은 이렇게 시작한다. 이름도 없던 촌락이 국제적인 대도시로 성장했다는 것이 요점이다.

---

95) 羅永生, 『殖民無間道』(Hong Kong: Oxford, 2007), 47쪽.

96) 谷淑美, 「文化 · 身分與政治」, 謝均才 編, 『我們的地方, 我們的時間 香港社會新編』(Hong Kong: Oxford, 2002), 350쪽.

서언 Preface

홍콩은 비록 매우 작은 곳이지만, 지질 구조가 복잡하고, 수목의 종류가 매우 많고, 인류 활동 시기가 이르고, 신계 지역의 민속 보존이 완벽한 것 등이 매우 독특하다. 하물며 1백여 년에 걸쳐 사람들이 잘 모르던 **촌락에서 국제적인 대도회지로 탈바꿈했다는 것**을 어떻게 설명할 것인가. (…)

구수메이는 보편적인 '홍콩 스토리'는 1960-70년대에 광범위하게 전파되었다고 본다. 그것은 대부분 도시와 농촌이라는 대비에서 출발하고 있다. 그러니까 홍콩 사회의 역사 발전을 어촌에서 도회로 변화했다는 것으로 보는 방식이고, 다른 측면에서는 홍콩의 경제적 성취를 자랑하는 것이다.[97] 그렇다면 낙후와 발전, 어촌과 도시라는 선명한 대비가 노리는 것은 무엇일까? 구수메이가 다시 아래와 같이 설명하였다,

역사적 요인에 따라, 2차 대전 후의 홍콩과 중국 대륙은 정치 · 경제 · 사회 · 문화 시스템에 있어 완전히 다르게 발전했다. 게다가 1960-70년대 홍콩 공업이 비약적으로 발전하여 경제 발전적인 측면에서 중국 대륙을 크게 초월하였고, 일종의 홍콩식 도시 우월감을 만들어내어 '낙후된 중국'이라는 이미지에 중국을 투사했던 것이다. 따라서 1960-70년대부터, 도시 문화 정체성 및 시골 문화에 대한 멸시로 인해, 홍콩 사회의 대륙인은 늘 대중문화의 웃음거리가 되었다.[98]

97) 谷淑美, 앞의 글, 352쪽.
98) 谷淑美, 앞의 글, 363쪽.

이에 대해 뤄융성의 관점도 크게 다르지 않다. 즉 엘리트 계층이 도시와 시골이라는 상대적인 상상 틀을 이용하여 식민주의를 전화(轉化) 시켜버렸다는 것이다.[99] 런하이 역시 농촌과 도시의 관계에 대해 주목하고 있다.

> 홍콩사를 쓰는 유행 속에서, 역사적 · 수단적 박물관 전람 및 역사 문물 보존 서사는 모두 영국 식민주의가 좌우하고 있다. 하나의 예로서 '홍콩 스토리'가 보여주는 것처럼, 인간과 역사의 관계를 주로 영국인의 관점으로 보고 있는데, 심지어 도시 역사의 개시 역시 영국인(사실상 영국 식민주의)의 도래로부터 시작된 것으로, 농촌은 다만 도시 발전을 수행했다는 관점이다.[100]

홍콩이라는 도시 역사의 개시가 영국인의 도래와 맞물려 있다는 시각은 매우 의미심장하다. 이런 논리는 '홍콩 스토리' 곳곳에서 은근하게 빛을 발휘하고 있는데, 이것이 주최 측에서 의도한 것인지 아니면 그들 역시 식민지 교육에 장시간 노출되어온 결과인지는 분명하지 않다. 앤소니 킹(Anthony King)에 따르면, 식민 도시는 다국적 자본 공업 도시 문화가 확산되도록 돕는데, 그중에는 생산 기술 조직제도 도시계획 건축 방법 위생 관리 제도가 포함된다.[101] 다만 식민주체인 '그들이' 도시 홍콩에 대해 자랑스러워한다는 것만은 분명하다 할 것이다. '홍콩 스토리' 시작단계에 위치하고 있는 홍콩의 자연에 대한 설명을 읽어보

---

99) 羅永生, 「以管理主義轉化殖民主義」, 羅永生 編, 『誰的城市?』(Hong Kong: Oxford, 1997), 69-88쪽, 谷淑美, 앞의 글, 350쪽에서 재인용.

100) 任海, 「看的辯證: 展覽櫥中的香港」, 劉青峰 · 關小春 編, 『轉化中的香港: 身分與秩序的再尋求』(香港: 中文大學出版社, 1998), 212쪽.

101) 羅永生, 앞의 책, 51쪽.

면, 현재의 '도시' 홍콩에 대한 그들의 자부심을 알 수 있다. 자연의 면모에 대한 설명을 홍콩의 대표적인 기호라고 할 수 있는 고층 빌딩에 대한 언급과 대비시키는 스토리텔링을 하는 것이다.

> **홍콩의 자연 면모** Hong Kong in its Natural Setting
>
> 홍콩은 전 세계에서 가장 다망하고 다채로운 도시의 하나이다. **무수한 마천루와 고층 주택이 솟아 있고**, 대형 건축 프로젝트가 곳곳에서 진행되고 있다. 지표에 대한 인위적인 건설의 영향이 지극히 뚜렷하다. 이런 건설은 사람들에게 깊은 인상을 준다. 대자연의 위대함과 비교하면 매우 하찮은 것이지만, 그래도 홍콩은 탄생부터 지금까지 긴긴 세월을 겪었다.

여섯 번째 '홍콩 개항 및 조기 발전'이라는 주제의 전시실에 들어서면, 2차 대전 이전의 홍콩 저잣거리가 재현되어 있다. 길가 양쪽에 은행·상점·우체국·음식점·잡화점·차가게·전당포·사진관과 함께 초기 이층 전차가 리얼하게 등장하고 있다. 어느 모퉁이에서는 어두운 불빛 속에서 손님을 부르는 장사꾼들의 소리가 계속되고 있어 19세기 홍콩 도심의 분위기가 물씬 풍긴다. 1876년에 기선이 빅토리아 항구에서 서비스를 시작하였고, 1904년에 전차가 출현하였으며, 1910년에 구광철로(九廣鐵路)가 개통되었고, 1921년에 버스가 운행되기 시작했다는 설명 등이 보인다.

재현된 저잣거리 2층으로 올라가면 관람객들은 2차 대전 이전 홍콩의 정치체제·치안·민생·공업 및 교육 등 각 방면의 발전에 대해 이해할 수 있다. 특히 홍콩에서 벌인 손문 선생의 혁명 활동에 대한 자세한 소개가 눈길을 끈다. 홍콩의 교통운수라는 제목의 다큐멘터리가 상영되고 있는 것을 보면 그들이 홍콩의 교통 시스템에 대해 얼마나 큰 자부심을 가지고 있는지 알 수 있다. 다시 구수메이에 의하면, 1997년 이후 홍콩 정부는 '국제도시'라는 이미지로 홍콩 본토 신분의 정체성을 건립하면서, 다른 한쪽으로는 홍콩인의 중국 문화 근성을 강조하고 있다.[102] 그러니까 홍콩 정부나 중국 정부 양자 모두에게 '국제도시'로 대표되는 홍콩의 이미지는 포기할 수 없는 그 무엇이지만, 한편으로는 중국 문화와의 유대 또한 단절될 수 없다는 것을 금과옥조로 삼고 있다는 것을 알 수 있다. 지금도 홍콩의 공항에 들어서면서 보게 되는 '아시아의 세계도시Asia's World City'라는 표어는 이제 홍콩을 대표하는 기호가 된지 오래이다.

'홍콩 스토리' 저잣거리의 중점 전시물로는 우선 성제당(誠濟堂)이 있다. 원래 성제당은 1885년에 센트럴(中環) 지역에 개업해서 1980년에 폐업한 상점이었는데, 박물관 측이 점내의 가구나 기물을 이용하여 그대로 복원해놓은 것이다. 도시 홍콩의 조기 모습을 여실히 보여주고 있다. 그다음은 19세기 초 중국에서 만들어져 전세계로 수출된 재봉틀이다. 이것은 광주 목제공의 재주를 유감없이 보여주는 작품으로, 19세기 중엽 이전 '화남지역과 서방 간의 밀접한 무역관계를 보여주고 있다'는 설명이다. 진춘란 차가게(陳春蘭茶莊)도 중점 전시물의 하나이다. 1855년 개업하여 1백 수십 년을 넘게 경영하다가 1996년 폐업한 후 사장이 점내 기물을 기증하였고, 박물관 내에 그대로 재현된 것이다.

여덟 번째 전시실의 제목은 '현대도시 및 홍콩 반환'이다. 이 제목은 홍콩이 현대 도시와 주권 반환에 얼마나 큰 자부심을 느끼고 있는지를 보여준다. 이 전시실에서는 2차 대전 후 홍콩이 현대 도시로 발전하는 과정을 볼 수 있다. 전반부는 여러 가지 매체를 이용하여 전후의 주택·공업·금융 및 무역 등의 발전을 소개하면서 홍콩의 문화를 전시하

---

102) 谷淑美, 앞의 글, 354쪽.

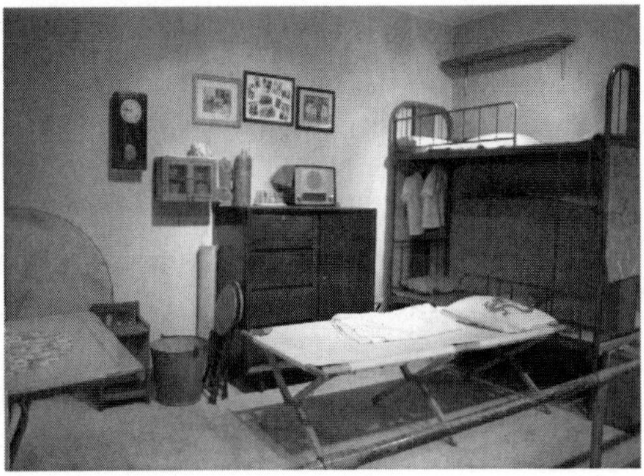
'홍콩 스토리',
1960-70년대 서민 가정

고 있다. 예를 들면 1960년대와 70년대 냉차 가게와 '스토어(士多)' 그리고 이발소와 영화관 및 공업 박람회의 구조물과 전시물을 통하여 홍콩의 경제 상황과 문화 보급의 정도를 알 수 있다. 후반부는 관람객과의 상호 작용 프로그램을 통하여 홍콩의 주택 · 공업 · 정치 · 의료 · 교육 · 금융 및 무역 등 각 방면의 발전을 살펴 볼 수 있어 명실상부한 홍콩의 정체성을 개관할 수 있다. 전시실의 마지막은 주권 반환을 위한 중국과 영국 간 담판 과정과 공동성명 및 홍콩 반환을 소개하는 것이다. 다큐멘터리는 '자연 재해' · '1960-70년대 홍콩 영화 및 텔레비전' · '1841-1997년 중국-홍콩 관계 회고' 등 3편이다.

상기 전시에 대한 이해를 위해 우권슝의 도움을 빌리자면, 그는 문화 보급이 3개 방면으로 본토 의식을 추동했다고 말하고 있다.[103] 우선 자신들의 노력이 텔레비전 브라운관을 통해 자랑스럽게 구현되고, 동남아 최대의 영화 생산지로 나타나고, 집 안 가득히 소비재가 넘쳐나는 상황이 도래했던 것이다. 또 문화 보급은 미증유의 군중 초점을 제공했는데, 공공 아파트 단지가 집단적 성장 공간을 제공하였다고 한다면

103) 吳俊雄, 「尋找香港本土意識」, 吳俊雄 · 張志偉 編, 『閱讀香港 普及文化』(Hong Kong: Oxford, 2002), 92쪽.

문화 보급은 각종 집단적 화제와 축제, 그리고 의식을 제공했다는 것이다. 따라서 홍콩 본토 의식의 최소 공통점은 바로 문화 보급 감상과 놀이 경험에 대한 집단 기억이라는 것이 우쥔슝의 생각이다.

중점 전시물로는 1857년 홍콩에서 개업과 동시에 지폐 발행 허가를 받았던 유리은행(有利銀行)이 1958년에 발행한 1백 원권 지폐가 있다. 그리고 '참신 설계 · 전통용품'이라는 홍보 문구가 선명한 1930년대 홍콩에서 만들어진 찬합도 있다. 홍콩은 물론이고 해외에서도 환영을 받았다는 설명이다. 홍콩 공업화 또는 '홍콩 제조(Made in Hong Kong)' 이미지를 확립하면서 본토 의식을 크게 제고시킨 주역임이 분명하다.

한편, 학습 자료 '홍콩 개항 및 조기 발전' 항목에 '홍콩의 성장(1841-1941)'이라는 제목의 학습지 제요(6-21)가 있다. 중등학생을 대상으로 하는 제요의 내용은 다음과 같다.

1. 1841년으로 거슬러 올라가면, 홍콩섬은 신안현(新安縣) 관할의 어촌에서 영국의 식민지로 전환되었다. 영국인은 계속해서 1860년 구룡반도를 '빼앗고(奪取)' 1898년에는 신계를 '강제로 조차(强租)'했다. 아편전쟁은 이러한 일련의 사건의 서막이었다.
2. 본 학습지는 4개 부분으로 나뉜다: 정치편 · 사회편 · 경제편 및 교육편.
3. 정치편의 3개 학습지를 통하여, 아래 사항에 대해서 학생이 파악하기를 바란다.
   a. 홍콩에서 영국이 점차적으로 점령 범위를 확장한 상황
   b. 홍콩과 중국의 정치가 하나하나 관계가 있다.
   c. 홍콩 총독과 유관한 역사
4. 사회편의 2개 학습지를 통하여, 학생이 조기 홍콩의 은행 · 양행(洋行) · 우체국 · 차 상점 · 잡화점 · 약방 · 재봉점 · 식당 등 점포의 면모를 복습하기를 바란다.

5. 경제편의 2개 학습지와 1개 활동을 통하여, 공업이 홍콩 발전의 주요 명맥이라는 것, 홍콩이 영국에게 할양된 시점부터 공업은 점차 성장하기 시작했다는 점을 학생이 이해하기를 바란다.
6. 교육편의 3개 학습지를 통하여, 학생이 2차 대전 전 홍콩 교육의 발전에 대해 이해하기를 바란다.

도시를 강조하는 전시실의 영상 다큐는 11분짜리 〈홍콩: 중국으로 통하는 대문〉이다. "19세기 중엽부터 홍콩은 서방 상업단체와 신식 사물의 집중지가 되어, 중국인이 서방 문명을 인식하는 창구였다. 고층빌딩 숲의 도시 경관 아래, 중국인 거주민의 생활 습속과 외국에서 들어온 사물 · 문화 · 제도는 일종의 독특한 도시 생활 풍모를 엮어냈다."는 설명은 도회적 본토주의의 자부심이 엿보인다. 서방 문명을 인식하는 창구라는 말에는 이미 강한 긍정이 묻어난다. 따라서 도시는 식민 역사를 포함한 모든 것의 대가인 것처럼 자랑스럽게 포장되고 있다. 그래서 구수메이는 "이런 도시 신분으로 상징되는 본토주의는, 일정 부분 홍콩 자신의 식민 처지를 엄폐하고 있다."[104]고 했다.

3) 이민

이민이라는 화두는 과연 홍콩인은 누구인가라는 질문이나 홍콩 문제를 다룰 때 우선적으로 등장한다. 홍콩인이라는 어휘 자체가 이미 혼종(hybrid)의 의미를 담고 있다. 진짜 홍콩인은 신계 지역에서 대대로 농사에 종사해왔던 농민이나 홍콩섬의 어민을 제외하면 드물 테고, 이민

104) 谷淑美(2002), 「文化 · 身分 · 政治」, 陳智遠 · 李祖喬, 「當'都市'成爲一種論述-香港後殖民的空間政治反思」, 本土論述編輯委員會 · 新力量網絡 編, 『本土論述 2008』(香港: 上書局, 2008), 17쪽에서 재인용.

의 도시답게 홍콩인의 구성은 북쪽과 남쪽에서 온 이민자로 구성되어 있다. 그래서 언젠가는 어디로 다시 떠나야 할 과객신분으로 평가받아 왔다. 하여 홍콩인은 없다는 명제가 설 자리를 찾을 수 있는지도 모른다. 조기 교육을 설명하는 문장의 첫머리에 "홍콩은 동·서 문화의 회합점이기에, 교육제도 역시 중국과 서방의 전통과 이념을 겸유하고 있다."고 했다.

천원은 홍콩의 문화와 그 문화 다양성의 관계에 대해 다음과 같이 말했다.

> 홍콩인은 오대양 육대주에서 온 데다가, 영국의 개명한 통치, 사회 문명 질서에 대한 의식이 국가 이익에 대한 그것보다 강하기에, 거주민의 천하 의식이 민족의식보다 강하다.-1967년의 좌파 폭동, 거주민의 마음은 문명 질서의 홍콩 영국 정부로 돌아갔고, 혼란을 만드는 중국 정부로부터 멀어졌다. 2003년의 사스 파동 당시, 대륙과 대만의 의료인원은 직무를 소홀히 한 데 반해, 홍콩의 의료인원은 전체가 결사적으로 자신의 자리를 지켰다. 아래로는 병원의 미화원부터 위로는 의사까지 감염되어 사망한 사람이 생겼던 것이다. 홍콩의 인구는 3대 부분으로 구성되어 있는데, 신계에서 태어난 향민과 수상 어민은 만청의 유민이다. 민국 초기 홍콩으로 이민 온 자들은 민국의 유민이고—주로 상해에서 온 상인과 중공 건국 후 홍콩으로 온 공산 중국의 난민—주로 광동 및 복건에서 온 농민, 나머지는 구미 인사/남양에서 돌아온 화교와 남아시아 후예인데, 사업이나 정치를 따라 온 사람, 신 정권의 배제로 피난 온 자들(공산 월남의 난민) 역시 이민 또는 유민이다. 홍콩에는 국족 의미에 속하는 공민(국민national citizens)은 결코 없는데, 이전 홍콩 영국 정부는 하나의 국제 사회를 관리하는 방식으로 일관되게 홍콩을 경영하였기에 거주민을 손님처럼 대했다. 화인을 영국 자민

(子民)으로 교화하는 데 게을렀고, 홍콩인이 중국의 유민 신분을 보존하는 것을 내버려두었다. 따라서 이전 홍콩인의 자유 · 낭만 · 백화제방이 반환 전의 찬란한 문화를 만들어냈던 것이다.[105]

화인 엘리트의 대두 Emergence of the Chinese Elite

1840년대 말부터, 화남(華南)지구의 동란이 빈번했다. 먼저 천지회(天地會) 변란이 있었고, 계속해서 광주인과 객가인의 전쟁(械鬪) 및 제2차 아편전쟁은 수많은 화인의 홍콩 이주를 유발했다. 자본을 가지고 온 사람은, 홍콩 자유 무역항의 우세 및 중계항으로서 중국 · 동남아 · 북미주 간의 중계 무역 발전을 보고 남북행상이 되었다. 동시에 매판 역시 점차 대두하여 화인 지도자가 되었다. 투자액이 적지 않은 회사는 이해득실의 입장에서 사회 안정을 지키는 홍콩 정부를 지지했다. 영국 정부는 '이화제화'의 목적에서, 그들이 화인 사회의 지도자가 되는 것을 조장했다.

첫 번째 이민이라는 타이틀의 설명서를 보면, 이민은 홍콩 사회의 중요한 구성 요소이다. 송대에는 강서(江西)로부터 광동이나 홍콩 지역으로 유입되었고, 북송(960~1127년) 말에는 금(金)의 남침으로 중원 씨족이 남하하였다. 명대(만력 원년萬歷 元年, 1573년)에는 유입 인구가 증가하여 홍콩 지구 74개 촌락에서 농업 · 제염 · 어업에 종사하였고, 청화자기를 생산하여 해상 실크 로드의 중계역 역할을 수행하기 시작했다.

비 중국인 거주민 The Non-Chinese Population

1847년의 인구 조사에 따르면, 홍콩의 거주민 23,872명 중 유럽인은

---

105) 陳雲, 앞의 책, 224쪽.

603명 · 포르투갈인 264명, 인도 · 말레이시아 및 비중국인은 539명이었다. 그들은 소수였지만 홍콩의 발전에 대한 공로는 무시할 수 없다. 사회적으로 점차 중국어, 영어 등 두 가지 언어에 통달한 유럽 · 아시아인이 대두하였다. 그들은 정부와 상업계에서 서기를 담당했다. 포르투갈인 대다수는 정부와 회사에서 서기와 통역을 담당했다. 1867년부터 인도 후예 중 시크교도 다수가 경찰에 투신했다. 이런 소수 종족은 19세기 후반기에 각양각식의 무역 활동에 적극적으로 참여했다.

1950년 이전까지 홍콩정부는 기본적으로 '오는 사람 거절하지 않는' 정책을 유지했다. 당시 정부 자료에서는 그 이유를 이렇게 설명하고 있다. 경제적으로 홍콩은 자유항으로서, 마땅히 고도의 출입 자유를 유지해야만 중국과 무역에 편리하고, 문화적으로 홍콩인과 대륙인은 긴밀한 혈연과 가족 관계가 있으며, 정치적으로 홍콩은 중립적인 피난소인바, 내지로부터의 정치 난민을 환영했다는 것이다.[106] 내지로부터 인구 이동이 가장 많았을 때는 역시 전쟁시기이거나 재해가 발생하였을 때로서, 1937-1945년의 항일전쟁, 1946년 6월부터 1949년 4월의 국공내전, 1959-1962년 대기아 시기 등이었다. 1950년대 말 대약진운동의 실패와 자연재해로 대기근이 발생하여, 1962년 5월 16일 하루에만 5천명 이상의 중국인이 홍콩으로 유입하였다. 따라서 홍콩인의 심리 상태를 과객 심리(sojourner mentality) 또는 난민 심리(refugee mentality)로 규정하는 것도 무리가 아니다.

---

106) *A Problem of People*(1960)(New ed.), Hong Kong: W. F. C. Jenner, Govt. Printer. 谷淑美, 「從移民政策的歷史軌跡看香港身分認同的構成(1950-80)」, 本土論述編輯委員會, 『本土論述 2009』(臺北: 大雁出版基地, 2009), 90쪽에서 재인용.

'홍콩 스토리', 급격한 인구 증가를 상징적으로 보여주는 사진, 급수 대기

홍콩의 이민 Immigration & the Life of the Immigrants

일본 통치 기간, 일부 중국인은 일본군의 이주 계획에 의해서나 자발적으로 내지로 이주했다. 홍콩 인구는 1945년 60만 명으로 감소하여, 평화가 찾아온 후 홍콩 사회는 점차 옛 모습을 회복하였다. 국공내전은 이주에 거대한 영향을 주었다. 1950년 4월, 홍콩 인구는 236만 명으로 증가했다. 같은 해 5월 당국은 입국 제한을 실시하였으나, 이민 흐름은 계속되었다. 신이민은 부부 위주로 대부분 반숙련공 혹은 아무 기술도 없는 노동자였다. (…)

1967년 '67폭동'(제5부에서 상세하게 소개함)이 과객 심리의 분수령이었다. 중화인민공화국 수립 이후 최대의 격동기라고 할 수 있는 문화대혁명이 시작된 1966년부터 홍콩의 인구는 다시 늘어나기 시작했다. 문화대혁명이 끝난 1977년부터 1981년까지 50만 명의 내지인이 홍콩으로 이주했다. 그래서 1980년에는 홍콩인구가 이미 5백만 명을 넘어섰다. 긍정적으로 본다면 홍콩 유사 이래 가장 중요한 경제 발전 시기에 염가의 노동력이 투입되었던 것이다. 1949년 이전의 이민자들은 대부분이 전쟁을 피해서 혹은 공산당을 피해서 이민 온 경우였다. 하지만 1949년부터 홍콩으로 유입되는 중국인들의 정치적 성향이 조금 복잡해지게 된다. 즉, 정치적인 박해를 피하거나 홍콩 드림을 꿈꾸면서 철책을 넘거나 바다를 헤엄쳐서 들어오는 불법 이민자가 주류를 이루기 시작했다는 점이다. 하지만 개혁개방 이후 매월 일정한 규모로 합법 이민자가 유입되기 시작했는데, 그들의 경우 중국 정부가 주권 회복을 염두에 두고 당성이 강한 자들을 선발하는 경우가 많았다.

1972년 4월 1일 홍콩 정부는 새로운 이민 정책을 공포하였다. 홍콩에 연속 7년 이상 거주한 이민자들에게 영구 거주민 신분을 부여하기로 한 것이다. 임시 이민자 신분이 영구 거주민으로 전환되었는바, 이것이 본토 의식을 강화했다.[107] 하지만 그 전에 고려해야 할 것은 우쥔슝의 지적처럼 본토 의식은 위기에서 생성되기에 생존에서 자존심으로 중국 향수에서 홍콩 중심으로 오는 과정에서 대두한 것이다.[108] 본토 홍콩의 입장에서 여기까지는 포용적이었다고 할 수 있다.

> 이런 낙관과 포용적인 태도는 1970년대에 사라졌다. 현지인(本地人)이 생각하기에 70년대의 신이민은 종전과 달랐는데, 그들은 더 이상 굼뜨지만 선량한 '시골 사람(大鄉里)'이 아니고 사회를 위협하는 '외인(外人)'이었다. 그들은 신분증이 있었고, 합법적으로 거류하고 있어 마땅히 홍콩중국인으로 보아야 하는데, 홍콩인 눈에 결코 그렇게 보이지 않았다. 홍콩과 내지(內地)의 문화 간격에 또 홍콩의 급속한 현대화는 본지인과 대륙인 사이에 문화와 경제적 경계를 만들었다. 문화대혁

107) 陳家樂 · 朱立, 『無主之城-香港電影中的九七回歸與港人認同』(香港: 天地圖書, 2008), 154쪽.

108) 吳俊雄, 「尋找香港本土意識」, 吳俊雄 · 張志偉 編, 『閱讀香港 普及文化』(Hong Kong: Oxford, 2002), 91쪽.

명 시대 성장한 대륙인은 '현대적'인 홍콩인에 비해 품위나 행위 또는 가치관을 막론하고, 모두 20년의 차이가 있어 '다른 종류(異類)'로 간주되었는데 종류가 다른 중국인이었다. 대부분의 신이민이 모두 현지인과 친인척관계에 있었지만, 대중은 신이민에 대해 적의를 품고 있었다.[109]

1978년 개혁개방과 함께 불법 입경자가 다시 대폭 증가하기 시작했다. 1979년 192,766명이 체포되었고, 1980년에는 150,089명이 체포되었다. 홍콩정부는 부득이 1980년 10월 23일 누구나 홍콩에 도착하기만 하면 거주권을 부여하는 '디레이抵壘정책(reach base policy)'의 포기를 선언했다. 이후 현저히 감소하였으나 1981-1982년에 9,220명이, 1982-1983년에는 11,160명의 입경자가 체포되었다. 1989년 '6·4' 이후 해외로의 이민 열풍이 불어, 그해 8월에만 4만 2천 명이 해외로 떠났다. 1992년에는 6만 명이 해외로 이민했다. 입경과 출경의 반복이었는데, 과객 심리의 지속적인 발현이라고 볼 수 있다.

후언웨이는 '홍콩 스토리'가 정치를 회피하는 것도 이해할 수 있는 일이지만, 적어도 역사적 사실은 비교적 상세하게 소개해야 한다고 말했다. 예를 들면 '홍콩 스토리'에는 주권 반환 전 얼마나 많은 사람들이 해외 이민을 떠났는지, 몇 명이나 영국 거주권을 신청했는지 등을 결여했다고 지적했다.[110] 이민으로 구성되었던 홍콩에서 이민의 문제는 그만큼 중요하다는 지적이다. 하지만 루슈디의 『상상의 고향』에서 규정한 '이주민의 조건'을 살펴보면 이민의 특수성에 다시 의아해진다.

---

109) 馬傑偉 · 曾仲堅, 『影視香港-身分認同的時代變奏』(香港: 中文大學出版社, 2010), 34쪽.

110) 『信報』, 2001年 8月 30日, P07.

> 우리의 정체성은 여럿이면서 동시에 부분적이다. 때때로 우리는 우리가 두 문화에 양다리를 걸치고 있다고 느낀다. 다른 경우에는 우리가 두 개의 의자 사이에 놓인 것처럼 느낀다. 그러나 그 지역이 아무리 불분명하고 변화무쌍하다 할지라도 그것이 작가가 자리 잡아서 나올 게 없는 불모의 영역이지는 않다.[111)]

양다리 사이에 놓인 문화 또는 정체성의 운명은 어떻게 될 것인가? 그것이 우선 작동시키는 기제는 영원불변의 것은 아니라는 사실이다. 정체성을 상상이라고 본다면, 상상의 영역은 변화무쌍하다. 다시 말하지만 나는 '다움'으로 대표되는 정체성, 그것의 생래적 본성은 정치적 또는 경제적 이익에서 유래된다고 생각한다. 특히 경제적 이익은 모든 유목민의 존재 가치일 수밖에 없다. 따라서 경제문화는 홍콩 본토주의를 받드는 초석이다. 바바는 이 특징을 조금 더 구체적으로 설명해주는데, '지역vernacular' 코즈모폴리터니즘이라고 불렀다. 이것은 '고향을 외지로 아니면 외지를 고향으로 살아가는 방식'이다.[112)] 그러니까 이들의 고향 의식은 매우 유동적이라 언제 어디에서건 스스로의 거주지를 고향화할 수 있는 마음의 준비가 되어 있다는 말이다. 나는 '홍콩다움'에 이런 성향이 매우 농후하다고 본다.

상상력의 측면에서 홍콩은 분명 불모의 영역이 아니다. 무엇인들 상상해내지 못할까? 1982년의 설문조사에 따르면, 69%의 응답자가 신이민자가 본지인과 경쟁할 것이며, 수입의 하강을 초래할 것이라고 했다. 40%가 신이민자가 폭력 사건을 저지를 것이라고 보았다. 24%의 응답자가 신이민자가 정부의 공공 주택 서비스에 부담을 줄 것이며, 22%가

---

111) Rushdie, Salman(1992) *Imaginary Homelands*, London: Granta. 데이비드 허다트, 조만성 옮김, 『호미 바바의 탈식민적 정체성』(앨피, 2011), 130쪽에서 재인용.
112) 데이비드 허다트 지음, 앞의 책, 146쪽.

신이민자가 일반 범죄사건에 대해 책임을 져야 할 것으로 생각했다. 또 홍콩인은 보편적으로 신이민자가 홍콩에 와서 '밥그릇을 뺏을 것'이며, 경제적으로 하나의 위협이라고 인식했다.[113] 이기적이고도 이중적인 홍콩인이 출현하기 시작한 것이다. 홍콩인과 대륙인은, 결국 대륙인이 본토인인 자신의 이익을 침해할 수 있다는 가정에서 나온 이원대립적인 개념인 것이다.

대륙인과 홍콩인은 '적'과 '나' 또는 '피(彼)'와 '아(我)'의 대립구조를 형성하기 시작했다. 그렇다면 홍콩이 혼종적이라는 타이틀은 정확한 것이 아니다. 결국 홍콩식 혼종은 대륙과 본토 홍콩 사이에서 생성된 것이 아니라, 이른바 정체성으로 대표되는—그것조차 정치경제적이지만—중국인 사회를 뛰어넘는 특징을 지닌다. 그러니까 내 이익을 위해 필요한 인종의 도래만을 환영하는 협소한 의미의 혼종이다.

4) 자본주의

2012년 1월, 발표된(미국 헤리티지 재단과 월스트리트 저널 공동) 경제 자유 지수에 따르면, 홍콩은 18년째 1위를 기록하고 있다. 이것은 홍콩 경제의 자유와 개방성이 그만큼 크다는 말이다. 참고로 중국은 138위, 대만은 19위, 마카오가 18위를 기록했다. 1995년 홍콩 정부의 재정사장(財政司長)이 언급한 자본주의는 식민 정부가 재벌과 중산 계급이 손잡고 추진한 경제 담론이라는 인식일치(共識)를 정리한 것이다. 즉 큰 시장 · 작은 정부 · 수입에 맞춘 지출 · 공평 경쟁 · 약자 보호 등이 홍콩 경제 기적의 기본 철학이라는 것이다.[114] 런하이는 자본주의를 홍콩 본

---

113) 홍콩중문대학 학생회의 자료로서 馬傑偉 · 曾仲堅, 『影視香港-身分認同的時代變奏』(香港: 中文大學出版社, 2010), 35쪽에서 재인용.

114) 吳俊雄, 앞의 글, 94쪽.

'홍콩 스토리', 1950년대 홍콩에서 제조된 벽시계

토주의 가장 큰 특징 중의 하나로 인식하고 있다.

> 민족 국가와 다국적 자본주의가 교차하는 상황에서, 홍콩 정치 자아 의식의 표현은 역사 재현 및 홍콩 다국적 자본주의의 논술이 서로 왕래하는 것으로부터 구성된 것이다. 이 자본주의 모델에서 홍콩은 국제 대도회로 표현되며, 이것은 홍콩이 차지하고 있는 전 세계 재무 · 경제 무역 · 전자 통신 및 해운 등 각 영역의 독특한 지위로부터 알 수 있다. '홍콩 스토리'의 '당대 홍콩' 부분은 이런 종류의 강렬한 자본주의 자세를 드러내고 있다. 홍콩의 성취는 주택 · 저수지 · 해양 매립 · 오락 · 교육 · 전자통신 · 교통 · 공업 모델 전환 · 해운 · 정치체제 개혁 등의 문제에서 충분히 표현되고 있다.[115]

---

115) 任海, 앞의 글, 214-215쪽.

'홍콩 스토리'는 홍콩 자본주의의 성장이나 특징에 대해 매우 많은 지면을 할애하여 소개하고 있다. 1960-70년대 찻집과 스토어, 영화관 등의 모습으로 홍콩의 경제 발전과 문화 발전을 보여주고 있다. 그것은 본토 홍콩의 구성에 있어 자본주의적 특성이 매우 자랑스러운 요소임을 명확하게 공개하는 것이다.

홍콩의 외국 상인 Foreign Merchants in Hong Kong

홍콩은 자유항이고, 인근에 광주가 있기에 적지 않은 외국 상인의 투자를 유도했다. 개항 후 짧은 20여 년 만에 외국 상사가 72개에 달했으며, 1893년 98개의 상사와 6개의 은행이 홍콩에 본사를 설립했고, 그해 무역액이 2천만 파운드를 초과했다. 당시 홍콩의 외국 상인은 영국인이 다수를 점했는데, 중요한 영국 상사로 태고양행太古洋行(지금의 태고그룹) · 천상양행天祥洋行 · 홍콩대약방香港大藥房(지금의 왓슨스屈臣氏) · 자딘양행(지금의 이화怡和그룹) · 및 레인 크로포드 양행 등이 있었다. 조기 홍콩 무역은 투기 색채가 충만하여, 단발적인 투기 위주였다. 하지만 혜안을 지닌 상사는 원대한 투자 계획을 세웠기에, 지금까지도 홍콩에서 매우 중요한 역할을 담당하고 있다.

아편 밀수와 합법 무역 Contraband Opium and Lawful Trade

할양 후의 홍콩은 순식간에 영국의 대 중국 아편 무역의 중심이 되었다. 하지만 아편 밀수 이외에도, 적지 않은 합법 무역이 홍콩에서 진행되고 있었다. 상인은 홍콩을 중계항으로, 양모 · 의류 · 금속 · 인도 원면 등을 중국 내지와 연해 항구에 나누어 팔았다. 홍콩을 경유하여 수출한 중국의 상품은 차 · 비단 · 자기 · 대나무 자리 · 설탕 · 안료 등이었다.

사통팔달의 홍콩의 생성에 해운 역시 도외시될 수 없다. 어쩌면 해운의 역사야말로 홍콩 자본주의의 역사이며, 더불어 홍콩의 해운은 중계무역항이라는 최대 장점과 결부된 홍콩 자본주의의 탄생을 담보해준 것이라 할 수 있다.

해운

선박회사는 홍콩과 세계 각지의 정기 항로를 부단히 확대하여 홍콩의 무역을 발전시켰다. 1840년대부터 증기선 회사가 연이어 나타나, 그중 철행(鐵行)증기선 회사와 이화(怡和)양행이 중요한 역할을 담당했다. 또 프랑스 증기선 회사는 1863년 유럽에서 홍콩까지의 해상운송 서비스를 개발했다. 태평양정기여객선회사는 1866년에 홍콩에서 샌프란시스코 사이의 항로를 열었다. 성항오(省港澳)증기선 회사는 1865년부터 매일 정기적으로 홍콩·마카오·광주를 운행했다. 태고(太古) 증기선 회사 역시 1872년 중국 연해의 해상 운송 서비스를 시작했다. 해상운송업의 비약적인 발전으로 19세기 말 홍콩은 사통발달의 동남아 교통 중추가 되었다.

'홍콩 스토리', 해운 부두

중계 무역의 발전 Hong Kong as an Entrepot: Development

영국이 홍콩을 점령한 후, 1841년 홍콩을 자유항으로 선포하였다. 홍콩 인근에 광주가 있고, 정치 환경이 안정되어 있고, 또 심수 항구로, 영국인 외에도 미국·독일·조로아스터교도·인도·포르투갈과 유태 등 종족의 상인 역시 분분히 홍콩에 와서 발전했다. 제2차 아편전쟁

후, 홍콩은 점차 중국-외국 무역의 중계 중추로 발전했다. 당시 홍콩을 통해 중국으로 들어간 상품은 주로 양모 제품 · 면화 · 쇠못 · 석유 그리고 아편 등이었다.

뤄융성에 의하면 19세기 특히 후반기, 쿨리 매매 무역이 급속히 발전하여, 홍콩에서 아편무역을 제외하고 또 다른 중요한 경제 지주가 되었다. 이 장사 역시 화인과 서양인이 이익을 나눈 것이다.[116] 양인이나 화인을 막론하고 모두에게 이익이 분배되었기에 가능했다는 의미이다. 당시 쿨리 무역의 상황과 홍콩의 역할에 대해 '홍콩 스토리'는 아래와 같이 설명하고 있다.

쿨리 무역 The Traffic in Coolie Labour

1851-1872년 사이, 홍콩을 거쳐 미주 · 호주 금광과 동남아 고무공장 같은 일에 투입된 중국인 노동자 쿨리는 32만 명이 넘었다. 당시 홍콩에는 중국인 노동자를 안치하는 곳이 많이 있었다. 그들에게 제공된 임시 거처를 속칭 '돼지 새끼집'이라고 했다. 환경은 비좁고 더러워 많은 중국인 노동자가 노예와 같은 고통을 받았다. 쿨리 무역이 공분과 항의를 야기했기에, 홍콩 정부는 1873년에 쿨리 무역과 유관한 선박은 홍콩 항구를 사용할 수 없다는 〈중국 이민 선박 법안〉을 공포하였다. 이로써 홍콩은 쿨리 무역의 중심적 지위를 끝냈다.

천자러 · 주리는 주권 반환 이후 홍콩-대륙 간 정치경제가 역전되어 타자 대륙인이 홍콩의 경쟁 상대로 등장하고 홍콩 경제가 불황이 계속

116) 羅永生, 앞의 책, 51쪽.

되는 가운데, 홍콩인은 문화적 자신감을 잃어버렸다고 보았다.[117] 경제, 특히 자본주의적 경제 체제의 장점이 희석되고 있는 시점에서, 홍콩 경제의 중국 경제에 대한 의존도가 커질수록 홍콩 본토의 입지 역시 좁아질 수밖에 없는 것이 현실이다. 즉 그동안 홍콩을 홍콩답게 만든 일등공신이 자본주의 경제에 있었다고 한다면, 장차 홍콩 본토주의에 가장 큰 영향을 줄 수 있는 요소는 역시 경제라는 말이다. 자본주의 경제라는 가치는 홍콩 본토주의를 지탱해온 가장 큰 힘이었다. 기본법에도 홍콩식 민주주의라는 말은 없지만, '홍콩식 자본주의'라는 문구가 들어가 있다.

하지만 인간의 근본적인 이기심을 근간으로 하는 자본주의는 그만큼 불안정할 수밖에 없는 원죄를 지니고 있다. 오쿠무라 사토시는 자본주의 체제에서 생산력은 확실히 발전하지만 주기적인 공황이나 불황에 의한 생산력 하락도 피할 수 없다고 했다.[118] 자본주의의 생태적인 모순을 지적한 것인데, 그것에 하나 더한다면 자본주의 홍콩 경제는 정치라는 상부구조의 영향을 크게 받는다는 약점이 있다. 따라서 본토성을 지속적으로 지탱할 수 있는 가치 개발에 소홀할 경우, 지금과 같이 '중국 특색의 자본주의'에 의해 휘둘리게 된다. 본토 홍콩의 장래를 걱정하는 이유가 여기에 있는 것이다. 홍콩의 경제를 말하면서 관광업을 빠트릴 수는 없다.

관광업 Tourism in Hong Kong

관광업은 '동방의 진주'로 불리는 홍콩에 큰 수입을 가져다주었다. 1958년부터 홍콩관광협회는 관광업의 발전에 적극적으로 힘을 쏟았

---

117) 陳家樂 · 朱立, 앞의 책, 204쪽.

118) 오쿠무라 사토시, 박선영 옮김, 『새롭게 쓴 중국현대사-전쟁과 사회주의의 변주곡』(소나무, 2001), 31쪽.

다. 1960년대 『수지황의 세계』 같은 서방 소설과 영화의 영향으로 홍콩의 매력이 날로 증가하였고, 그 당시 미국 병사의 휴식처가 되었다. 공업 발전과 더불어 염가라는 장점으로 홍콩은 쇼핑의 천국이 되었다. 1970년대 미군이 감소하였으나, 관광업은 계속 발전하였다. 1961년부터 1980년까지 관광객은 매년 평균 13.12% 증가하여, 410억 홍콩 달러의 수입을 올렸다. 관광업의 발전은 소매, 식당, 오락, 운수 등 서비스 업계의 발전을 추동했다. 오늘날까지 관광업은 여전히 외화 수입에 가장 큰 업종 중 하나이다.

또 설명문에는 1947년부터 플라스틱 산업이 발전하기 시작하여, 1964년에는 제2의 수출품이 되었고, 1980년에 비약적인 발전을 했다고 기술되어 있다. 시계 제조업이나 완구 제조업 그리고 금융업에 대한 자부심 또한 각각의 설명문에 잘 나타나 있다. 즉 완구 제조업은 1964년과 1972년에 당시 서독과 일본의 수출량을 초월했다는 것, 1998년에 전 세계 1백대 은행 중 79개가 홍콩에서 개업하였다는 점 등을 자랑하고 있다. 컨테이너 운수업의 발전에 대한 설명문과 금융 중심 지위의 확립이라는 제목의 설명문은 홍콩 경제가 홍콩 본토주의의 근간임을 매우 강하게 보여주고 있다. 컨테이너 운수업은 "1980년에 이미 일본의 오사카의 규모를 능가하여 세계 3대 컨테이너 항구가 되었고, 1987년에 뉴욕의 그것을 능가

'홍콩 스토리', 홍콩은행 축소모형

하여 세계 최대 항구가 되었다."는 것이다. 또한 "외화 규제가 없고, 자금의 자유로운 운용으로 국제 투자자와 기금은 홍콩을 이상적인 투자처로 본다."는 것이다.

> **현대 공업의 대두-번영을 위하여**
>
> **The Birth of Modern Industry-Steps to Prosperity**
>
> 1940년대 말기, 중국 내전이 발발하였고 정세 불안으로 내지의 공업가가 잇달아 자금과 기술을 가지고 남하하여 홍콩에 공장을 개설했다. 1950년대 초, 한국전쟁 때문에 UN은 중국 및 중국 제품에 대하여 무역 제재를 실시하여, 홍콩의 중계 무역에 큰 충격을 주었다. 하지만 그것은 오히려 공업 발전을 추동했다. 1950년대는 홍콩 공업의 성장 시기인데, 먼저 방직과 의류 제조업이 출현하였고 이어서 플라스틱과 가발 제조업이 등장했다. 1960년대와 1970년대는 홍콩 공업의 황금 시기로서 플라스틱, 전자제품과 시계 등 홍콩 제품의 생산 총액이 균등하게 성장했다. (…)

홍콩식 자본주의는 이렇게 '자랑스럽게' 성장했다. 내가 홍콩이야말로 진정한 자본주의 체제라는 것을 알게 된 계기는 영화관에서 자리에 따라 다른 요금을 적용했다는 것과 아파트를 살 때 주차장을 따로 사야 한다는 점 등이었다. 홍콩으로 유학가기 전, 나는 내가 왜 나쁜 자리에서 또는 좌석이 없이 서서 영화를 보면서 같은 요금을 내야 하는지 내내 불만이었다. 홍콩의 영화관에서는 자리를 고를 수 있었고, 누구나 좋아하는 중앙의 조금 뒤에 있는 자리는 특석이어서 돈을 더 내야 한다. 물론 양옆의 구석진 자리나 고개를 젖히고 스크린을 응시해야 하는 곳은 당연히 조금 더 싸다. 또 우리나라 사람들은 아파트를 사면서 본인의 의지와는 상관없이 주차장을 끼워 사야만 한다는 사실에 둔감할 것이다. 차가 없는 사람이 왜 주차장 땅을 사는 데 돈을 보태야 하는지, 게다가 건설비까지 부담해야 하는지 모를 일이다. 왜 여러 대의 자가용차를 가지고 있어 여러 개의 주차 공간이 필요한 사람과 차가 없는 사람에게 아파트 가격은 똑같이 적용될까 하는 잊고 살았던 의문이 고개를 든다. 따라서 나는 홍콩에서 '진정한' 자본주의를 처음 맛보았던 것이다. 조이스 애플비에 의하면, 풍요와 진보의 약속을 이행하기 위해 자본주의는 아래와 같은 조건을 구비해야 한다.

> 효과적인 법 시스템, 믿을 수 있는 사법재판, 잘 집행되는 계약법, 공정한 공무원, 현대적인 부기, 정확한 재산목록, 합리적인 세수체계, 성공적인 교육체계, 청렴한 경찰과 청렴한 정치인, 투명한 선거비용, 책임감 있는 뉴스 미디어 그리고 광범위한 시민적 책임감.[119]

홍콩 본토주의가 가장 자랑하는 '홍콩다움'은 바로 법치 시스템이다. 자본주의적 합리성이라고 할 수 있는데, 다른 말로 하면 위에서 애플비에 의해 제기된 거의 모든 것이다. 즉 사법제도, 공정한 공무원과 경찰, 합리적인 세수체계와 교육제도 등 근대적 사회 구성을 위해 반드시 필요한 제도가 잘 갖추어져 있다. 하지만 한 가지 부족한 것이 있는데, 바로 시민적 책임감이다. 그것이 광범위해야 한다는 의미에서는 더욱 부족하다. 이 점은 홍콩인들도 인정하는 부분이다. 하지만 역으로 본다면 세계적으로 홍콩은 자본주의의 기본기를 충실하게 갖춘 드문 지역이라는 말이다. 우쥔슝은 홍콩 자본주의와 본토 홍콩의 성장을 이런 시각으로 정리하고 있다.

---

119) 『한겨레』, 2012년 2월 25일, 14면, 조이스 애플비, 주경철 · 안민석 옮김, 『가차없는 자본주의』, 장동석 책 소개 내용에서 재인용.

> 1980년대 일어난 각종 사회 운동과 정책 요구는 대부분 자본주의 시장의 각종 불공정성과 식민정부의 실책에서 출발하는 것이다. 1997년 주권 반환은 이런 역량은 권력과 이익 · 금전과 도덕 · 자유 민주와 사회 정의 등 개념을 다시 저울질하게 했다. 누가 바로 '홍콩인'인가? 무엇이 진정한 '홍콩 경험'이며 '홍콩인의 생활 방식'인가? 중국과 영국 정권 양자 모두에 신뢰가 없는 상황하에서, 이 역량은 '사회 민주화'에 가까운 도로를 판매할 것이다: 민중의 이익으로 돌아가고, 법치 발전 · 부의 재분배 · 시장 보완 · 자유 민주와 사회 공신력을 강화 · 사회정의 제창. 본토 의식의 과거 실패와 미래 발전은 모두 이 구조의 기준에서 결정되는 것이다.[120)]

결국 홍콩식 자본주의가 홍콩의 정체성을 구성했고 그것을 규정한다는 말이다. 즉 자본주의 시장의 불공정성이나 불합리에 대한 시정을 요구하는 과정에서 '홍콩 경험'이나 '홍콩인의 생활방식'이 구성되었고, 나아가서 향후 본토 홍콩 역시 이런 차원의 연장선상에 있을 것이라는 예언이다. 다시 사회민주화 좀 더 정확하게 말한다면, '서민의 이익'이나 '부의 재분배'로 대표되는 경제민주화는 자본주의 경제 체제인 홍콩의 과거는 물론 미래를 결정하는 주요 부분인데, 그런 측면에서 나는 본토 홍콩의 특징을 경제적이라고 보는 것이다.

---

120) 吳俊雄, 앞의 글, 95쪽.

제5부

탈식민을 위한 본토

_ 민주

_ 자유

1. 민주

홍콩역사박물관 측은 '홍콩 스토리' 구성에 대해 매우 큰 자부심을 가지고 있다. 어느 정도인가 하면 그들은 광동식(粵式) 식당(茶樓)과 홍콩 천일염전을 준비하면서 "본관 직원이 에피소드와 예전 사진을 참고하는 것 외에도, 여러 차례 광주 및 마카오 등지에서 조기 식당의 자료를 수집하고", 전문가를 방문했다. 염전 실제 모습을 설계할 때는, "설계 담당자와 박물관 직원이 함께 천일염전의 유적을 현지답사하고", "염전 노동자를 인터뷰하여" 설계와 도면을 그렸다. 염전의 기본도면이 거의 완성되었을 때, "다시 염전 노동자의 일별을 거칠" 정도로 지극정성을 다했다. 부언하기를, 상술한 예는 새로운 '홍콩 스토리' 상설전이 "장구한 시간 동안 노력을 기울인" "본관 직원의 연구 성과를 명료하게 증명"하며, "설계 고문 역시 상세한 자료 기초 위에서 설계를 진행"하였다[1]는 것이다. 하지만 그렇게 정성스런 절차가 그 전시물의 등장을 무조건적으로 지지해주지는 못하듯이 천일염전이 '홍콩의 민속'이라는 제목의 독립된 전시실의 큰 공간을 차지하여 소개되어야 할 만큼 중요한 것인가 하는 의문은 쉽게 사라지지 않는다.

1) 『'홍콩 스토리' 전람 자료』, 2쪽.

'홍콩 스토리'에 천일염전은 소개되고 있는 반면에, 본토 홍콩의 집단 기억을 대표하고 있는 역사는 거의 보이지 않는다. 가령 '4·19 혁명'과 '5·18 민주화운동'이 빠진 '한국 스토리'에 동의하겠는가? 역사적으로 중요한 스토리가 고의적으로 누락되거나 축소 취급되었을 경우, 그것은 강력한 정체성의 존재를 간접적으로 인정하는 것이 된다. 집단기억에 대한 두려움의 표현인 것이다. 집단기억을 통하여 거대 집단 홍콩인이 등장하였으며, 집단기억을 통하여 본토 홍콩의 존재가 뚜렷하게 부각되었던 것이다. 민족주의는 물론 본토주의를 구성하는 주요한 집단기억인바, 그것은 본토의 실재를 증명할 수 있는 가장 중요한 근거 중의 하나이다. 당연히 보존되어야 할 홍콩의 집단기억이 '홍콩 스토리'에 보이지 않는 이유는 무엇일까?

공민당 소속 국회의원 탕자화湯家驊는 '공민(公民)', 즉 정의(公義)와 민주(民主)를 홍콩의 가장 핵심적인 이념과 정신으로 꼽는다.[2] 장빙량은 홍콩의 문화 양식, 생활방식, 핵심가치, 체제 구조와 같은 모든 홍콩제도가 '일국(一國)' 아래 존재해야 하는 이유를 설명하고 있다고 하면서, 홍콩인들의 자부심이 최종적으로 다원정치, 법치, 인권 및 시민권에 대한 존중, 책임을 묻는 통치 및 민주적 체제의 우세에 근거하고 있다고 주장한다.[3] 본토라는 정체성을 구성하는 다양한 요소를 제시하는 동시에 민주와 법치가 본토 홍콩을 대표한다는 점을 설명하고 있는 것이다.

1966년 홍콩의 여객선회사 '스타 페리'는 50%의 요금 인상안을 발표했다. 하지만 입법국 의원의 주도로 인상 반대 서명 운동이 일어났고, 즉각 시민 2만여 명의 지지를 얻었다. 빅토리아 만을 오가며 구룡반도와 홍콩섬을 이어주는 '스타 페리'는 지금까지도 바다를 건너는

2) 湯家驊, 『不畏浮雲』(香港: 經濟日報出版社, 2006), 49쪽.

3) 張炳良, 「香港身分: 本土性, 國族性與全球性的交織」, 呂大樂·吳俊雄·馬傑偉 合編, 『香港 生活 文化』(Hong Kong: Oxford, 2011), 17쪽.

가장 싼 대중 교통수단이다. 당연히 홍콩의 소외 계층들이 주 이용객이었다. 따라서 인상안 반대운동은 홍콩 민중의 지대한 관심을 불러일으켰고 급기야 한 청년의 단식투쟁으로 이어졌다. 경찰은 교통 방해 혐의로 청년을 체포했고, 그것이 민심을 뒤흔들어 하루 동안의 폭동으로 이어졌다.

1966년의 구룡 시위는 홍콩 역사상 자발적인 첫 민중봉기 사건이었으며, 홍콩인이 정치적으로 태어난 사건으로 규정된다. 또한 홍콩에서 태어났거나 성장한 세대의 등장을 알리는 일대 사건이다. 31년이 지난 시점에서 사건의 당사자는 이 시위를 계급투쟁이자 동시에 반식민 투쟁이기도 했다[4]고 의미를 부여했다. 그의 인식을 수용한다면, 아마도 반식민지 투쟁으로 불릴 만한 첫 번째 집단행동으로 기록될 것이다. 하지만 역사적으로 중국 정부나 홍콩인들이 영국 정부를 향하여 홍콩을 중국에 반환하라는 요구를 한 경우는 없다고 해도 과언이 아니다.

이 양대 사건 이후 홍콩에서 시위가 자주 등장하기 시작했다. 후언웨이는 "67폭동과 6·4사건이 홍콩의 근대사에서 중요한 지위를 점유하고 있는" 이유로, 그 후 "주택 · 복지 정책과 정치 제도의 발전을 가져왔음"을 들었다.[5] 이후 정부는 민심 달래기 정책을 꾸준히 모색했다. 1972년에 정부는 10년 주택 건설 계획을 발표하여 앞으로 10년 내 36만 5천 채의 공공 주택을 건설한다고 했다. 또 1972년에는 중국어를 법정 공용어로 허용했다.

1966-1967년에 일어난 일련의 사건들은 영국정부에게 큰 충격을 주었고, 이후 그들은 유화된 방식으로 홍콩인들에게 다가섰다. 식민지 사

---

4) 馬家輝, 「與蘇守忠的一段短談」, 『明報』(1997. 4. 6.); 呂大樂, 「香港故事-'香港意識'的歷史發展」; 東海大學東亞社會經濟研究中心 高承恕 · 陳介玄 主編, 『香港: 文明的延續與斷裂?』(臺北: 聯經, 1997), 8쪽에서 재인용.

5) 『信報』, 2001年 8月 30日, P07.

무부에서 파견해오던 총독을 외교부에서 파견하기 시작했던 시점도 1968년이었다. 이후 홍콩정부는 스스로 자문 스타일의 정부라고 할 정도로 적극적으로 민의를 구하기 시작했다. '홍콩 스토리'에서는 24대 총독 데이비드 트렌치(David Trench, 1964-1971)의 성과로 그 변화를 설명하고 있다. "그는 홍콩을 대표하는 경제 정책인 적극적 불간섭 정책을 제정하고 추진하였으며, 임기 내 1966년과 67년의 두 차례 폭동이 발생하여 사후에는 노사관계와 민생을 중점적으로 개선하였으며," "민의 수집에 노력하였고," "초등학교 무상교육을 실시했다." 그리고 양대 사건은 홍콩의 젊은이들에게 자신의 신분 정체성에 대해 고민하고 그것을 찾아가는 조류를 야기했다.[6)]

문화대혁명의 영향으로 일어난 좌파 폭동은 도리어 홍콩인의 탄생에 힘을 보태주었다. 폭동을 통하여 중국, 특히 공산당은 홍콩 시민들의 의식에 두려움의 대상으로 뚜렷하게 각인되었던 것이다. 원래 1949년을 전후하여 홍콩으로 이주한 홍콩인들은 대부분 공산당이나 사회주의 중국의 박해를 피해서 남하했다. 따라서 홍콩에서 발생한 폭동사건을 비롯하여 이후 중국에서 발생하는 각종 좌경적 행태는 홍콩인들이 점점 더 자신의 정체성 찾기에 골몰하게 만들었다. '홍콩 스토리'에서 '1960년대와 1970년대의 가정 형태'라는 제목의 설명문에는 "전후 홍콩에서 태어난 세대는 사회 관념과 지향점이 모두 부모 세대와 크게 달랐다. 사상 차이나 세대 차이로 1960년대부터 대가족 제도가 붕괴되었다."고 기록되어 있다.

홍콩의 역사에서 그 훨씬 이전에 시위가 없었던 것은 아니다. 아래는 중국 정치 상황이 홍콩에 미친 충격이라는 제목의 설명문이다.

---

6) 呂大樂, 「香港故事-'香港意識'的歷史發展」; 東海大學東亞社會經濟研究中心 高承恕·陳介玄 主編, 『香港: 文明的延續與斷裂?』(臺北: 聯經, 1997), 10쪽.

홍콩에 대한 중국 정치 상황의 충격
Social Upheavals in Hong Kong in Response to Developments in China

만청 시기, 열강의 침략은 홍콩 화인(華人)의 애국 정서를 촉발시켰다. 1884년 중불전쟁 시기, 홍콩인은 프랑스 군함에 대한 보급과 수리를 거절했고, 또 파업과 파시에 참여했다. 1919년, 중국은 파리 강화 회의에서 강압에 의해 21개조를 수락하고 산동 이권을 일본에게 넘겨 54운동을 야기했다. 홍콩의 학생 · 노동자는 분분히 시위와 일본 제품 불매운동으로 호응했다. 1925년, 상해에서 530 참안(慘案)이 발생하자, 광동 및 홍콩 노동자는 각각 파업에 참여하여 항의를 표시했다. 이 성항(省港)대파업은 장장 16개월 동안 진행되었고, 연인원 25만 명이 참가하여 홍콩 사회 · 경제에 심대한 영향을 주었다.

1970년대부터는 홍콩에서 출생하고 성장한 세대가 홍콩인의 다수를 점유하기 시작하면서 지난 세대의 피난민 정서는 극복되었다고 볼 수 있다. 진정한 홍콩인의 탄생이라고 할 수 있는데, 그들은 홍콩에 대한 뚜렷한 자부심을 가지고 있는 세대였다. 9년의 의무 교육을 받은 그들은 투철한 준법의식 속에서 스스로 노력하면 중산계급이 될 수 있다는 현실을 몸으로 체득하면서 그야말로 본토의식을 갖춘 홍콩인이 되어갔다.

뤄융성은 홍콩인의 기억문제를 특별하게 취급하고 있다. 1989년 '6 · 4' 이후, 이 기억을 둘러싸고 부단한 힘겨루기가 출현한다는 것이다.[7] 이 자리에서 천타오원 · 리리평의 도움[8]을 빌려 '6 · 4'를 시간대별로 간단하게 재구성한다면 이렇다. 사건은 1989년 4월 15일 후야오방胡耀邦

7) 羅永生, 『殖民無間道』(Hong Kong: Oxford, 2007), 22쪽.

8) 陳韜文 · 李立峯, 「香港不能望記六四之謎」, 呂大樂 · 吳俊雄 · 馬傑偉 合編, 『香港 · 生活 · 文化』(Hong Kong: Oxford, 2011), 164-169쪽.

총서기가 병사하면서 시작된다. 북경의 대학생들은 대자보를 붙이기 시작했고, 이틀 후부터 천안문광장에서 시위를 시작했다. 그들은 후야오방의 공과에 대한 재평가와 부패 척결, 지식인의 처우 개선 등을 요구했다. 이 과정에서 시위대가 경찰과 충돌하게 되었는데, 언론은 이 사실을 왜곡하여 보도하였으며, 결국 북경의 시위는 전국으로 파급된다. 이 시점부터 시위와 관련 뉴스는 홍콩 언론의 주요 뉴스로 등장했다. 4월 22일에 비교적 큰 규모의 시위가 있었는데, 인민대회당에서는 정부 주도로 후야오방에 대한 추도회가 개최되고 있었고, 동시에 천안문광장에는 반부패 구호를 외치는 20만 명의 학생이 따로 기념식을 하고 있었다. 추도 화환과 각종 표어 그리고 학생들이 인민영웅기념탑에 올라가서 깃발을 흔들고 구호를 선창하는 장면은 이후 '6 · 4'를 상징하는 기호가 되었다.

그들의 요구사항은 당시 중국 사회에 만연되어 있던 부패 청산과 청렴한 지도자 후야오방에 대한 공정한 평가였다. 하지만 중국공산당은 학생들의 요구에 어떠한 대응도 하지 않았다. 심지어 총서기 자오쯔양趙紫陽은 계획대로 북한을 방문하기도 했다. 그즈음 학생시위는 무기한 수업거부라는 단계로 확대되고 있었고, 학생 시위를 "동란(動亂)"으로 규정한 『인민일보』 4월 26일자 사설로 인해 상황은 더욱 심각해졌다. 다음날 20만 명의 학생이 14시간 동안 거리 시위를 하였고, 1백만 명의 시민이 가두에서 호응했다. 4월 28일 북경 고등학부 학생자치연합회(北京高校學生自治聯會)가 결성되었고, 3일 후에는 『홍콩 동포에게 고하는 글』을 발표하여 홍콩인들의 지원을 요청했다. 하지만 중국 정부는 불법조직이라는 이유로 학생연합회의 대화 요청을 거절하였다.

1989년 5월 4일, 학생들은 '5 · 4운동' 70주년 기념식을 거행하여 언론자유를 요구하기도 했다. 총서기 자오쯔양은 공식적으로 학생들의 애국 열정을 인정하고 대화를 요구했고, 언론인들은 조직적으로 정부와의 대화를 요구했다. 5월 13일 천안문에서는 2천 명이 넘는 학생이 단식으로 대화를 요구하기 시작하였다. 4월 26일자 사설에 대한 학생들의 철회요구를 정부가 받아들이지 않자 시위의 강도는 한층 거세졌다. 5월 15일 천안문 광장에서 60만 명의 교사와 지식인이 단식을 성원했고, 동시에 홍콩의 학생 20여 명도 홍콩의 신화사 지사 입구에서 단식을 선언했다. 5월 17일, 연인원 2천 명이 넘는 학생이 단식으로 병원으로 이송되었고, 시민들은 물론 당정간부까지 거리시위에 참가하여 시위대의 규모가 1백만 명을 넘었다.

이 시점 정치국 상무회의에서 계엄이 논의되기 시작했는데, 자오쯔양 총서기는 학생운동을 공개적으로 지지하면서 학생들의 단식 중단을 호소하였다. 5월 18일, 학생지도자들은 리펑李鵬 총리를 만났지만, 상호 입장차이가 워낙 큰 탓에 소득 없이 헤어졌다. 이 장면은 텔레비전으로 고스란히 생중계되었다. 학생 지도자가 리펑 총리를 힐난하는 장면과 다음 날 새벽 학생들을 찾은 총서기 자오쯔양이 눈물을 흘리면서 사과하는 장면은 홍콩인들에게 깊은 인상을 남겼다.

다음 날 텔레비전 뉴스에서는 국가회의에서 주먹을 휘두르며 학생시위를 동란으로 규정하는 리펑 총리의 모습이 방송되었고, 북경 일부 지역에 계엄과 군대의 입성이 선포되었다. 그날 저녁 홍콩에 태풍이 닥쳤기에 대부분의 시민들은 집에서 텔레비전을 통해서 모든 상황과 발표를 지켜보았다. 폭우가 쏟아지는 한밤중 5만 명으로 추산되는 시민들이 빅토리아공원에서 신화사 지사까지 행진하는 시위에 동참하는 것을 보면 홍콩시민의 분노와 우려가 어느 정도였는지 알 수 있다. 이틀 뒤 '홍콩시민애국민주운동지원연합회(香港市民支援愛國民主運動聯合會, Hong Kong Alliance in Support of Patriotic Democratic Movements of China-약칭 支聯會)'가 출범했다. 그날 홍콩 역사상 최대인 1백만 명이 참가한 거리 시위가 전개되었다. 5월 23일 북경에서는 계엄령을 위반한 약 1백만 명이 시위를 했고, 25일 다시 1백만 명의 시위가 이어졌다. 그즈음 캐나다를 방문한 전인대위원장 완리萬里는 학생 시위가 애국운동임을 인정하기도 했다.

시위에 대한 홍콩인들의 관심은 나날이 확대·심화되어 성금 모금, 시위 등으로 나타났다. 5월 27일, 홍콩 연예계는 12시간 동안 '중화에 바치는 민주 노래 소리' 타이틀의 마라톤 음악회를 개최하였고, 연인원 30만 명이 성금 모금에 동참하여 1천만 홍콩달러가 넘는 돈을 모았다. 이 열기는 그 다음 날 개최된 '전 지구 중국인 민주 대시위 행진'에도 연결되어 언론 추산 1백 50만 명이 참가하는 성황을 보여주었다.

그즈음 상황은 급변하여 학생 지도부의 의견이 엇갈리기 시작했고, 시위대의 해산 시점은 전인대 상무회의 개막 후인 6월 20일까지로 연기되었다. 천안문광장에서는 류사오보劉曉波 등의 지식인이 계엄에 항의하는 단식을 선언하기도 했다. 6월 3일 심야, 군은 장갑차를 이용하여 이동로를 확보하면서 시내로 진입하였고, 뒤에는 보병과 탱크가 뒤따르고 있었다. 밤새 시내 전역에서 총소리를 들을 수 있었다. 홍콩 사람들은 텔레비전을 통하여 총상을 입은 학생과 시민들이 자전거나 나무판자에 실려 옮겨지는 장면을 응시하고 있었다. 홍콩인들이 가장 잊을 수 없었던 장면은 바로 민주여신상이 탱크에 짓밟히는 장면과 시신이 가득했던 병원 안치실의 모습이었다. 6월 4일 당일, 홍콩 시민 수십만 명이 다시 시위로써 유혈 진압에 항의했다.

'6·4민주화운동'은 정치적으로 자오쯔양 총서기가 숙청되는 등 수많은 변화를 가져왔다. '6·4' 이후 중국의 인권 문제는 전 세계의 핫이슈가 되었고, 영국 정부는 문제를 세계화하는 데 외교력을 집중했다. 홍콩 정부는 인권 법안을 의회에 제출하여 통과시키고, 영국 정부는 홍콩의 전문직 인사 5만 명에게 영국 거주권을 부여했다. '6·4'가 홍콩 시민들에게 큰 충격을 준 이유는 홍콩 주권이 중국 반환을 앞두고 있었기 때문이다. '6 · 4'는 홍콩인의 기억을 구성하는 중요한 부분이다. 천타오원 · 리리펑은 홍콩 정부의 일관된 중립화 정책 등에도 불구하고 홍콩인이 '6 · 4'를 망각하지 않은 이유로, 당시 언론이 전 방위적으로 주목했고, 대량의 보도와 논의를 투입하여 시민의 핵심적인 관심 및 사회 시민 조직과 교감하고 공명한 후 깊고도 지속적인 집단 낙인을 형성하였기 때문이라고 본다.[9)]

또 그들은 '일국양제'로 홍콩이 상대적인 자주성과 개방성을 향유하지 못했다면, 홍콩의 '6 · 4' 관련 집단기억은 정부와 대등하게 대립되는 '반기억'(counter memory, Foucault 1977)을 형성하지 못했을 것이라고 단언했다.[10)] 'counter'를 '반(反)'으로 번역한 중국어는 푸코의 의미로부터 다소 거리가 있다. 왜냐하면 푸코에게 있어 'counter'는 그 어떤 기억에 대한 '반대'보다는 훨씬 더 강력한 '대항'의 의지를 내포하기 때문이다. 문제는 정치권력을 바꾸는 것이 아니라 '대항 행동(counter conduct)'이라는 것을 푸코는 시종일관 주장했다.

천자러 · 주리에 의하면, 다른 측면에서 보면 '모체로부터 격리된' 홍콩인이 중국 인민과 강렬한 동질감을 느꼈고, 더불어 민족적 열정을 다시 회복하였다는 것이다. 시위하는 홍콩인들이 북경 학생과 시민을 자신의 동포라고 말하기 시작한 점은 주목할 만하다.[11)] 비로소 민주에 대한 열망으로 중국적 동질성을 확보하기 시작했다고 볼 수 있다. 그 사건에 대해 마제웨이는 '6 · 4' 이전에 '97'이나 중국으로의 정권 이양 등의 문제는 홍콩의 프롤레타리아 대중에게 상대적으로 추상적인 사실이었으나, '6 · 4' 이후 중국은 이미 구체적인 그림자가 되었음을 지

9) 陳韜文 · 李立峯, 앞의 글, 186쪽.

10) 陳韜文 · 李立峯, 앞의 글, 189쪽.

11) 陳家樂 · 朱立, 『無主之城-香港電影中的九七回歸與港人認同』(香港: 天地圖書, 2008), 201쪽.

적한다.[12)]

천자러 · 주리는 다시 이렇게 정리하고 있다. '6 · 4'라는 충격으로 홍콩인들은 중국 정부에 극도로 실망하여 정치적 의미에서 중국을 배척하고 중국과 일체감을 형성할 수 없었으나, 도리어 보편적인 중국 인민에 대해서는 동정하고 존경하게 되었다는 것이다.[13)] 그래서 헌팅턴은 중국 정부가 천안문사태 이후 새로운 합법성의 원천으로 민족주의를 적극적으로 포용하였다는 것이다.[14)]

대부분의 학자가 동의하듯이 정치적으로 홍콩에 가장 큰 영향을 준 사건으로 당연히 '6 · 4'를 수위에 손꼽아야 할 것이다. 하지만 '6 · 4민주화운동'에 대해 '홍콩 스토리'는 "1989년 봄과 여름 사이에 북경의 학생운동은 홍콩 시민의 강렬한 반응을 야기했는데, 이는 일백만 명 이상이 시위에 참가한 홍콩 역사상 최대 규모의 군중운동이었다."고만 언급하고 있을 뿐이다. 량원다오梁文道는 "6 · 4는 우리 세대 홍콩인의 가장 중요하고 가장 철저한 민주교육이자 애국교육운동"[15)]이라고 정리했다. 우선 실제 '6 · 4'의 전개 상황과 '홍콩 스토리'의 스토리 인용하여 중층적으로 다시 서술해보면 아래와 같다.

1989년 4월 15일, 후야오방 총서기가 사망한 후, 그의 명예회복과 민주화를 요구하는 대규모 시위가 일어나고 있었다. 그의 민주화 노력을

---

12) 馬傑偉, 『電視戰國時代』(次文化出版社, 1992), 陳家樂 · 朱立, 『無主之城-香港電影中的九七回歸與港人認同』(香港: 天地圖書, 2008), 201쪽에서 재인용.

13) 陳家樂 · 朱立, 앞의 책, 203쪽.

14) 새뮤얼 헌팅턴, 이희재 옮김, 『문명의 충돌』(김영사, 2000), 137쪽. 그렇게 해서 민족주의가 중국-홍콩 사이에서 전면에 부상하게 되었는지도 모르겠다. 양자 간 민족주의의 대대적인 등장 시점에 대해서는 추후 연구 과제로 돌리고자 한다.

15) 梁文道, 「我們守護記憶, 直到最後一人」, 『明報』 2009年 6月 4-5日字. 陳韜文 · 李立峯, 「香港不能望記六四之謎」, 呂大樂 · 吳俊雄 · 馬傑偉 合編, 『香港 · 生活 · 文化』(Hong Kong: Oxford, 2011), 191쪽에서 재인용.

기억하는 대학생들은 부패와 관료주의 척결을 내세우며 천안문 광장에서 일대 궐기에 나섰다. 전국에서 모인 대학생들은 5월 13일부터 광장에서 단식 연좌시위를 계속했다. 5월 15일 소련의 고르바초프가 북경에 도착했으나, 1백만 명이 넘게 참여한 17일의 시위로 공식일정을 변경해야만 하는 사태가 발생하기까지 했다. 이에 당국은 학생들의 시위를 난동으로 규정하고 북경 일원에 계엄을 선포하기에 이른다. '홍콩 스토리'는 이렇게 기록하고 있다.

1980년 및 1990년대의 대사건
Important Events in the Eighties and Nineties

이 20년은 홍콩의 중요한 발전 시기로서, 그중 제일 중요한 것은 1984년 중영 양국이 체결한 《중영공동성명》이다. 1997년에 홍콩의 주권이 중국에 반환됨을 인정한 것이다. **1989년 북경에서 발생한 학생운동은 홍콩 시민의 강렬한 반응을 유발하여, 1백만 명이 넘는 시민이 시위에 참가했다. 홍콩 역사상 최대 규모의 군중 운동이었다.** 1990년대에 진입하여 홍콩의 경제가 비약적으로 발전했을 뿐만 아니라, 주권과도 역시 순리적이어서 장래에 대해 홍콩인들은 다시 믿음이 생겼다.

학생들의 요구에 유연한 대응을 보이던 공산당 총서기 자오쯔양을 숙청시킨 덩샤오핑은 6월 4일 인민의 군대가 인민을 해쳐서는 안 된다는 원로들의 간곡한 만류를 무릅쓰고 시위대를 향해 발포를 명령했다. 정부 발표만으로 300여 명이 희생됐다. 1976년의 '4 · 5천안문운동'이 공식적으로 평가받은 것에 반해, 1989년의 '6 · 4천안문운동'은 여전히 공식적 평가의 금기로 남아 있다. 이 사건이 홍콩에 준 영향은 가히 공전의 것이었다. 왜냐하면 중국으로 홍콩의 주권을 반환하기로 결정한 직후 발생한 첫 유혈 사건이기 때문이다. 집단 기억으로 '6 · 4'만큼 홍콩 사회에 큰 영향을 준 사건은 드물다.

'6 · 4'는 홍콩인들에게 큰 영향을 주었는데,[16] '6 · 4'의 충격으로 홍콩인들은 정치적으로 중국을 배척하여 일체감을 형성할 수 없었으나, 중국이라는 모체로부터 격리된 홍콩인이 중국 인민들과 강렬한 동질감을 느꼈던 기회로 작용하기도 했다.[17] 1990년 홍콩 인구의 1%에 해당하는 6만 2천여 명(대다수가 젊고 고등교육을 받은 전문직)이 국외로 이민을 떠난 것을 보면 홍콩인들이 받은 충격이 얼마나 큰 것이었는가를 알 수 있다.[18]

1989년 5월 20일 리펑 총리가 북경 일대에 계엄을 선포하자, 그 다음날인 5월 21일에 홍콩인들 1백만 명이 모여서 홍콩 도심의 빅토리아공원에서 천안문 지지 시위를 벌이고 당일 해산할 때 '홍콩시민애국민주운동지원연합회' 출범을 선포했다. 이후에도 줄곧 천안문 시위에 지대한 관심을 표명했다. 수백 명의 사상자를 발생시킨 인민해방군의 탱크 진압은 홍콩인들을 공포의 소용돌이로 몰아넣기에 충분했다.

홍콩 민주파의 지도자인 스투화司徒華와 리주밍李柱銘은 기본법 기초위원회를 즉각 탈퇴했고, '홍콩시민애국민주운동지원연합회'를 조직하여, 실질적으로 홍콩의 민주화운동을 전개해 나가게 된다. 이듬해인 1990년에는 홍콩민주동맹(香港民主同盟, 민주당 전신)이 출범하였다. 『명보』는 스투화를 애도하는 「그는 진정한 애국자였다」는 제목의 사설에서 '6 · 4사태'에 대해 이렇게 정의하고 있다.

> 6 · 4사건은 근본적인 시비의 문제로서, 중앙 정부가 무엇이라고 하든

---

16) 羅永生, 앞의 책, 22쪽.

17) 陳家樂 · 朱立, 앞의 책, 203쪽.

18) 周子峰 編著, 『圖解 香港史-一九四九至二0一二年』(香港: 中華書局, 2012), 98쪽 참조.

> 결론적으로 당일 그처럼 폭압적인 수단으로 진압한, 손에 아무 것도 가지지 않았던 무수한 동포를 살해한 행위는, 양식이 있는 사람이라면 절대 받아들이지 못할 것이다. 그리고 스투화의 노력으로 홍콩에서, 엄청난 무게의 압력을 막아냈기에, 이 천인(天人)이 공노할 비극이 권력자의 거대한 압제하에 사람들의 시야와 기억으로부터 소실되지 않았다. 그래서 과거 40년 동안 스투화는 실제적으로 독재자와 대항해 왔던 것이다.[19)]

주권 반환 이후 중립계 『명보』의 논조에 설왕설래가 있어왔지만, 스투화의 사망을 계기로 발표된 사설로 볼 때, 중립지 『명보』는 나름대로의 책임을 다하고 있는 것으로 볼 수 있다. 『명보』가 사설을 통해 '6·4'를 들어 가장 강력한 수식어로 중앙 정부를 비판한 것은 상기할 만하다. 바꾸어 보자면, 가장 대표적인 중립지인 『명보』의 반응은 '6·4'야말로 중국에 대한 본토로서 홍콩의 정체성을 분명하게 보여주는 하나의 기호로서 충분한 기능을 하고 있다는 것이다. 아니 스투화의 서거를 보도하는 홍콩의 대다수 언론(文滙報·大公報 등 친중국계 제외)은 스투화를 '6·4'와 직결시키고 있었다. 그렇다면 '6·4'를 홍콩 본토주의의 출발점이자 자부심으로 볼 수 있다.

홍콩 민주화의 대부 스투화의 사망에 대한 중국 정부의 공식 반응을 보면, 친중이나 반중 양쪽이 인식적으로 공통분모를 찾는다는 것은 쉽지 않은 일임을 알 수 있다. 중국 관영 통신사인 신화사는 그의 사망을 알리면서 1998년부터 2004년까지 홍콩특구입법회 의원을 역임했다는 사실만을 열거했을 뿐이다. 그가 역임했던 기본법기초위원회 위원·홍콩시민애국민주운동지원연합회 회장 등의 직책을 언급하지 않은 것을

19) 『明報』, 2011年 1月 3日, 「社評」 참조.

보면, 중앙 정부의 태도와 입장을 분명하게 알 수 있다.

『명보』는 사설에서 중국이 부강해져야 한다는 데 대해 중앙정부와 스투화 양자의 견해는 일치하지만, '6 · 4'의 처리는 완전히 다르다고 보았다. 그리고 '6 · 4'의 심층 원인으로 스투화가 이끄는 홍콩시민애국민주운동지원연합회는 중국에 민주주의가 없기 때문에 중국을 진정으로 민주와 자유 그리고 법치가 있는 국가로 만들기 위해 노력했다고 풀이하고 있다. 부강한 중국에 대해서는 이견이 없다는 것은, 목표에 대해서는 동일하다는 것인데, 접근 방법은 하늘과 땅만큼의 차이를 보여주고 있다. 이런 점으로 볼 때, 민주와 자유는 중국 민족주의와 홍콩 본토주의의 궁극적인 대척점이 아닐 수 없다. 정부가 아무리 저평가하더라도 "진정한 애국자"에 대한 절대다수 시민의 존경을 바꿀 수는 없다는 것이다.

1970년대 스투화는 홍콩 교사 파업을 주도하여 정부로부터 합당한 대우를 받아냈으며, 2차 중문운동을 일으켜 중국어를 주요 교학 언어로 인정받게 했다. 또 중국 침공에 대한 일본 교과서 왜곡에 대한 항의 운동을 지도했다. 1980년대에도 실질적으로 '식민지 반대' 투쟁을 벌였던 그에게 영국 식민지 당국은 '중국공산당의 동반자'라는 이미지를 꾸준하게 부여했다.[20] 주권 반환 후에도 홍콩정부나 중국 정부에 대한 비판 운동을 전개한 상황을 보면 홍콩의 후식민 상황의 단면을 엿볼 수 있다.

스투화가 교사 대우에 관한 투쟁을 이끌면서 만든 홍콩교육종사자협회(香港教育專業人員協會)는 지금까지 홍콩에서 가장 큰 노조—회원 8만 명—로 발전했다. 더욱 중요한 사실은 교육종사자협회를 시발로 각 직종별로 노조가 결성되기 시작하여, 현재 노조는 홍콩의 민주화를 추진

20) 『明報』, 2011年 1月 3日, 「社評」 참조.

하는 중요한 역량이 되었다. 1982년 주권 반환 문제를 주제로 하는 중국-영국 간 담판이 시작되자, 교협은 반환에 대한 공식 입장을 마련했다. 그것은 민족의 입장에서 반환에 찬성하고, 민주의 입장에서는 반환 이후 민주적인 제도를 마련해야 한다는 것과, 민생의 입장에서는 반환 후 더욱 좋아져야 한다는 것 등이었는데, 교협 관계자들은 이것을 신삼민주의(三民主義)라고 불렀다.[21]

'6 · 4' 당시 '홍콩시민애국민주운동지원연합회'는 연일 새벽까지 회의를 계속하였는데, 철시, 나아가서 무기구입 등의 의견[22]까지 대두된 것을 보면 상황이 매우 심각하였음을 알 수 있다. 현재 홍콩인들은 이중 변경에 처해 있음이 사실이다. 즉 중화권에서나 서구의 입장에서 보나 변경에 거주하고 있기 때문이다. 그러니까 이중 콤플렉스라는 심리적 모순 속에서 하루하루 대응하고 있다고 할 수 있다. 천자러 · 주리에 의하면, 1989년 '6 · 4' 이전 홍콩 영화에서는 대륙에서 온 사람이 불법 이민자나 강도로 등장했다. 홍콩 영화는 대륙인을 타자로 보거나 침입자로 보았으며, 타자를 통해서 홍콩의 우월감이나 본토 의식을 강조했던 것이다.[23] 마웨馬嶽는 '6 · 4민주화운동'이 홍콩의 민주 발전에 근본적인 변화를 가져왔다고 본다.

> 첫째, 89민주화운동으로 홍콩인은 국내 민주 운동에 대규모의 지원을 하였고, 적지 않은 전통 친중파마저도 단기적으로 민주운동 성원에 가입하는 등, 민주주의에 대한 홍콩 시민의 지지가 크게 증가하였다. 두 번째, 홍콩 민주파는 홍콩시민애국민주운동지원연합회(香港市民支援愛國民主運動聯合會, Hong Kong Alliance in Support of Patriotic Democratic

21) 『明報』, 2011年 1月 5日, A4 참조.
22) 『明報』, 2011年 1月 5日, A4 참조.
23) 陳家樂 · 朱立, 앞의 책, 203쪽.

Movements of China, 약칭 지련회)를 조직하여 직접 금전과 물자로 민주운동을 지원하였고, 이후 중앙정부는 홍콩 민주파를 적대시하게 되어 홍콩 민주 역량이 중국 내지 정치제도에 충분히 영향을 미칠 수 있다는 우려와 함께 홍콩 민주화를 더욱 의심하게 되었다. 세 번째, 89민주화운동과 그 후의 진압 때문에 홍콩인들은 미래 정치 전경에 대해 대단히 우려하게 되었음과 동시에 중국 정부에 대한 신뢰도 크게 감소되었으며, 한때 홍콩민심이 지극히 동요되었고, 영국 정부는 정책을 바꾸게 되었다.[24)]

그렇게 본다면 그들은 정체성 확보와 지난한 경주를 계속하고 있다. 내면적으로 그 이중성과의 힘겨운 갈등을 겪으면서 나름대로의 '홍콩다움'을 확보한다. 이들이 겪은 갈등은 혼종성과 변경성으로 상징되는 후식민서사의 조기 결론으로 볼 수도 있으며, 그 해결책으로도 손색이 없다는 점에서 중요하다. 따라서 구수메이는 식민담론이라는 측면에서 본다면 홍콩 본토주의는 사실 식민주의의 열매라고 보는 것이다.[25)]

천자러 · 주리에 따르면, '6 · 4민주화운동'은 홍콩인을 적나라한 역사의 산증인으로 만들었다. 나는 집단기억(collective memory)이 본토주의를 구성하는 가장 중요한 요건이라고 보는데, 그렇다면 '6 · 4'에 대한 홍콩인의 집단기억이야말로 홍콩인의 본토를 구성하는 가장 큰 사건이다. 이 사건을 통해 대부분의 홍콩인은 '그들 중국'과 '우리 홍콩'이라는 이분법적 사고를 하게 되었다. 나아가서 그들은 독재, 잔혹, 야만으로, 우리는 민주, 인도, 문명으로 대립하게 만들었다.[26)] '6 · 4' 기간

---

24) 馬嶽, 『香港政治-發展歷程與核心課題』(香港: 中文大學出版社, 2010), 28쪽.

25) 谷淑美, 「文化 · 身分與政治」, 謝均才 編, 『我們的地方, 我們的時間 香港社會新編』(Hong Kong: Oxford, 2002), 355쪽.

26) 陳家樂 · 朱立, 앞의 책, 201쪽.

중에 나타난 홍콩 언론의 보도와 논조에 대해 조사한 리진취안李金銓과 천타오원陳韜文에 따르면, 좌나 우 그리고 중립 성향의 신문들은 공히 중국의 진압에 대해 비판적 태도를 나타냈고 시위를 동정하고 지지했다는 것이다.[27)]

'6 · 4민주화운동'은 어떤 커뮤니티의 집단기억의 완성을 방해할 수 있는 가장 큰 요인인 입장 차이를 근본적으로 무시할 수 있는 훌륭한 재료라고 볼 수 있다. 그 시점에서만큼은 대부분의 홍콩인이 '6 · 4민주화운동'이라는 테마에 대해서 통일된 관점을 확보하였다는 것이다. 요컨대 홍콩인의 온전한 집단기억이 탄생되었던 것이다. 그럼에도 불구하고 집단 정체성의 장이라고 할 수 있는 역사박물관의 '홍콩 스토리'에서 이 사건이 누락되었다는 점은 시사하는 바가 매우 크다. 이에 대한 장빙량의 의견은 아래와 같다.

> '6 · 4' 진압 후, 중국과 홍콩은 다시 분리되고, 좌우가 다시 대립하고, '애국'과 '민주'는 다시 병립하기 어려워졌다. 북경 중앙은 홍콩의 적극적인 귀환을 요구하면서도, '홍콩인에게 우물물은 강물을 침범해서는 안 된다.' 또 국가 대사에 대해서 적게 논하기를 경고했으나, 적지 않은 홍콩인은 '6 · 4' 때문에 좌절하고, 국가와 미래에 대한 비애가 충만했다. 젊은 세대의 홍콩인은 공산당에 대해 원래 아무 부담이 없었지만, 오히려 '6 · 4' 이후 그 윗세대가 공산당의 독재 정부에 대해 가진 것과 같은 정도의 반감과 저항이 생겼다.[28)]

---

27) Lee, C. C., and Chan, J. M. 1990. 'The Hong Kong press coverage of the Tiananmen protests.' *Gazette*, p.46. 陳韜文 · 李立峯, 「香港不能望記六四之謎」, 呂大樂 · 吳俊雄 · 馬傑偉 合編, 『香港 · 生活 · 文化』(Hong Kong: Oxford, 2011), 156쪽에서 재인용.

28) 張炳良, 『管治香港的難題: 回歸十年反思』(香港: 進一步多媒體有限公司, 2007), 68쪽.

영국 식민지 홍콩은 흔히 자유는 있되 민주는 없는 곳으로 표현되어 왔다. 영국이 홍콩을 통치한 지 40여 년 만인 1880년에 중국인을 입법 의원에, 85년 만인 1926년에 행정 의원에 임명한 것은 그 실례가 될 것이다. '자유는 있되 민주는 없다'는 이 문구의 핵심은 영국에 의해 통치되는 홍콩의 민주화 정도를 비판하는 데 있다. 하지만 역설적으로 홍콩에 자유가 있음을 알려주는 것이기도 하다. 영국정부는 홍콩에서 행정이 정치를 흡수하는 정책으로 민의를 최대한 흡수하고자 했으며, 그것에 무한한 자부심을 가지고 있었다. 영국 식민지하의 홍콩에서는 정치란 어휘는 보이지 않았고, 대신에 행정 효율이란 단어가 지배적이었다.

1992년 7월 마지막 총독으로 홍콩에 부임한 패튼은 홍콩의 민주화를 적극적으로 추진할 것임을 내외에 천명했다. 제28대 총독 패튼에 관한 '홍콩 스토리'의 설명문에는 "그는 취임식 때 역대 총독의 전통과는 달리 영국 여왕의 작위도 받지 않았고, 식민 총독을 상징하는 제복도 입지 않았다. 임기 내 정치 개혁 방안을 제출, 입법국의 직선 의석을 큰 폭으로 증가시켰다. 구의회 의원은 처음으로 전부 직선으로 선출했으며, 중국인을 포정사(布政司)와 재정사(財政司) 등 요직에 기용했다."는 설명이다. 민주화에 대한 그의 노력을 간접적으로나마 강하게 인정해주는 대목이라 하겠다. 설명을 볼 때, 마지막 총독 패튼이 시도한 민주화 기획이 지금까지 성공하고 있는 것처럼 보인다.

영국 보수당 의장을 역임한 정계 거물인 패튼 총독은 메이저 영국 수상의 신임을 배경으로 중국과 사전 협의 없이 홍콩의 민주화 방안을 발표하였다. 주권 이양 직전에 홍콩의 민주화를 마지막 카드로 꺼낸 것이다. 마지막 선물치고는 국민신분의 회복을 요구하는 중국 정부에게는 꽤나 달갑지 않은 선물이었고, 중국 정부의 반응도 기대 이상으로 민감했다. 홍콩의 민주화 카드가 역으로 중국의 민족주의적 대응을 야기한 것인지도 모르지만 말이다.

사실 영국 측이 발표한 이 방안은 중국 측의 동의를 전제로 한 것은 아니다. 과거 홍콩정부의 장기 전략은 홍콩인들에게 홍콩은 진보 · 부유 · 문명으로, 중국은 낙후 · 빈궁 · 반문명으로 기억시키는 것이었다.[29] 패튼은 홍콩인들에게 각인된 우월의식에 민주라는 카드를 보태기로 한 것이었다. 홍콩인들의 민주 학습 효과가 홍콩인의 정체성을 확립시켜줄 것이며, 그것이 영국에게 항구적인 이익을 가져다줄 것이라는 기대의 발로였다. 바야흐로 영국의 민주와 중국의 애국이라는 군대는 일전 불사의 자세로 긴장 속에 대치하고 있었다.

일찌감치 1985년에 홍콩 정부가 유사 이래 처음으로 입법국 간접 선거를 실시하자 중국은 가능한 한 모든 매체를 동원하여, 영국의 일방적인 정치개혁 방안이 '공동 성명'을 위반한 것이라고 비난했다. 그럼에도 불구하고 홍콩 정부는 한걸음 더 나아가 1991년에는 일부이지만 입법 의원 직접선거를 실시하였다. 1992년 10월, 패튼 총독은 『시정보고(Policy Adress)』를 통해 급진적이라고 할 수도 있는 민주화 방안을 발표하였다. 1997년 주권 이양 직전에 치러지는 1995년 입법국 선거와 관련하여 구체적인 민주화 방안을 발표했다. 저우쯔펑의 표현에 의하면 기본법에 구체적으로 규정할 수 없었던 '회색지대'를 최대한 이용한 것이었다.[30]

패튼 총독의 민주화 방안 주요 내용으로 첫째, 선거권자 연령을 21세에서 18세로 인하하였다. 둘째, 민주파에 유리하게 직접 선거구제 투표 방식을 2석 2표제에서 1석 1표제로 변경하였다. 셋째, 직능 단체 선거방법을 변경하였는데, 21개 이외에 9개 직능대표 선거구를 신설하여 직능단체에 재직하고 있는 종업원 270만 명 전원에게 선거권을 부여했

29) 周佩霞 · 馬傑偉, 『愛國 政治審查』(香港: 次文化堂, 2005), 21쪽.

30) 周子峰 編著, 『圖解 香港史-一九四九至二0一二年』(香港: 中華書局, 2012), 110쪽.

다. 넷째, 지역 의회의 관리 기능을 확대하여 위임 의원을 취소하고, 지역 의원 전원을 직선으로 선출하도록 하였다. 다섯째, 입법과 행정 관계를 개혁하였는데, 행정 주도의 겸임제도(입법의원이 행정의원을 겸임하는)를 철폐하여 입법국이 주도하는 대의 정치를 강화하였다. 마웨는 패튼이 '기본법'의 '회색지대'를 이용하여, 1995년 입법국 선거의 민주적 요소의 비율을 최고로 끌어올렸다고 본다. 즉 기본법에 주권 반환 이후 첫 번째 입법회의는 20석을 직선으로, 30석을 직능조별로 10석을 선거위원회가 선출하는 것으로 규정되어 있으나, 선거위원회 구성과 직능조별 의석을 선출하는 방식에 대해 자세한 규정이 없기에 패튼이 선거인 기초를 최대한 확대시킨 것이다.[31)]

저우쯔펑은 입법과 행정의 관계를 개혁하여, 행정이 주도한 '이중 위임'(즉 입법국 의원이 행정국 의원을 겸임하는 것) 제도를 철저하게 폐지한 것이고, 입법국이 주도하는 '대의 정치'를 강화한 것이라고 정리하고 있다.[32)] 시정보고 발표 후 패튼 총독은 홍콩 내 여론 조성을 위한 노력을 경주하는 한편, 일본 · 캐나다 · 미국 등을 방문하여 정치 개혁 방안에 대한 서방국가의 지지를 끌어내기 위한 유세를 단행했다.

중국 측이 강력히 반발하고 나오는 것은 당연했다. 이후 양국은 1997년 7월 1일까지 쉬지 않고 상대방을 '야만'과 '악(惡)'으로까지 지칭하면서 언론전을 전개했다. 1993년 3월, 패튼은 개혁방안을 관보에 게재하고, 입법국의 토론에 회부하여 기정사실화하자, 중국 국무원 홍콩마카오판공실 주임 루핑魯平은 패튼을 '천고의 죄인(千古罪人)'으로 지칭하며 비난하고 나섰다. 동시에 중국 정부는 '따로 분가할 수밖에 없다(另起爐灶)'는 성어를 들어, 패튼이 대항을 지속적으로 전개한다면 기

---

31) 馬嶽, 앞의 글, 31쪽.

32) 周子峰 編著, 앞의 글, 110쪽.

본법 규정에 근거하여 독자적으로 홍콩 특구 정부를 구성할 수 있음을 경고했다. 그런데 앞서 언급했지만 패튼 총독의 정치 개혁 방안에 대한 박물관의 스토리텔링은 뜻밖에도 매우 긍정적이다.

> **28대 크리스토프 패튼** Christopher Patten, **1992-1997**
>
> **역대 총독의 전통을 타파하여** 영국여왕으로부터 작위를 받지 않았으며, 홍콩 총독의 관복을 입지 않았다. **정치 개혁 방안을 제출**하여 입법국 직선 의원의 **의석수를 대폭으로 증가**시켰고, 구의회 의원을 처음으로 **전부 직선으로 선출**했다. **화인**을 포정사와 재정사 등 **요직에 기용했다**.

아마도 그의 공로를 그 정도까지는 인정해주어도 무방하다고 판단했을 것이다. 하지만 '홍콩 스토리'에서 패튼 총독에 관한 더 이상의 언급을 만나지는 못한다. 나는 그가 마지막 임기 동안 추진했던 민주화 방안이나 그 과정은 홍콩 역사 특히 정체성 확립 과정에서 매우 중요한 요소라고 생각한다. 따라서 '홍콩 스토리'에서 반드시 제기되어야 할뿐더러 그것도 매우 자세하게 설명되어야 한다고 본다. 대륙학자 저우핑周平은 역사적인 입장에서 영국과 중국의 충돌 지점을 이렇게 평가하고 있다. 좀 길지만 인용해볼 만한 가치가 있다.

> 영국은 홍콩에 대해 식민통치를 계속할 수 없다고 인식했을 때부터, 홍콩에 대해 비식민화 정책을 채택했다. 이 정책은 정치적으로 홍콩의 정치제도를 대의제로 개조하는 것이었다. 이전 1백여 년의 홍콩 통치에서 영국은 홍콩에 민주를 부여하는 고려를 해본 적이 없고, 홍콩영국의 정치제제를 건드릴 만한 모든 개혁 조치를 거절했다. 하지만 강요에 의해 홍콩에서 철수할 즈음, 홍콩영국 정부는 오히려 정치체제

개혁을 크게 시도하여 홍콩인에게 민주를 부여하는 시도를 했다. 특히 중영공동성명을 발표하고 미래 특구 정치제도를 설계하는 시점에, 홍콩영국 정부는 미래 특구 정치체제 개혁 계획을 미리 실현하여 일석이조의 목적 즉, 홍콩에 대한 영국의 덕치를 표현하여, 홍콩인의 광범위한 호감과 지지를 얻을 수 있을 뿐만 아니라, 이를 기회로 친영 세력을 부식시킬 수 있으며, 그 세력이 홍콩 정치권력 체계에 진입할 수 있는 기회를 제공하여, 영국이 1997년 이후에도 영국의 통치 없이 영국의 대리인이 홍콩을 계속 통제할 수 있는 국면을 만들어낼 수 있도록 하자는 것이다. 동시에 중국정부를 진퇴유곡의 상태에 빠트릴 수 있다는 것이다. 중국정부가 만약에 이 시도를 막지 못한다면 홍콩 반환 시 홍콩영국 당국이 조성한 기정사실을 접수할 수밖에 없고, 만약이 시도를 반대한다면 홍콩영국 정부는 중국정부에 '민주 반대' 그리고 '홍콩인과 대립'이라는 모자를 씌울 수 있는바, 중국정부에 압력을 행사하고 이간을 도발하며 불화를 산포할 수 있어, 중국정부를 수동적 지위에 처하게 만들어 중국 정부의 주권 회복 능력을 약화시키자는 것이었다.[33]

그리고 영국은 홍콩 내 엘리트들에게 마지막 희망을 걸었다. 그들에게 영구적인 영국 거주권을 주었다. 표면적으로는 영국 거주권 부여는 홍콩 장래 문제가 대두된 이후 나타난 홍콩 인재의 대탈출 러시를 완화시키고자 한 것이다. 1989년 '6 · 4' 이후 인재 유출이 심화될 조짐을 보이자 이들의 홍콩 내 장기 거주를 유도하기 위해 취해진 조치였다. 하지만 인재 유출은 표면적인 이유였고 홍콩의 엘리트 계급에게 민주주의를 이식시키고자 했던 것이 더욱 근본적인 이유라 할 수 있다. 영

33) 周平, 『香港政治發展 1980-2004』(北京: 中國社會科學出版社, 2006), 165-166쪽.

국은 거주권 신청자의 연령(30-40세), 경력(15년), 연봉, 교육수준, 가정 배경, 영국과의 연계 등을 종합적으로 고려하여 5만여 명에게 영국본토 거주권을 부여했던 것이다. 사람을 통한 민주 의식의 확산을 염두에 둔 것인데, 이렇게 영국이 철수하기 전에 뿌려놓은 민주라는 씨앗의 싹은 지금도 계속 자라고 있다. 결과적으로 5만 개 영국거주권에 대한 홍콩인들의 자부심은 중국 민족주의의 공격을 초래하는 근거를 제공했다.

양석원에 의하면 피지배자가 백인 지배자를 따르는 이유는 결코 아첨이나 순진함이 아니며, 불안에 대한 방어로서 백인과 의존관계를 맺음으로써 안정감을 확보하려는 것이다. 따라서 식민관계는 이런 점에서 피지배자의 정신적 욕구를 만족시켜준다.[34] 영국거주권에 대한 홍콩인들의 자부심은 본토주의와 위배되는 것이자 민족주의와도 위배되는 것이다. 홍콩인이 중국 내지 친인척과 연결되어 있거나 중국 문화의 훈도를 받아서 자부심을 갖는 것이 아니다. 바꾸어서 영국에 체류하는 친인척과 연결되어서 자부심을 느끼는 것도 아니다. 홍콩인들의 자부심의 원천은 홍콩 사회 제도의 우월성에서 나오며 이러한 자부심이 홍콩 본토주의의 근간이다.

사실 홍콩의 엘리트는 영국 식민지의 혜택을 가장 많이 받으면서 성장한 계급이었다. 일찍이 소수 엘리트 위주의 식민지 정책은 공무원 사회의 부패를 조장했고, 그 결과 빈부 격차가 심화되고 하층민의 불만은 나날이 증폭되었다. 동시에 1950~1960년대 홍콩의 자본주의 체제가 확대·심화되어가면서 사회 곳곳에 부패가 만연하기 시작했다. 특히 1960년대 월남전 보급 기지 역할을 하면서 그 특수를 타고 호황이 지속되자, 부패는 더욱 심화되어 일반 공무원은 물론 경찰까지도 범죄

34) 양석원, 고부응 엮음, 「탈식민주의와 정신분석학-마노니와 파농을 중심으로」, 『탈식민주의-이론과 쟁점』(문학과지성사, 2003), 66쪽.

조직과 공공연히 결탁하고 있었다. 이때가 우리나라에서 '홍콩 간다.'는 통속어가 유행하기 시작한 시점이다. 홍콩 정부에 대한 민심의 이반은 말할 나위도 없었다.

1970년대 중기부터 홍콩인의 의식에 변화가 생기기 시작했다. 즉, 영국 식민 통치에 대한 거부감이 어느 정도 사라지면서 홍콩 본토의식이 싹트기 시작한 것이다. 10년 주택 건설 계획과 '클린 홍콩' 캠페인, 특히 1974년 총독 직속으로 설립된 강력한 반부패 기구인 '염정공서' 등 정부의 노력이 민심을 일신하는 계기가 되었다. 이때부터 홍콩정부는 중국인 엘리트를 전면에 내세우기 시작했다. 바로 식민지 정부에 현지 엘리트를 참가시키는 것으로 현지의 반발을 무마하며 식민지 정부에 대한 공신력을 높이는 방법이었다.[35] 홍콩 본토주의 역사에서 염정공서의 탄생은 본토 의식의 성립에 매우 중요한 전환점이다. 총독 직속 기구로 염정공서가 창설되어 수백 명의 경찰이 부패 혐의로 체포되었고 수사권이 박탈되었다. 많은 학자들은 이 조치를 홍콩 발전의 진정한 주역이라고 생각하며, 매우 높은 평가를 하고 있다.

사실 동아시아 전통에서 아른바 인정이라는 요소의 작동을 얼마나 적절하게 차단시킬 수 있느냐가 근대화의 관건이라고 본다. 인정 요소의 차단은 바로 부패와 얼마나 거리를 두느냐 하는 것이고, 그것을 완벽하게 차단하는 기제를 만들었다는 것은 서구적 근대를 구현한 결과라는 것이다. 염정공서의 설립은 홍콩인의 정서를 안정시킬 수 있었고, 법치에 대한 믿음과 함께 정부에 대한 신뢰감을 제고시켰다. 뿐만 아니라 홍콩에 대한 대내외의 공신력을 제고시켰다는 점이 무엇보다 중요

35) 鄭宇碩 編, 『過渡期的香港』(香港: 三聯書店有限公司, 1989), 4쪽.

하다. 홍콩인들의 일반적인 정서인 정부에 대한 소극적 지지[36]가 생겨나기 시작한 것이다.

2. 자유

자유 또한 홍콩 본토주의의 대표적인 자산이 아닐 수 없다. '홍콩 스토리'의 중국 현대 정치사에서의 홍콩의 역할이라는 제목의 설명문에는 "영국 통치하의 홍콩과 내지 관계는 여전히 밀접"했다는 전제하에 "**홍콩의 정치 환경이 비교적 자유롭고 개방적이기에** 개혁파 및 혁명파 모두 홍콩에서 신문 잡지 발행하여 지지층을 확보하였으며, 혁명 당원은 홍콩의 특수한 환경을 이용하여 반청 혁명 활동을 조직했다."는 설명을 하고 있다.

1949년 중화인민공화국의 수립과 함께 홍콩 반환에 대한 중국 측의 요구는 없었다. 100년 만에 찾아온 국가안정이라는 대 목표 아래 홍콩의 반환문제는 제기되지 못하고 수면 위로 올라오지 못하고 있었다. 중국의 안정과 더불어 홍콩의 중계 역할은 더욱 필요하였고, 중국 측에서 볼 때 외부와의 소통 창구를 유지하는 것이 자국의 이익에 부합된다고 결론을 내렸던 것이다.[37] 하지만 중국정부는 기회 있을 때마다 홍콩이 중국의 영토이고, 중국은 제국주의가 강제한 3개의 불평등 조약을 인정하지 않으며, 적당한 시기에 협상을 통하여 이 문제를 해결

---

36) 呂大樂, 「香港故事-'香港意識'的歷史發展」; 東海大學東亞社會經濟研究中心 高承恕 · 陳介玄 主編, 『香港: 文明的延續與斷裂?』(臺北: 聯經, 1997), 9쪽.

37) 1957년 4월, 당시 저우언라이 총리는 "홍콩을 우리와 국외 간 경제 유대의 기지로 삼아야 하는바, 홍콩을 통해서 외자를 유치하고 외화를 벌수 있다."고 한 바 있다. 周子峰 編著, 앞의 책, 2쪽.

할 것이라는 점과, 해결하기 전에 잠시 현상을 유지한다는 점을 일관되게 주장했다.

1949년 홍콩정부는 38개의 좌파단체를 해산했다. 하지만 좌파계열(학교, 은행, 노조, 백화점, 신문사 등)은 여전히 중국공산당 홍콩마카오업무위원회의 지휘를 받고 있었다. 문화대혁명 초기 중국공산당의 방침은 홍콩을 중국 문혁의 범위에 포함시키지 않는 것이었다. 하지만 4인방이 권력을 장악한 후 중앙문혁소조가 홍콩마카오업무위원회를 지휘하였고 극좌적 분위기가 홍콩으로 전염되는 것은 시간 문제였다. 영국정부는 문화대혁명의 확산 추세에 촉각을 곤두세우며 전전긍긍했으나 홍콩으로의 도래를 막지는 못했다. 문화대혁명의 영향으로 홍콩에서 발생한 폭동은 홍콩인들에게나 통치자인 식민 정부에게나 큰 충격을 주었다. 이른바 '공산당이 싫어서' 남하한 대부분의 홍콩인들에게 심리적 공황 상태를 불러일으키기에 충분했던 것이다.

1967년 4~6월의 '폭동'은 1966년의 시위와는 완전히 다른 성격의 것이었다. 그것은 중국의 문화대혁명과 직접적인 함수관계를 가지고 있었다. 일찍이 1949년 중화인민공화국 수립 이후 당 내부의 일부 급진주의들은 홍콩의 조기 해방을 주장하였는데, 그런 분위기가 문화대혁명 당시 홍콩의 좌파 노동자들에게 전달되었던 것이다. 홍콩의 좌파 노동자들은 문화대혁명의 영향을 받아 홍콩 각지에서 파괴를 선동하는 등, 반식민 정부 운동을 주도했다. 사건을 장자웨이張家偉의 도움을 받아 다시 개괄적으로 정리하면 아래와 같다.

1967년 4월, 한 회사에서 해고당한 노동자들과 경찰이 충돌하여 수십 명의 해고 노동자가 체포당하자 좌파 신문이 정부를 비난하고 나섰다. 5월 11일, 좌파 노동자와 학생들의 지원으로 시위가 더욱 확대되어 노동자 사망 사건이 발생했다. 5월 15일, 중국외교부가 홍콩정부의 노동자 시위 진압을 제국주의의 음모라고 비난하고, 이어서 중국 각 지역의 홍위병 또한 홍콩 좌파 지지성명을 발표하고 나서자 홍콩 좌파는 매우 고무되기 시작했다. 5월 16일, 홍콩 좌파는 '홍콩구룡영국박해투쟁위원회港九各界反對港英迫害鬪爭委員會'를 결성하였고, 그 지휘에 따라 5월 19일 수천 명의 학생과 노동자가 총독부를 포위하여 당시 총독인 트렌치(David Trench) 타도를 외쳤다. 이때부터 좌파 시위와 민심은 분리되기 시작했다.

6월 3일, 인민일보는 '영제국주의의 도발을 단호하게 반격한다堅決反擊英帝國主義的挑釁'라는 제목의 사설을 발표하여 홍콩 좌파를 자극했다. 홍콩 좌파는 중국공산당이 조만간 홍콩을 '해방'시킬 것이라고 착각하여 투쟁 강도를 더욱 높였다. 6월 24일부터 파업을 시작하고 29일부터 나흘간 파시를 시도하였으나, 효과가 크지 않자 좌파는 7월부터 무력투쟁을 전개하기 시작했다. 돌, 염산, 어포(魚炮) 등으로 경찰을 공격하여 좌파는 점점 더 민심의 지지를 상실하게 된다.

7월 11일부터 8월 4일까지, 경찰은 60개 좌파단체를 습격하여 1,500명 이상을 체포하였다. 8월 24일, 좌파를 더욱 곤경에 빠지게 하는 사건이 발생하는데, 시위대가 투척한 화염병에 자가용차를 타고 가던 두 사람이 소사한 것이다. 『명보』는 "홍콩공산당(港共)은 파업이나 파시 등 정당한 수단으로는 달성하지 못한 목표를 폭탄이나 방화 암살 등 비열하고 잔인한 수단으로 달성하지 못한다. 린빈林彬 살해는 정치를 신경쓰지 않고 정치를 모르는 시민으로 하여금 홍콩공산당에 대해 강렬한 증오를 품게 했다."는 사설을 발표했다.[38]

1967년 5월 6일부터 10월 말까지 홍콩에서, 친공산당 계열의 노동자 조직이 노동자 권익 증진을 목적으로 또 당시 중국 전체를 극단적인

38) 張家偉, 앞의 책, 6-8쪽에서 재인용.

혁명의 소용돌이 속으로 몰아가던 문화대혁명의 영향으로 영국 반대 투쟁을 전개했다. 이번에는 사건을 저우쯔평의 시각으로 다시 보기로 한다. 그해 4월, 구룡의 한 공장에서 노사 분쟁이 발생하여 정부가 개입하였으나 해결되지 않았다. 5월 6일, 노동자들의 업무 방해에 사측이 경찰을 불렀고, 노동자 측과 경찰이 충돌하였다. 좌파 노동 단체는 계획적인 박해라고 비난하고, 노동자 위문단을 조직하고 공장 밖에 대자보를 붙이고, 마오쩌둥 주석 어록을 들고 항의 시위를 전개했다. 11일 쌍방이 다시 충돌하여 소년 한 명이 목숨을 잃게 된다.

중국 정부는 사건을 고도로 중시하여 영국정부에 항의하고, 인민일보는 홍콩 좌파를 지지하는 사설을 발표했다. 홍콩 좌파는 '홍콩각계동포반영항폭투쟁위원회(香港各界同胞反英抗暴鬪爭委員會)'를 결성하여 조직적인 활동을 전개하였고, 더불어 5월 중순부터 내지 각 도시에서 홍콩 좌파를 지지하는 군중대회가 개최되었다. 총독부를 포위하는 등의 시위를 전개하여 투쟁 수위를 높이는 좌파에 대응하기 위해 홍콩 정부는 홍콩섬에 계엄령을 선포하기에 이른다. 이즈음 중국 정부의 입장이 변화되기 시작하여, 저우언라이 총리는 '홍콩 문제 투쟁에 있어서', '이치에 맞게(有理) · 이익을 챙기고(有利) · 절차를 중시(有節)'하라는 원칙을 강조했으나 홍콩 좌파의 정서를 완화시키지는 못했다. 홍콩 좌파는 계속해서 파업과 철시 활동을 전개하였고, 정부는 파업에 동참한 1,650명의 공무원을 파면했다.

홍콩섬 일대에 계엄령이 선포되고 중국과 홍콩 경계선 지역이 긴장하기 시작하여, 6월 사두각(沙頭角) 거주민 수백 명이 시위 중에 경찰과 충돌하였고, 7월 8일 경찰서에 투석하고 어포를 쏘는 등의 시위에 경찰이 발포하자 이에 대응하여 중국의 민병(民兵)[39]이 경계를 넘어와서 충

39) 중국공산당이 지도하는 무장 조직으로서, 평소에는 각자의 생업에 종사하고, 유

돌 홍콩 경찰 네 명이 사망했다. 8월에는 문금도(文錦渡)의 좌파 운수 노동자들이 경찰서를 습격하여 총기를 탈취하기도 했다. 7월부터 급진좌파가 도처에 폭탄을 설치하고 불안감을 조성하더니, 급기야 방송사의 반좌파 아나운서 린빈을 소사시켰던 것이다.

8월 홍콩 정부는 전풍(田豐)·홍콩야보(香港夜報)·정오보(正午報) 등 3개 좌파 신문을 폐간시키고 기자들을 체포했다. 중국 외교부가 폐간 명령을 취소하고 19명의 기자를 석방하라고 요구했으나 홍콩정부는 거절했다. 8월 22일, 홍위병들은 저우언라이 총리와 중앙문혁소조의 권고를 무시하고, 북경의 영국대표부를 공격하고 승용차를 불태웠다. 홍콩 정부는 강경한 태도로 좌파 인사를 진압했고, 좌파 학교였던 중화중학(中華中學)을 폐쇄했다. 1967년 말에 이르러 저우언라이 총리의 지속적인 노력으로 몇 달간 계속되었던 좌파 투쟁이 사라지게 되었다.[40]

좌파 투쟁은 안정을 바라던 홍콩 시민들의 반대와 무관심으로 대중의 지지를 획득하지 못했다. 1967년 '폭동' 이후 홍콩정부는 홍콩의 사회문제와 시민 복지에 관심을 가지기 시작했다. 예를 들면 취업 문제(1968년 고용법규를 수정하여 노동시간을 단축)·시민 여가 활동·위생환경 개선 등이다. 구체적으로 공원, 운동 시설, 도서관, 박물관, 영화관을 확충했다. 구수메이에 의하면, 이런 것들은 유형무형으로 홍콩 소속감의 발전을 가져왔다.[41] 그즈음 '홍콩은 우리 집'이라는 캠페인을 시작으로 정부와 사회 각 계층 주도의 부단한 사회운동이 본토의식을 자극하였다.

1960년대에 일어났던 일련의 사건들은 중국과의 연계를 점점 더 희박하게 만들었다. '67폭동' 후 '클린 홍콩' 운동이나 '홍콩 페스티벌' 등

사시에는 군대와 함께 작전을 전개한다.『中國大百科全書』 참조.

40) 周子峰 編著, 앞의 책, '67폭동' 관련 항목 참조.

41) 谷淑美, 앞의 글, 352쪽.

영국 정부가 취한 행동들은 홍콩 의식을 북돋우는 계기가 되었다. 일반 시민들의 의식에 중국 특히 공산당은 두려움의 대상으로 뚜렷하게 각인되면서 문화대혁명의 영향으로 일어난 좌파 '폭동'은 도리어 홍콩인의 탄생에 힘을 보태주었다. 원래 1949년을 전후하여 홍콩으로 이주한 홍콩인들은 대부분 공산당이나 사회주의 중국의 박해를 피해서 남하했다. 따라서 중국에서 발생하는 각종 극좌적 행태는 홍콩인들로 하여금 '중화인민공화국'과는 다른 자신의 정체성 찾기에 더욱 골몰하게 만들었다.

대부분의 학자들은 '67폭동' 이후 홍콩의 본토 의식과 자아 신분이 급속히 발아하기 시작하였으며, 중국에서 문화대혁명의 기세가 커질수록 중국-홍콩 간의 문화 차이는 더욱 벌어졌다는 데 동의한다.[42] 1967년 '폭동' 당시 『학생 주보』는 홍콩 사회의 안정을 이유로 '폭동'을 반대했다.

> 우선 우리는 홍콩의 안정이 홍콩 경제와 절대 다수 거주민의 생활에 직접적으로 영향을 준다는 점을 반드시 인식해야 한다. 따라서 사회 안녕을 파괴하는 모든 행위와 상공업 등 모든 업종에 손실을 끼치는 소동은 모두 본 홍콩 절대 다수인의 이익과 서로 모순되고, 3백만 시민이 극도로 싫어하는 것이다.(「학단(學壇)」 15/4/1966)[43]

> 폭풍이 지나갔다. 우리가 처한 상황을 한 번 둘러보자.
> 홍콩은 확실히 부하가 과중한 배이다. 이 유한한 공간이 빽빽하게 근 4백만 명을 품고 있다. 많은 문제가 발생할 수밖에 없는데, 이 문제들

---

42) 陳家樂 · 朱立, 앞의 책, 193쪽.

43) 葉蔭聰, 「'本地人'從哪里來?」, 羅永生 編, 『誰的城市?』(Hong Kong: Oxford, 1997), 29쪽에서 재인용.

은 반드시 참고 용서하는 정신, 상호 양보하는 태도로 해결해야 한다. (…) (「학단」 26/5/1967)[44]

'폭동' 이후 식민 정부가 취한 행동에 대해서는 대부분 학자들의 견해가 일치한다. 구수메이는 1967년의 종결은 홍콩 본토주의의 탄생을 상징한다고 보았다.[45] 뤄융성 역시 '67폭동' 이후 홍콩 정부는 현대화와 더불어 홍콩시민 정체성 수립에 대한 전면적 계획을 수립했다고 본다.[46] 좌파 주도의 '폭동'이 시민 사회의 지지나 공감대를 얻지 못한 상태에서 진행되었기에 성공할 수 없었고, 홍콩정부는 이러한 분위기를 적시에 파악하여 본토 홍콩의 성립을 기획하는 시도에 박차를 가했다고 보는 것이 정확한 시각이다 할 것이다.

예인충도 홍콩 정부가 법치 질서를 지지하는 커뮤니티를 상상하고 건설하기 시작했음을 지적하고 있다.[47] 예인충은 또 갈수록 많은 소설·산문·시가 홍콩의 아름다움과 특징을 찬양하기 시작했음에 주목하고 있다.[48] 이렇게 해서 1967년은 홍콩 탄생의 새로운 기원이 되었다고 할 수 있다. 즉, 새로운 홍콩이라는 정체성은 정치경제적 사건과 조치의 결과물인 것이다. 홍콩 정부에 의해 정체성 제조 작업이 진행되었는바, 1969년 12월에 제1차 홍콩 페스티벌이 개최되었다. 『화교일보(華僑日報)』의 사설은 그것에 대한 의미를 이렇게 부여했다.

홍콩은 하나의 국가가 아니다. 하지만 하나의 현대화된 사회이다. 홍

44) 葉蔭聰, 앞의 글, 29쪽에서 재인용.
45) 谷淑美, 앞의 글, 351쪽.
46) 羅永生, 『殖民無間道』(Hong Kong: Oxford, 2007), 8쪽.
47) 葉蔭聰, 앞의 글, 30쪽.
48) 葉蔭聰, 앞의 글, 32쪽.

콩 시민은 사실 절대 다수가 중국인이다. 하지만 홍콩 시민이다. 이런 상황하에서 홍콩의 지위, 문화 정신, 풍속 습관은 모두 중국과 밀접한 관계가 있다. 분리될 수 없다고도 할 수 있다. 우리는 진실로 중국 전통의 문화 정신을 발양하고, 중국의 도덕을 관철하며, 홍콩을 제2의 고향으로 보아야 하며, 점차 홍콩의 정신문명을 반드시 건립할 수 있다고 확신하며, 홍콩의 풍속 습관을 개량하여, 홍콩 전도의 발전을 더욱 아름답게 만들어야 한다. 간단하게 말하면, 무릇 홍콩에서 생활하고 홍콩에서 일하는 시민으로서 마땅히 홍콩을 아끼고, 관심을 가져서, 앞으로 개인과 홍콩의 관계를 더욱 밀접하게 만들어야 한다.[49]

한편, 1965년 10월 홍콩의 '스타 페리'는 요금 인상안을 발표했다. 하지만 시정국 의원의 주도로 인상 반대 서명 운동이 일어났고, 두 달 만에 17만여 명의 지지를 얻었다. 1966년 4월 한 청년이 단식투쟁을 시작했고, 경찰은 교통 방해 혐의로 청년을 체포했다. 그것이 민심을 뒤흔들어 하루 동안의 폭동으로 이어졌다. 구룡반도를 관통하는 중앙로인 나탄 로드에 3~4천 명이 운집하여 자동차를 불태우고, 버스를 향해 투석하고, 공공시설을 파괴했다. 경찰은 야간 통행금지를 실시하고 시위를 진압하여 1,465명을 체포했고, 소란 중에 한 명이 사망했다.

1966년의 구룡 시위는 홍콩 역사상 자발적인 첫 민중봉기 사건이었으며, 홍콩인이 정치적으로 태어난 사건으로 규정된다. 또한 홍콩에서 태어났거나 성장한 세대가 역사에 등장하는 계기가 된 사건이기도 하다. 31년이 지난 시점에서 사건의 당사자는 그것을 계급투쟁이면서 동시에 반식민 투쟁이기도 했다고 의미를 부여했다.[50] 중립계 『명보』는

---

49) 任海, 「看的辯證: 展覽櫥中的香港」, 劉青峰 · 關小春 編, 『轉化中的香港: 身分與秩序的再尋求』(香港: 中文大學出版社, 1998), 199쪽에서 재인용.

50) 馬家輝, 「與蘇守忠的一段短談」, 『明報』, 1997. 4. 6.; 呂大樂, 「香港故事-'香港意

1970년대 홍콩의 민주 수준에 대해 매우 비관적으로 서술하고 있는데, "홍콩 영국식민지 정부 독재의 본질은 사회를 강력하게 통제하고, 노동운동과 사회 운동을 대대적으로 탄압한 것"[51]이라고 했다.

전 시정국 의원 겸 박물관 위원회 부위원장을 역임했던 린원후이林文輝는 '홍콩 스토리' 중 전후 역사, 특히 '67폭동'을 소홀하게 취급한 것에 대해 불만을 표시했다. 그는 "67폭동은, 문혁과 반식민지와 관계되는 것이 분명함을 말하는 것인데도, 주권 반환 이전 정부는 회피했다. 하지만 반환 이후의 정부는 마땅히 홍콩인에게 이 부분의 역사를 확실하게 알게 해야 한다."[52]고 주장했다. '홍콩 스토리'에서 탈식민의 시도가 무산되고 있음을 지적하고 있는 것이다. 이 '67폭동'에 대해 역사박물관의 '홍콩 스토리' 설명문은 매우 간단하게 이렇게 기록하고 있다.

> 1960년대 말기, 홍콩의 공장 노동자는 561,563명이었다. 당시 제조업에 종사하던 노동자들은 모두 반숙련 또는 비숙련 노동자에 속했고, 교육정도는 중학교 수준보다 낮았다. 중국 대륙 염가 노동의 위협을 받아, 홍콩 노동자는 긴 노동시간과 낮은 임금의 고용조건을 받아들일 수밖에 없었다. **1966년과 1967년에 폭발한 2차례의 폭란(暴亂)은 어느 정도(多少) 노동 조건의 불만으로 야기된 것인바, 이것은 홍콩 정부가 1960년대 말에 노동자의 고용조건을 적극적으로 개선한 것으로 증명된다.**

1960년부터 1990년간에 발생한 대사를 기록한 설명문에는 두 차례의 '폭란(暴亂)'으로 기록되어 있다. 그러니까 1966년과 1967년의 시위

識'的歷史發展」; 東海大學東亞社會經濟研究中心 高承恕 · 陳介玄 主編, 『香港: 文明的延續與斷裂?』(臺北: 聯經, 1997), 8쪽에서 재인용.

51) 『明報』, 2011年 1月 3日, 「社評」.

52) 『蘋果日報』, 2001年 8月 30日, A06.

가 언급되어 있는 설명문은 모두 이 두 개뿐이다. 창스궁은 영국 정부의 교묘한 심리전을 이 좌익 공포주의의 배후로 지목하고 있다. 그는 "홍콩영국 정부는 좌파의 반영(反英) 항의 운동을 진압하면서, 전문적인 선전위원회를 구성하여", "정부 자료 · 언론 인터뷰 · 뉴스 보도 · 초점 확대 등의 수법을 채택 조직적으로 이 반항 운동을 '폭란'과 '공포주의'로 묘사했다."고 강조한다. 그리고 정부가 "폭란"을 진압하면서 좌파 신문과 학교를 주요 대상으로 하여 좌파의 언론권리를 철저하게 박탈하여, 좌파 · 중국 · 문화대혁명 · 공산주의 공포정치 등을 연계해서 공포적인 정치 경관을 그려내고 공포 심리를 조성했다는 것이다.[53)]

분명한 것은 어느 정도의 폭력적 행위는 실재했고, 이것을 수용하는 방식이나 수준은 수용주체에 따라 제각각이었다는 점이다. 따라서 나는 박물관이라는 기관은 전시물을 해석하기보다는, 사실을 축자적으로 기록하는 기능을 지향하는 것이 타당하다고 본다. 전시물에 대한 해석은 관람자의 권리이자 의무로 부여하자는 것이다.

문혁의 소용돌이 속에서 보여주었던 홍콩 시민들의 질서의식과 홍콩 좌파에 대한 시각이 새로운 홍콩의식의 출발점이라고 보는 이가 많다. 그런 의식들이 홍콩 본토주의의 일부 기초를 구성했다고 보는 것이다. 중국공산당이 '67폭동'에 대해 민감하게 반응하고, 그것에 대해 기억하고 싶어 하지 않는 이유는 그것의 과정에서 발생한 무질서와 폭력선동의 이미지가 자신과 동일시되는 것에 대한 부담감 때문이다. 가급적 환기시키지 않는 것이 유리하다는 판단이다. 천윈은 이렇게 정리하고 있다.

> 폭동 자체는 반식민지 투쟁과 자본가 착취 반대 사상이 합쳐진 것이

---

53) 强世功, 『中國香港: 文化與政治的視野』(Hong Kong: Oxford, 2008), 33쪽.

> 지만, 나중에 홍콩 거주민과 난민이 치안과 질서를 요구하고, 폭도를 비난하고, 경찰을 지지하여, 결과적으로 오히려 식민지 통치의 합법성을 수호했고, 대부분의 홍콩 거주민으로 하여금 영국 홍콩 정부의 공공 안전 유지와 시민 보호라는 역할을 인정하고, 중국공산당을 국외 위협 세력으로 인식시켜 본토 거주민의 자기 보호 의식을 생산했다.[54]

천원은 '폭동' 이후 정부와 시민 간 새로운 관계 정립이 이루어져 세계 식민사적으로 특유한 경우가 홍콩에서 나타났다고 평가하고 있다. 따라서 홍콩 본토주의의 생성은 민중의 요구에 의해서가 아니라 지도부의 계획에 따른 것이므로, 새로운 지도부에 의해 재창조될 가능성도 매우 큰 것이라고 할 수 있다. 그런 수동적인 경향 때문에 홍콩인을 홍콩의 국민이나 홍콩의 시민으로 규정하기에는 다소 거리가 있다고 보는 시각이 입지를 얻을 수 있다.

> 홍콩의 본토 정체성은 결코 피식민 토착의 반항 운동 중에서 탄생한 것이 아니고, 오히려 식민 정권이 고심하여 부식한 것이다. 민족주의 정서를 완화시키고, 공권력으로 공공 공간 및 공공영역을 수호하고, 시민 의식을 배양한 결과 식민지의 통치에 안주하게 했으나, 시민 또는 거주민 신분을 보유한 것일 뿐, 주체적인 국민이나 일반적인 권리를 지닌 국민은 아니었다.[55]

'홍콩 스토리'에서 1960년대는 혼란의 시대로, 1970년대는 번영의 시대로 부각시키고 있는 것 자체가 본토주의를 강하게 의식하고 있다

---

54) 陳雲, 『一起廣播的日子-香港電台八十年』(香港: 明報出版社, 2009年 7月 初版), 45쪽.

55) 陳雲, 앞의 책, 45쪽.

고 할 수 있다. 여기에서도 타자화의 논리는 피해 갈 수 없는 모양새다. 즉 중국이 개입한 홍콩은 혼란한 홍콩이 되면서 영국만의 홍콩은 번영의 시대로 뚜렷하게 대비되어 부각될 수밖에 없다. 혼란과 안정이라는 이분법적 대비를 통하여 안정의 당위성과 그 성과를 더욱 극대화하여 다른 견해가 끼어들 여지가 없게 만드는 시도인 것이다. 구수메이가 볼 때, 식민정부는 홍콩인의 단결성을 내세우면서 다른 한편으로 사회주의 중국과 좌파 단체를 홍콩인을 위협하는 타자로 등장시켜 공산당을 두려워하고(恐共) 안정을 추구하는 홍콩 본토주의를 만들어 냈다는 것이다.[56] 이 경우 엥글렌더의 언급은 상황을 이해하는 데 매우 적절하다.

> 노동자 연맹은 전체적으로 모범적으로, 유능하고 성실하게 운영되었으나 (…) 그럼에도 불구하고 부르주아는 한목소리로 이에 반대하는 태도를 취했다. 대부분의 시민들은 노동자 연맹의 표시와 (…) 간판이 달린 집 앞을 지나갈 때마다 왠지 불안감을 느꼈다. 연맹에 속하는 가게와 비슷한 다른 가게를 구분해주는 것은 '노동자 형제 연맹 - 자유, 평등, 형제애' 라고 쓰인 간판뿐이었으나 이러한 가게가 소시민들에게는 불시에 덮치려고 노려보고 있는 뱀처럼 여겨졌다. 소시민들로서는 이 연맹의 발단인 2월 혁명을 생각하는 것만으로 진저리가 났다. (…)
>
> -지그문트 엥글렌더, 『프랑스 노동자 연맹의 역사』, 함부르크, 1864년, 3권, 106–108쪽.[57]

이른바 혁명과 시민 사이의 괴리인데, 마오쩌둥이 말하는 물과 물고

56) 谷淑美, 앞의 글, 351쪽.

57) 발터 벤야민, 조형준 옮김, 『도시의 산책자』 아케이드 프로젝트 3(새물결, 2008), 92-93쪽에서 재인용.

기의 관계까지 도달하지는 못할지언정, 혁명과 시민 상호 괴리와 갈등이 이 정도가 되면 혁명은 이미 저만큼 달아나고 있는 것이 틀림없다. 중국에서 넘어온 홍콩인들의 경험으로 볼 때, '공산당을 두려워한다(恐共).'는 것은 그들의 폭력성을 두려워하는 것인데, 그것은 오히려 홍콩의 민주와 자유에 대한 애착의 발로라고 볼 수 있다. 이후 '공공(恐共)'이든 '반공(反共)'이든 공산당을 싫어하는 의식이 홍콩인을 규정하는 중요한 요소의 하나로 정착하게 된 것은 분명하다.

'폭동'의 발생은 문화대혁명의 직접적인 영향을 받았던 것이 사실이지만, 홍콩 식민정부와 일반 시민 간의 장기적인 소통부재가 '폭동' 발생의 또 하나의 원인이었다. 홍콩인의 피난민 정서와 사회 불만이 누적되어 1966~1967년의 '폭동'으로 이어졌다고 보아야 한다. 당시 홍콩인들은 정착한 지 얼마 되지 않아 홍콩에 대한 주인의식이 희박했다. 정부는 정부대로 시민은 시민대로 철저하게 유리되어 있었는데, 우선 행정기관에서나 법정에서나 사용하는 언어가 모두 영어였기 때문이다.[58]

1966년의 구룡시위와 1967년의 '폭동' 등 양대 사건이 홍콩정부의 통치 방식에 큰 영향을 미친 증거는 많이 있다. 신계의 '이민부理民府제도(District Officer system)'와 '도시 지역 민정주임제도(City District Officer scheme)'의 설치는 시민과 직접 소통하고자 하는 정부의 의지를 보여준다. 또 1970년대는 자문위원회가 크게 확대되었는데, 1950년대 약 50개가 1976년에는 142개로 증가했다.[59] 1968~1970년 사이 노동자에 대한 사회복지제도도 크게 달라지기 시작하여 출산 휴가, 정기 휴가, 의료비 보조 등의 입법이 이루어졌다. 1974년 설립된 반부패기구

---

58) 李揚 · 胡偉平 主編, 『話說香港』(長春出版社·五洲傳播出版社, 1997), 42쪽.

59) Scott, Ian. 1989. *Political Change and the Crisis of Legitimacy in Hong Kong*, Honolulu: University of Hawaii Press. p.109. 馬嶽, 『香港政治-發展歷程與核心課題』(香港: 中文大學出版社, 2010), 9-10쪽에서 재인용.

인 '염정공서'와 소비자의 권익을 보호하기 위해 설치된 '소비자위원회(Consumer Council)'는 양대 사건의 영향 그 연장선상에 있다고 할 수 있다.[60] 양자 모두 영국 홍콩 정부가 자랑스러워하는 제도적 장치들이다.

60) 馬嶽, 앞의 책, 10쪽 참조.

제6부

결 론

_ '홍콩 스토리'의 현재

_ 민족주의와 본토주의의 미래

1. '홍콩 스토리'의 현재

'홍콩 스토리' 출구

이제 서론에서 제기한 몇 가지 질문에 답해야 할 시간이 왔다. 나는 이렇게 제안하고 싶다. 역사를 재현하고 구체화하는 작업이 과연 가능한 것일까? 홍콩역사박물관과 홍콩해방박물관은 전시물들이 전파하는 이미지를 통해서 '중국다움'이나 '홍콩다움'은 실재하는 존재인 것처럼 스토리텔링하고 있다. '중국다움'이나 '홍콩다움'은 때로는 입체모형으로 때로는 그림으로 때로는 영상으로 재현되고 있다. 하지만 궁극적으로 '홍콩 스토리'의 함의는 홍콩이 타자에서 국민 신분을 회복하는 과정, 아니 회복되어야만 하는 당위이다. 탈본토를 강요하는 내용으로 총괄되는 시도들은 수시로 민족을 확인하는데, 주로 정치문화 즉 아편전쟁, 한족 지도자 손문, 주권 반환, 애국운동을 통해 시도하고 있다. 탈식민을 위한 시도들은 수시로 본토를 확인하는데, 본토 홍콩은 영국홍콩을 자랑스러워한다. 아울러 본토 홍콩은 도시적이고, 이민 사회이며, 자본주의적 발전을 자랑하고 싶어 한다. 탈식민을 위한 시도들은 이미 전지구화의 여러 특징들과 중복되기에 탈본토를 위한 시도들보다는 시의성에서 우위를 확보하고 있다. 하지만 근대적인 우리가 마땅히 추구해야 할 바람직한 '다움'인 민주와 자유는 철저히 소외되고 있다. 가장 바람직하게 선양되어야 할 근대성을 향한 집단기억이 홍콩역사에서 엄연히 존재하고 있음에도 말이다.

나는 홍콩역사박물관과 해방박물관의 상설 전시물에 대한 분석을 통해서 아래와 같은 결론을 얻었다.

첫째, 민족주의와 중원 중심주의이다.

'홍콩 스토리' 속에는 유형무형의 강력한 중원 중심주의가 작동하고 있다. 알다시피 민족국가는 여전히 세계에서 가장 대표적인 정치체제이다. 일체감과 귀속감을 민족국가의 조건으로 볼 때, '홍콩 스토리'는 그것들을 배양하기 위해 기획될 수밖에 없었다. 즉 '홍콩 스토리'의 배후에서 작동하는 가장 큰 세력은 민족과 국가라는 거대 담론인 것이다. '홍콩 스토리'에는 기획 단계부터 제기된 민족주의 입장이 주도적으로 반영되어 있다. 그러니까 임칙서와 아편전쟁 관련 내용은 가장 중요한 공간에 가장 큰 면적으로 자리 잡고 있다. 그것에 대한 설명 또한 임칙서를 민족 영웅으로 자리매김하여 제국주의에 대한 강력한 투쟁의 의미를 부각시키는 식이다. 아울러 국민국가의 통합, 그것도 한족 중심의 통합을 외친 손문도 강조되고 있다. 또 주권 반환을 둘러싸고 중국-영국 간 진행되었던 담판과정과 공동성명 체결 과정이 소개되고 있다. 중국으로의 주권 반환 과정과 그 의례만큼 민족이나 국가의 동원에 훌륭한 아이템도 드물 것이다. 물론 넓은 공간을 할애하여 축제적인 분위기로 꾸며놓았다.

'홍콩 스토리'에서 중국 민족주의는 정치적인 측면이 강하게 부각되는데, 인류적이고 지리적이고 역사적인 측면도 같이 강조되고 있다. 특히 외부로부터의 침략 그것의 부당함만을 일방적으로 성토할 뿐, 대내적인 문제점을 찾는 노력을 포기하고 있다. 즉 '홍콩 스토리'에서 임칙서를 포함하여 아편전쟁과 관련된 내용은 모두 낭만적으로 스토리텔링되고 있는바, 특히 전쟁의 발발 원인으로 영국 제국주의의 침략성만을 부각시키는 방법을 사용하고 있으며 내적 식민의 문제점은 언급조차 되지 않고 있다. '홍콩 스토리' 속에서 중국의 민족주의는 혈통 · 문화 · 지역 · 공동 중원 의식 · 전쟁 경험 · 공동 타자의 존재 등으로 제시되고 있는바, 절대 진리로서 중원이라는 틀 속에 '그동안 조국 없이 떠돌아다니던' 홍콩을 편입시켜야 한다는 강제력이 이데올로기로 작동하고 있음을 엿볼 수 있다. 현재 '홍콩 스토리'에 나타난 중국 민족주의는 홍콩 본토주의를 의식한 중국의 요구가 여실히 반영된 모델이다.

둘째, 본토주의는 매우 소극적으로 제시되고 있다.

강력한 중원 중심주의 앞에 본토는 사라지고 중원만이 살아남아 있다. 150여 년간 본토 홍콩에서 생성된 다양한 가치는 축소되거나 누락되어 있다. '홍콩 스토리' 속에서 '홍콩다움'이 뚜렷하게 부각되지 못하고, 소극적으로 제시되고 있다는 점에서 중원 중심주의 스토리텔링의 지배를 강하게 받고 있다고 할 수 있다. 이제 조금 더 시간이 흘러가면 '홍콩다움'이라는 가치는 역사의 뒤안길로 사라질지 모른다. 동아시아에서 그동안 실험되고 경험되어온 합리주의적 실체라고 할 수 있는 '홍콩다움'은 매우 작은 모습으로 '홍콩 스토리' 속에 존재하고 있다. 이중 변경이라는 포스트 모더니티적 경계는 모두 부정되고, 법치와 자유라는 나름대로의 가치를 추구해온 공간은 점점 더 축소되고 있다.

'홍콩 스토리'의 본토주의는 경제적인 측면만 부각되고 있고, 정치적인 측면은 누락되고 은닉되어 있다. '홍콩 스토리'에서 홍콩은 경제 홍콩으로 정리되어, 정치 홍콩의 싹이 모두 잘린 상태로 표면화되고 있다. 기본법에도 '홍콩식 자본주의'라는 문구가 들어가 있지만, 홍콩식 민주주의라는 말은 없다. 반면에 홍콩 본토주의 이면에는 영국이라는 선진화된 정치체제가 도사리고 있지만, 빈부격차 등 내적 식민의 여러 가지 갈등은 외면받고 있다. 결론적으로 '홍콩 스토리'는 '홍콩다움'을 대표하지 못할뿐더러, 본토주의를 대표해야 할 민주와 자유라는 집단 기억조차 제대로 포착해내지 못하고 있다. 각종 시위로 표출되는 본토 홍콩의 외침은 드러나지 못하고 사장되고 만다. '홍콩 스토리'에는 홍콩 자신의 정치적 기억이 말살되어 있다. 타협 가능한, 또는 이미 타협된 본토주의는 도시 · 금융 · 무역 그러니까 경제적 기억만을 자랑스러워하라는 중국이라는 민족국가의 요구가 홍콩의 정치적 기억에 대한 시도를 철저하게 말살하고 있는 것이다.

셋째, 민족주의나 본토주의 입장에서 쟁점이 될 만한 부분은 생략 또는 누락되어 있다.

결론적으로 쟁점은 자연 생태 환경 · 아편전쟁 · '67폭동' · '6 · 4' 등이다. 하지만 '67폭동'과 '6 · 4'는 특별한 전시물 없이 설명문에만 한두 줄의 문장으로 처리되고 있다. 도시화, 국제화로 상징되는 경제문화는 뚜렷하게 재현되고 있으나, 아편전쟁이나 주권반환 같은 사건, 그리고 일본 점령기 등을 제외한 정치문화는 드물게 서사되고 있다.

넷째, 홍콩 박물관은 뚜렷한 한계를 지닌다. '홍콩 스토리'에는 시민

기구의 역량이나 활동에 대한 전시 및 설명이 없다. '홍콩 스토리'의 전시는 민주를 등한시하고 있다. '홍콩 스토리'는 본토 홍콩은커녕 홍콩을 대표할 수 없다. 나는 이 책에서 정체성 교육기관으로서 역사박물관의 한계, 박물관 스토리텔링의 문제점, 그 역사적 책임의식의 빈약함을 증명했다. 박물관은 과거를 반성하고 미래를 기획하는 역사인식의 공간이어야 한다. 홍콩의 박물관에는 중국 민족주의 이데올로기의 거대한 자장만이 강력한 스펙트럼을 형성하고 있기에, 본토 홍콩은 박물관에서조차 제대로 찾아보기 어렵다. 문제는 홍콩역사박물관의 전시물을 통해서는 본토 홍콩의 진정한 모습을 읽어낼 수 없다는 데 있다. 집단기억의 장치가 없거나 왜곡되어 있는 셈이다. 그런 입장에서 지금 홍콩에는 민주를 기록하는 장치가 없다. 나는 본토 홍콩의 진정한 가치와 인문 중국의 신분이 결합된 홍콩의 박물관을 기대한다.

이상으로 나는 '홍콩 스토리'에 나타난 중국 민족주의와 홍콩 본토주의의 현재를 도출해냈고, 나아가서 그것의 함의와 한계, 더 나아가서 정체성이라는 것의 맹점, 더 나아가서 세계체제를 향한 전제로서 민족주의와 본토주의를 사유했다. 한족으로 대표되는 민족국가 중국은 민족으로 홍콩을 강요하고, 홍콩은 스스로를 또 다른 본토라고 생각한다. 서로 가장 자랑스러운 것을 강요의 수단으로 사용하는바, 중국은 민족이고 국가이며, 홍콩은 도시이자 자본주의이며 무엇보다도 홍콩식 합리성이라는 초유의 개념이다. 박물관에 정착한 민족주의와 본토주의는 박물관 고유의 확정성으로 볼 때, 매우 큰 영향력을 지닌다. 그것은 민족과 본토의 상호 피해의식을 조장·확대하고 고정시킨다. '홍콩 스토리'로 볼 때, 향후 중국 민족주의는 홍콩 본토주의에 대한 가장 강력하고도 지속적인 대처 방안이자 수단이 될 것이다.

2. 민족주의와 본토주의의 미래

홍콩역사박물관 로비, '홍콩 스토리'를 관람하러 온 초등학생들

이 책에서 나는 '홍콩 스토리'에 나타난 민족주의와 본토주의를 찾으면서, 더불어 이른바 '다움'의 허약한 구성 및 반동성을 추적했다. 그리고 임시적이고 가변적인 특징을 지닌 '중국다움'이나 '홍콩다움'에 대한 결론에 도달할 수 있었다. 나는 '홍콩 스토리'에 나타난 '중국다움'이나 '홍콩다움'은 물론 모든 '다움'이라는 것의 정체야말로 주체와 객체 사이에서 거래된 일종의 협상 결과물에 지나지 않는다고 생각한다. '중국다움'과 '홍콩다움'은 사상적으로 상충되고 있다. '홍콩 스토리'에서 홍콩은 이중 변경을 상상할 수 없는 불모의 영역이다. 궁극적으로 나는 세계주의를 지향하기에 민족도 본토도 거부한다.

시대 배경상 '홍콩 스토리'의 본질이 국민 통합이라는 점을 부인할 수 없다. 그런 측면에서 국수라고 볼 수 있는데, 민족주의와 본토주의 모두 국가의 국수를 지향하는 쪽으로 정리되고 있다. 그 속에 근본적으로 역사 비판은 존재하지 않는다. 열린 본토주의라는 방향성을 놓친다면, 그것은 민족주의와 같은 어감으로 사람들에게 인지될 것이다. 다시 말한다면 민족주의의 항형 차원인 본토주의는 민족주의와 똑같이 하나의 이데올로기로 자리 잡아 또 다른 국수를 형성한다는 의미이다. 즉 홍콩 본토주의에서 자랑해야 할 것은 경제적인 업적이 아니라 제도적 투명도가 비교적 높고 다문화에 대한 수용의 폭이 넓다는 정도이고, 반면에 중국 민족주의가 자랑해야 할 것은 광대한 영토나 유장한 역사가 아니라 예술을 숭상하고 상대를 존중하는 예절의 정신이어야 한다. 지역이나 인종적 동질성만을 강조하는 중국 민족주의는 잠재적으로 패권을 지향할 수밖에 없고, 나만의 독립성을 보장받고자 하는 홍콩 본토주의는 내적 식민을 지켜주는 울타리가 되고 만다. 우리가 나아가야 할 방향은 제도적 투명성이나 상호를 배려하는 정신밖에는 없다.

현시점 민족주의는 도구적인 목적을 가지고 사용되고 있으며, 본토주의 역시 민족주의에 대항하는 후식민 시대의 가장 훌륭한 도구임이 분명하다. 대내외 안정의 보도로 사용되고 있는 중국 민족주의와 독립을 지향하는 홍콩의 본토주의는 수시로 충돌할 것이다. 하지만 민족주의는 국내의 불합리를 엄폐하는 수단으로, 본토주의는 내적 식민의 책임을 회피하는 기제로 작동하고 있음을 간과해서는 안 된다. 현재 민족주의의 광풍에 대한 저항으로 본토주의가 생성되고 있지만, 궁극적으로 양자 모두 사라져야만 하는 인습에 지나지 않는다. 다수 민족과 소수 본토의 정체성은 상호 타자화하기에 갈등과 충돌이 불가피하다. 민족도 본토도 상대를 타자화한다는 의미에서 쉽게 이데올로기로 작동할 수 있다. 즉 정체성은 근대성의 성장이나 합리적인 기준의 생성을 방해하는 강력한 도구로 작동할 가능성이 매우 크다.

결국은 '사람다움'으로 대표되는 보편적 합리성이 필요한 것이다. 하지만 민족은 보편적 합리성과 거리를 두기 위해 준비된 기제가 아닌가! 우리는 시시각각 진행되고 있는 전지구화에 대항하는 흐름으로 민족주의가 재등장하는 것을 경계해야 한다. 우리가 전지구화를 피할 수 없다면 보편적 합리주의가 대안이기 때문이다. 합리적 제도와 그것으로부터 주어지는 자유는 홍콩문화의 자랑스러운 특징이자 정체성이다. 분명한 것은 홍콩 내에 중화인민공화국이라는 정치 실체보다는 이른바 중국의 전통이나 문화적 정체성에 동의하는 정서가 실재한다는 사실이다. 중국적인 정서를 극복하여 문화적으로 독립하지 않을 경우 본토의 성립은 더욱 요원한데, 그것을 위해서는 가치중립적인 홍콩의 '다움'이 보호받아야 한다.

원래 홍콩인 또는 홍콩의 '다움'의 생성에 결정적으로 영향을 미친 사건은 정치적이었다. 어떻게 보면 정치적인 사건만이 문화 전체를 변화시킬 수 있는 것 같기도 하다. 표면적으로는 문화는 '다움'의 모든 것이란 생각을 하게 되지만, 따져보면 문화 역시 정치경제적인 흐름의 또 다른 수용과 변용일 뿐이다. 나는 문화가 정치경제적이라는 것에 동의한다. 문화는 정치와 경제의 리듬에 따라 춤춘다. '홍콩 스토리'는 정치경제적이다. 민족주의의 기본 성향이 정치적으로 나타나고 있다면, 본토주의의 특징은 경제적이라는 말이다. 따라서 중국 정부가 홍콩의 경제 운전에 전력을 경주하고 있는 것이다.

방어역량으로 지역성의 생산에 본토 홍콩은 책임을 다했는가? 경제적인 이해관계에 따른 본토주의는 경제적인 이해에 따라 부침할 뿐이다. 그동안 영국이 보장해준 이해관계를 중국이 보장해준다면 희박해질 것이 분명한 본토주의인 것이다. 본토문화가 그렇게 자랑스럽고 당당하다면, 지키지 않아도 역사 속으로 도도히 흘러갈 것이다. 본토를 구성하고 지탱하는 전제는 자랑스러운 그 무엇이야 하는데, 그 밑바닥에는 근대성에 대한 개개인의 자부심이 도사리고 있어야 한다. 인습에 대한 자부심은 아닐 테고, 전통에 대한 자부심인데, 개개인의 이익을 포기하면서 공공성을 지향하는 그 무엇일 테다. 즉 시민계급이 전면에 등장해야만 가능하다. 결국 본토주의의 힘은 정치적인 파워를 얻을 수 있어야만 가능한 그 무엇이다. 따라서 법치로 상징되는 홍콩의 본토주의는 민주주의의 꽃이라고 불리는 직접선거를 보장받아야 가능하다.

주권 반환 이후 민족 이데올로기는 경제적 혜택을 앞세웠다. 그리고 본토 홍콩은 실제로 큰 혜택을 받아왔다. 왜냐하면 이데올로기는 혼자 오는 것이 아니고, 언제나 달콤한 사탕을 동반하기 때문이다. 그렇게 거대 '민족'은 언제나 소수 '본토'에 승리하여왔던 것이다. 더불어 '민족'도 '본토'도 상호 종속은 심화된다. 비이성적 · 비합리적 민족이 소멸되어야 하듯이, 비이성적 · 비합리적 본토는 소멸되어야 한다. 애국심 속에 이성의 점유는 부족하듯이, 민족의 깃발이 많고 높이 휘날릴수록 광기는 대중화된다. 홍콩식 자유는 주권 반환 전에 공고한 모델로 정착되지 못했다. 어떤 의미에서는 후식민 시기에도 여전히 흔들릴 수밖에 없는 여건 속에 있다. 근대화의 주요 전제로 대중의 정치 참여를 든다면, 본토 홍콩이 공고하지 못한 주요인 중 하나는 홍콩인의 냉담한 정치성향이다. 앞으로 홍콩을 이탈하지는 않지만 국가 대사에는 무관심하고 자신의 사생활에만 몰두하는 '내적 망명(internal emigration)' 상태로 몰입하는 사람들이 많아질 것이다.

내가 가장 걱정하는 점은 월드컵 당시 등장했던 한국의 왜곡된 민족주의의 양태가 최근 중국에서 점점 더 강력한 모습으로 등장하고 있고, 그것이 홍콩에 강요되고 있다는 점이다. 홍콩인들 사이에서 중국의 민족이나 국민에 반하는 언행에 대해 극도로 증오를 표시하거나 위협하는 행태가 자주 나타나고 있다. 아시안게임 횃불 봉송 과정에서 소수의 의견을 억압하는 군중이 등장했던 점이나, 홍콩의 언론이 민족주의 열풍에 휘둘려 지배당하는 현상은 우리에게 많은 시사점을 준다. 이쪽이 아니면 저쪽을 반드시 선택해야만 하는 상황이 다가오고 있는 것이다. 그동안 제3의 공간이 가장 광범위하게 구축되어 있다고 평가되어온 홍콩은 이제 국가주의와 민족주의 열풍에 휩싸인 전근대적인 사회로 재편성되고 있는 것이다.

우리에게 홍콩의 역사, 방법, 경험이 간절하게 필요할 때가 온다. 홍콩은 이미 서구화되었으며, 전지구적 특징을 앞서 보여준다는 점, 그리고 글로컬리제이션의 방향을 제시해준다는 점에서 주목할 만하다. 지금 홍콩이 상징하는 근대성은 심각한 손상 위험에 직면해 있다. 따라서 동아시아 담론의 방향성으로서 홍콩 가치는 보존해야 하고 발전시켜야 한다. 하지만 민족이든 소규모의 본토든 정체성의 강화보다는 약화가 대통합의 전제조건이자 필수조건이다. 가장 큰 전제조건은 근대성이야만 한다. 제도적 근대성이 홍콩 본토주의의 근간이라면, 홍콩 본토주의는 향후 동아시아에 방향성을 제시해줄 수 있다. 현재 동아시아는 여전히 민족 · 국가 · 국민 · 영토적 정체성에 집착하는 수준이다.

민족주의와 본토주의의 궁극적 지향점은 반민족주의와 반본토주의라야 한다. 동아시아적 구도를 놓고 보더라도—중국과 홍콩 사이—중원 중심주의를 바탕으로 하는 중국 민족주의의 강풍은 향후 동아시아 전체를 무대로 펼쳐질 중국의 행보를 보여준다. 1997년 주권 반환 이후 중국 민족주의와 홍콩 본토주의는 새로운 모델 구축의 호기인데, 바람직한 양자 관계 설정을 위해 노력해야, 동아시아 공동체는 물론 이상적인 세계화 과정의 실례로 활용될 수 있다. 그런 측면에서 제3지대로서 홍콩이라는 정치경제적 공간은 세계공화국을 향한 동아시아 담론의 출구로 제시될 수 있다.

중국 민족주의와 홍콩 본토주의의 쟁점은 민족 문화의 동일한 정체성에 동의하지만, 법치 · 제도 · 민주 · 자유에 대해서는 큰 시각차를 지니고 있다는 점이다. 소수는 다수와 직접적인 충돌을 일으킨다는 것이고, 그것이 국민국가에 의해 거부되고 있다는 것은 현실임이 분명하다. 티베트나 신장 지역의 경우를 보더라도, 소수는 국민국가라는 대의명분 앞에서 자신을 보호받지 못하고 있다. 향후 대만의 미래도 안심할 수 없는 이유가 여기에 있다. 즉 중국 내 56개 소수 민족 또는 소수 문화가 각기 개별적으로 존중되고 있다고 하지만, 현실적으로 국민국가의 정치경제는 자의 반 타의 반으로 그것의 영속성을 달가워하지도, 지켜주지도 않는다. 티베트와 중국의 충돌, 신강과 중국의 충돌은 문화적 정체성에서 출발된 것처럼 보이지만, 사실은 정치경제적 이해관계에서 오는 갈등일 뿐이다. 바야흐로 홍콩인은 차국민으로서 중국 내 새로운 소수민족으로 인식되고 있다. 즉 홍콩 본토주의의 가장 큰 상징인 법치 · 제도 · 자유 그리고 민주를 향한 열망은 국민국가라는 막무가내의 당위성 앞에서는 그저 힘겹다.

다문화주의가 실패한다면, 그 이유는 '우리다움'인 고유의 강한 정체성 때문이다. 민족과 본토는 그것의 '다움'을 가지는 동시에 지향성을 지니는데, 지향성은 반드시 배타성을 수반한다. 향후 본토 홍콩에 가해질 국민국가 강화라는 태풍을 우려하는 것도 그 때문이다. 그것을 통제하기 위해서는 보편적인 합리주의가 작동하는 본토를 건설하는 방법 외에는 대안이 없다. 본토의 속성상 기득권 중심의 내적 식민이 가동될 수밖에 없지만, 그럼에도 불구하고 나는 본토주의보다는 민족주의가 우선 통제하고 해체해야 할 직접적인 대상이란 점을 말하고 싶다.

제도적 근대성으로 대표되는 홍콩 본토주의와 민족이라는 전근대성으로 대표되는 민족주의는 상호를 지속적으로 타자화할 것이다. 집단기억이 중요한데, 특히 중국 민족주의가 홍콩의 민주에 대한 기억을 두려워하는 이유는 그것에 참여하고 동조한 기억에 대해 구성원들이 느끼는 자부심이 크기 때문이다. 민주가 '홍콩 스토리'에 포함되지 않았다는 것은 민족이 민주를 얼마나 배타적으로 보고 있는가 하는 살아있는 증거가 된다. 민족주의가 지니는 정체성을 파괴할 수 있다는 두려움에서 근대성을 향한 집단기억을 축소하고 왜곡하고 회피하고자 하는 것이다. '홍콩 스토리'에서 사라진 집단기억인 민주의 행방이야말로 상호 배타성의 접점이 된다. 결국 중국 민족주의가 홍콩 본토의 민주와 자유를 억압하는 것은, 중국 민족주의의 근대성을 보여주는 동시에, 민족주의 고유의 한계성을 노정하는 것이라고 볼 수밖에 없다. 내가 보기에 다수가 정치경제적으로 우위에 있을 때 소수의 역사와 문화를 지울 수 있다. 최종적으로 내가 하고 싶은 말은 '다움', 그것이 박물관이나 문화센터를 통해서 교육되고 전파되든, 또는 가족을 통해서 전승되든, 모두 스토리텔링이라는 것이다. 따라서 다양한 방식으로 전승되는 '우리다움'의 '다움'은 '우리'의 '다움'을 온전히 대표할 수 없다.

참고문헌

1. 국내 논문 및 단행본

E. J. 홉스봄, 강명세 옮김, 『1780년 이후의 민족과 민족주의』(창작과비평사, 2003)

가라타니 고진, 조영일 옮김, 『네이션과 미학』(도서출판b, 2009)

가야트리 스피박, 태혜숙 옮김, 『교육기계 안의 바깥에서』(갈무리, 2006)

____________, 태혜숙 옮김, 『다른 세상에서』(여이연, 2004)

____________, 태혜숙 · 박미선 옮김, 『포스트식민 이성 비판』(갈무리, 2005)

고부응, 『초민족 시대의 민족 정체성–식민주의 · 탈식민 이론 · 민족』(문학과지성사, 2002)

______ 엮음, 『탈식민주의–이론과 쟁점』(문학과지성사, 2003)

고자카이 도시아키, 방광석 옮김, 『민족은 없다』(뿌리와이파리, 2003)

공봉진, 『중국 민족의 이해와 재해석』(한국학술정보, 2010)

권혁범, 『민족주의는 죄악인가』(생각의나무, 2009)

김광억 외, 『종족과 민족–그 단일과 보편의 신화를 넘어서』(아카넷, 2006)

김태만, 「아편전쟁과 홍콩, 그리고 21세기의 중국」, 『오늘의문예비평』 27, 1997.

니시카와 나가오, 윤해동 · 방기헌 옮김, 『국민을 그만두는 방법–국가이데올로기로서의 민족과 문화』(역사비평사, 2009)

데이비드 허다트, 조만성 옮김, 『호미 바바의 탈식민적 정체성』(앨피, 2011)

레이 초우, 장수현 · 김우영 옮김, 『디아스포라의 지식인–현대 문화연구에 있어서 개입의 전술』(이산, 2005)

류영하, 「후식민의 주체로서 국가와 본토: 중국–홍콩의 경우」, 『중국현대문학』, 제63호, 2012.

릴라 간디, 이영욱 옮김, 『포스트식민주의란 무엇인가』(현실문화연구, 2000)

미셸 세르 · 실비 그뤼스조프 외 9명, 『정체성 나는 누구인가』(알마, 2013)
박명규, 「타이완 마카오 홍콩 선전을 다녀와서」, 『창비』 113호, 2001.
______, 「특집: 21세기 한국학-세계 보편 담론을 향하여: 네이션과 민족: 개념사로 본 의미의 간격」, 『동방학지』 147권, 2009.
박인선, 『홍콩 미술관 산책』(시공사, 2012)
박종성, 『탈식민주의에 대한 성찰-푸코, 파농, 사이드, 바바, 스피박』(살림, 2012)
백승욱, 「동아시아 속의 민족주의-한국과 중국」, 『문화과학』 52호, 2007.
베네딕트 앤더슨, 운형숙 역, 『상상의 공동체』(나남출판, 2005)
부산대학교 한국민족문화연구소 엮음, 『로컬리티, 인문학의 새로운 지평』(혜안, 2009)
______________________________ 엮음, 『탈근대 중심의 로컬리티』(혜안, 2010)
새뮤얼 헌팅턴, 이희재 옮김, 『문명의 충돌』(김영사, 2000)
서동욱, 『차이와 타자』(문학과지성사, 2004)
스티븐 핑커, 김한영 옮김, 『마음은 어떻게 작동하는가』(소소, 2007)
__________, 김한영 옮김, 『빈 서판-인간은 본성을 타고 나는가』(사이언스북스, 2006)
아르준 아파두라이, 차원현 · 채호석 · 배개화 옮김, 『고삐 풀린 현대성』(현실문화연구, 2004)
아리프 딜릭, 황동연 옮김, 『포스트모더니티의 역사들』(창비, 2005)
얀 아스만, 변학수 옮김, 『이집트인 모세』(그린비, 2010)
유영하, 「魯迅의 홍콩」, 『중국현대문학』, 2005.
______, 「董橋의 산문과 디아스포라 홍콩인」, 『한중인문학연구』, 2006.
______, 「방법으로서의 홍콩」, 『세계의문학』, 2007.
______, 「염황자손의 디아스포라로 읽는 해외 중국인의 경향성 연구」, 『중국어문논역총간』, 2006.
______, 「全球化時代香港的中國人Diaspora」, 『東亞現代中文文學國際學報』, 2006.
______, 「중국과 홍콩 2개 국족 신분의 충돌」, 『중국현대문학』, 2006.
______, 「香港的文化與文學」, 『東亞現代中文文學國際學報』, 2005.

______, 「홍콩 도시 공간의 형성과정과 그 특징에 대한 비판적 접근」, 『중국학논총』, 2007.
______, 「홍콩 지식인 岑逸飛의 비판의식」, 『중국현대문학』, 2004.
______, 「홍콩문학의 정체성-회고와 전망」, 『중국현대문학』, 2006.
______, 「홍콩문화와 문학의 주체성」, 『중어중문학』, 2004.
______, 「黃維樑 산문에 투영된 홍콩문화의 세계적 현재성」, 『중국현대문학』, 2001.
______, 『이미지로 읽는 중화인민공화국』(소명출판, 2012)
______, 『홍콩—천 가지 표정의 도시』(살림, 2013)
______, 『홍콩이라는 문화 공간』(아름나무, 2008)
이보아, 『박물관학 개론』(김영사, 2007)
이블린 S. 로스키, 구범진 옮김, 『최후의 황제들—청황실의 사회사』(까치, 2010)
이송이, 「혼종적 정체성의 해항도시: 식민과 탈식민, 내셔널리즘과 코스모폴리타니즘 사이의 홍콩—〈아비정전阿飛正傳〉, 〈중경삼림重慶森林〉에 나타난 도시 이미지 분석」, 한국해양대학교 국제해양문제연구소, 해양도시문화교섭학 4, 2011.
임춘성 · 왕샤오밍 엮음, 『포스트사회주의 중국의 문화연구』(현실문화연구, 2009)
장정아, 「우리의 기억, 우리의 도시: 집단 기억과 홍콩의 정체성」, 동북아시아문화학회, 『동북아문화연구』 17, 2008.
정양원(鄭揚文), 공원국 옮김, 『중국을 뒤흔든 아편의 역사』(에코리브르, 2009)
조경란, 「현대 중국의 소수민족에 대한 '국민화' 이데올로기—중화민족론을 중심으로」, 한국철학사상연구회, 『시대와철학』 17-3, 2006.
조지 엘리스 버코, 양지연 옮김, 『큐레이터를 위한 박물관학』(김영사, 2005)
주디스 버틀러 · 가야트리 스피박, 주해연 옮김, 『누가 민족국가를 노래하는가』(산책자, 2008)
증건민(曾健民), 「대만의 민족 정체성과 탈식민 문제」, 『역사비평』 64호, 2003.
천광싱(陳光興), 백지운 외 옮김, 『제국의 눈』(창비, 2003)
최형식, 「중국의 현대화와 민족주의」, 한국철학사상연구회, 『시대와철학』 18-4, 2007.

최호림 엮음, 『동남아시아의 박물관-국가 표상과 기억의 문화정치』(이매진, 2011)
클리퍼드 기어츠, 문옥표 옮김, 『문화의 해석』(까치, 2012)
프라센지트 두아라, 문명기 · 손승희 옮김, 『민족으로부터 역사를 구출하기-근대 중국의 새로운 해석』(삼인, 2006)
피터 차일즈 · 패트릭 윌리암스, 김문환 옮김, 『탈식민주의 이론』(문예출판사, 2004)
한스 울리히 벨러, 이용일 옮김, 『허구의 민족주의』(푸른역사, 2007)
호미 바바, 나병철 옮김, 『문화의 위치; 탈식민주의 문화이론』(소명, 2012)
________, 류승구 엮음, 『국민과 서사』(후마니타스, 2011)
홍석준 · 이헌종, 「홍콩 중국인의 문화적 정체성(Cultural Identity)의 지속과 변화: 전통 사회조직의 기능과 의미를 중심으로」, 한국중국현대문학학회, 『중국현대문학』 23, 2002.

2. 중국 논문 및 단행본

Frank Welsh, 王皖强 黃亞紅 譯,『香港史』(中央編譯出版社, 2007)

Gary Mcdonogh and Cindy Wong, *Global Hong Kong*, Routledge, 2005.

Harold R. Isaacs, 鄧伯宸 譯,『族群(Idols of the Tribe)』(臺北: 立緖文化, 民93)

Jan Morris, 黃芳田 譯,『香港 1840-1997』(馬可孛羅文化, 2006)

Stephen Vines, *Hong Kong-China's New Colony*, Aurum Press, 1998.

『讀書』 雜誌編,『亞洲的病理』(香港: 三聯書店, 2007)

康寧,「論博物館陳列藝術的中國特色」,『Art & Design』, 2005.

强世功,『中國香港: 文化與政治的視野』(Hong Kong: Oxford, 2008)

高京,『閱讀香港』(廣東人民出版社, 2005)

高承恕 · 陳介玄 主編,『香港: 文明的延續與斷裂?』(臺北: 聯經, 1997)

高添强,『香港今昔(新版)』(香港: 三聯書店, 2007)

金耀基,『中國社會與文化』(Hong Kong: Oxford, 1992)

羅貴祥,「民族 · 族裔 · 少數文學與香港」, 韓國中語中文學會 2010 聯合國際學術大會 발표논문집.

羅永生 編,『誰的城市?』(Hong Kong: Oxford, 1997)

______,『殖民無間道』(Hong Kong: Oxford, 2007)

竇應泰,『香港秘密檔案』(北方文藝出版社, 1997)

柳泳夏,「他者華人的中國性(chineseness)想象」,『當代文學硏究』, 2009

馬傑偉 · 曾仲堅,『影視香港-身分認同的時代變奏』(香港: 中文大學出版社, 2010)

馬嶽,『香港政治-發展歷程與核心課題』(香港: 中文大學出版社, 2010)

方敏 等,『二十世紀中國學術論辯書系-中國歷史人物硏究論辯』(百花洲文藝出版社, 2004)

本土論述編輯委員會 · 新力量網絡 編,『本土論述 2009-香港的市民抗爭與殖民地秩序』(臺北: 大雁出版基地, 2009)

______________________________ 編,『本土論述 2008』(香港: 上書局, 2008)

謝均才 編,『我們的地方, 我們的時間 香港社會新編』(Hong Kong: Oxford, 2002)

宋小慶 · 梁麗萍,『關於中國本位文化問題的討論』(百花洲文藝出版社, 2004)

亞洲電視新聞部資訊科,『解密百年香港』(香港: 明報出版社, 2008)
梁慶樂,『緣何沈淪–香港中學中國歷史課程研究』(1990–2005)(香港: 教研室出版社, 2009)
嚴飛,「香港大陸化, 還是大陸民主化」,『二十一世紀』, 2011.
呂大樂 · 吳俊雄 · 馬傑偉 合編,『香港 生活 文化』(Hong Kong: Oxford, 2011)
余繩武 等 編著,『香港歷史資料選評』(香港: 三聯書店, 2008)
葉國華,『新香港人』(香港: 中華書局 · 耀中出版社, 2008)
______,『五十年後』(香港: 中華書局 · 耀中出版社, 2008)
葉俊之,「香港特別行政區博物館的運作」,『東南文化』, 2004.
吳俊雄 · 張志偉 編,『閱讀香港 普及文化』(Hong Kong: Oxford, 2002)
______________ 編,『閱讀香港 普及文化』(Hong Kong: Oxford, 2002)
王賡武 主編,『香港史新編(上下)』(香港: 三聯書店, 1997)
王宏志,『本土香港』(香港: 天地圖書, 2007)
王宏志 · 李小良 · 陳清僑,『否想香港』, (臺北: 麥田出版, 1998)
王慧麟,『閱讀殖民地』(香港: CUP, 2005)
袁求實 編著,『香港回歸大事記 1979–1997』(香港: 三聯書店, 1997)
______ 編著,『香港回歸大事記 1997–2002』(香港: 三聯書店, 2003)
劉紹麟,『香港的殖民地幽靈』(守冲社, 2005)
劉青峰 · 關小春 編,『轉化中的香港: 身分與秩序的再尋求』(香港: 中文大學出版社, 1998)
劉清泉 · 賴其之 編寫,『一國兩制知多少』(香港: 三聯書店, 1997)
劉蜀永 主編,『香港史』(香港: 三聯書店, 2005)
劉蜀永,『香港史文集』(香港: 中華書局, 2010)
李琴,「現代文明背景下的博物館發展趨勢」,『中原文物』, 2003.
李培超,『中華民族 愛國主義發展史1–4』(湖北教育出版社, 2001)
李揚 · 胡偉平 主編,『話說香港』(長春出版社·五洲傳播出版社, 1997)
李英明,『香港學』(臺北: 揚智文化, 1997)
李澤厚,『告別諸神–從思想解放到文化反思』(Oxford University Press, 1993)
張帆,「華夏文化主義與種族中心主義的複線民族觀」,『二十一世紀』, 2011.
張連興,『香港二十八總督』(香港: 朝華出版社, 2008)

鄭德華 編著,『歷史追索與方法探求–香港歷史文化考察之二』(香港: 三聯書店, 1999)
程美寶 著,『地域文化與國家認同–晚淸以來'廣東文化'觀的形成』(北京: 三聯書店, 2006)
丁新豹 邱小金,「香港歷史博物館在文物教育方面的角色」,『東南文化』, 1999.
丁新豹,「格物致知–香港公共博物館的百年發展」,『中國文化遺產』, 2005.
鄭宇碩 編,『過渡期的香港』(香港: 三聯書店, 1989)
鄭偉鳴,『認識中國香港特區政策』(香港: 明報出版社, 1997)
周蕾,『寫在家國以外』(Hong Kong: Oxford, 1995)
朱文斌 編,『世界華文文學硏究 第2輯』(新星出版社, 2005)
周子峰 編著,『圖解 香港史–遠古至一九四九年』(香港: 中華書局, 2010)
______ 編著,『圖解 香港史–一九四九至二0一二年』(香港: 中華書局, 2012)
周佩霞 · 馬傑偉,『愛國 政治審查』(香港: 次文化堂, 2005)
周平,『香港政治發展 1980–2004』(北京: 中國社會科學出版社, 2006)
周奕,『香港左派鬪爭史』(香港: 利文出版社, 2002)
陳家樂 · 朱立,『無主之城–香港電影中的九七回歸與港人認同』(香港: 天地圖書, 2008)
陳冠中,『我這一代的香港人』(Hong Kong: Oxford, 2005)
______,『下一個十年–香港的光榮年代?』(Hong Kong: Oxford, 2008)
陳敦德,『香港問題談判始末』(香港: 中華書局, 2009)
陳蘊茜,『崇拜與記憶–孫中山符號的建構與傳播』(南京大學出版社, 2009)
陳耀南,『中國文化對談錄(續編)』(香港: 三聯書店, 2000)
陳雲,『一起廣播的日子–香港電台八十年』(香港: 明報出版社, 2009)
陳志華 · 黃家樑,『簡明香港史』(香港: 明報出版社, 2000)
陳天權,『香港歷史系列』(香港: 明報出版社, 2000)
陳瀅巧 著, 方孝謙 審訂,『圖解 文化硏究』(臺北: 易博士文化, 2006)
陳和順 · 張炳良 編,『十年回歸 十年盤點』(香港: 上書局, 2007)
蔡榮芳,『香港人之香港史 1841–1945』(Hong Kong: Oxford, 2001)
肖薇,『異質文化語境下的女性書寫–海外華人女性寫作比較硏究』(巴蜀書社, 2005)

編輯委員會,『選擇香港 選擇自己』(香港商報出版社, 2004)
郝志東 主編,『國家認同與兩岸未來』(澳門大學出版中心, 2008)
許寶强 編,『重寫我城的歷史故事』(Hong Kong: Oxford, 2010)
黃維樑,『迎接華年』(香港文思出版社, 2011)

찾아보기

ㅅ

ㅇ

ㅎ

인명 찾아보기

ㄱ

ㄷ

중국 민족주의와 홍콩 본토주의

홍콩역사박물관의 스토리텔링을 중심으로

1판 1쇄 발행 2014년 11월 10일
개정판 1쇄 발행 2020년 4월 6일

지은이 류영하
펴낸이 강수걸
편집장 권경옥
편집 박정은 이은주 윤은미 강나래
디자인 권문경 조은비
펴낸곳 산지니
등록 2005년 2월 7일 제333-3370000251002005000001호
주소 부산시 해운대구 수영강변대로 140 BCC 613호
전화 051-504-7070 | 팩스 051-507-7543
홈페이지 www.sanzinibook.com
전자우편 sanzini@sanzinibook.com
블로그 http://sanzinibook.tistory.com

ISBN 978-89-6545-651-3 94910
978-89-92235-87-7(세트)

* 책값은 뒤표지에 있습니다.
* 이 도서의 국립중앙도서관 출판예정도서목록(CIP)은 서지정보유통지원시스템 홈페이지(http://seoji.nl.go.kr)와 국가자료종합목록 구축시스템(http://kolis-net.nl.go.kr)에서 이용하실 수 있습니다.(CIP 제어번호: CIP2020013063)